U0722441

# 乡村振兴视域下乡村小学教师专业发展研究

朱红梅 ◎ 著

中国纺织出版社有限公司

# 内 容 提 要

随着城乡教育资源差距日益凸显，乡村教育面临着师资力量薄弱、专业发展机会有限等挑战，这些问题严重制约了乡村教育的质量和乡村儿童的全面发展。因此，本书从乡村振兴战略出发，先对乡村小学教师专业发展及其动力进行探究，而后对乡村小学教师的角色重构、专业发展需求与留守儿童教育能力发展进行分析，并特别关注了乡村振兴视域下乡村小学研究型、创新型、教育家型教师的培养策略，此外还结合数字时代的特点，探讨了新技术环境下乡村小学教师的专业发展路径，旨在为教育管理者及一线教师提供理论参考，为促进乡村教育公平、提升乡村教育质量、加速乡村振兴进程贡献力量。

## 图书在版编目（CIP）数据

乡村振兴视域下乡村小学教师专业发展研究 / 朱红梅著 . —— 北京 : 中国纺织出版社有限公司 , 2025. 7.
ISBN 978-7-5229-2867-8

I. G625.1

中国国家版本馆 CIP 数据核字第 2025Q7G458 号

XIANGCUN ZHENXING SHIYUXIA XIANGCUN XIAOXUE JIAOSHI
ZHUANYE FAZHAN YANJIU

责任编辑：向 隽 程 凯　　责任校对：寇晨晨
责任印制：储志伟

中国纺织出版社有限公司出版发行
地址：北京市朝阳区百子湾东里 A407 号楼　邮政编码：100124
销售电话：010—67004422　传真：010—87155801
http://www.c-textilep.com
中国纺织出版社天猫旗舰店
官方微博 http://weibo.com/2119887771
北京印匠彩色印刷有限公司印刷　各地新华书店经销
2025 年 7 月第 1 版第 1 次印刷
开本：787×1092　1/16　印张：19.25
字数：340 千字　定价：88.00 元

# 前言

　　乡村教育面临着师资力量薄弱、专业发展机会有限等挑战，这些问题严重制约了乡村教育质量的提升和乡村儿童的全面发展。因此，本书从乡村振兴战略出发，先对乡村小学教师专业发展及其动力进行探究，而后对乡村小学教师的角色重构、专业发展需求与留守儿童能力发展进行分析，并特别关注了乡村振兴视域下乡村小学研究型、创新型、教育家型教师的培养策略。此外还结合数字时代的特点，探讨了新技术环境下乡村小学教师的专业发展路径，旨在为教育管理者及一线教师提供理论参考，为促进乡村教育公平、提升乡村教育质量、加速乡村振兴进程贡献力量。

　　在此书的撰写过程中，得到了同行与专家的鼎力支持。除了借鉴众多学者的论文外，也吸收并借鉴了他们的研究成果，对此表示衷心的感谢。由于作者水平有限，书中不可避免地会有一些遗漏或缺陷。所以，真诚地邀请所有的学者和读者提出宝贵的建议与反馈，以便今后修改完善。

朱红梅

2025 年 3 月

# 目　录

# 第一章 乡村振兴战略概述

在实现中华民族伟大复兴的道路上，农村既是任务最艰巨、最繁重的地方，也是基础最广泛、最深厚的领域，更是潜力和后劲最为巨大的区域。乡村振兴战略作为党的十九大提出的重要战略，是新时代"三农"工作的关键抓手。该战略涉及产业、生态、组织、文化和人才等多方面的振兴，总体思路是通过全面深化农村各领域的改革，推动乡村振兴战略的实施，进而大幅提升农村的发展水平。

## 第一节 乡村振兴战略的内涵与理论基础

### 一、乡村振兴战略的内涵

"产业兴旺、生态宜居、乡风文明、治理有效、生活富裕"这五个维度紧密相连，共同构成了农业农村现代化的完整框架。相较于早期新农村建设提出的"生产发展、生活宽裕、乡风文明、村容整洁、管理民主"，乡村振兴战略在实践层面更具针对性，同时在内在逻辑上更加严谨和协调。

乡村振兴战略中，产业振兴作为核心支柱，不仅为农村发展提供物质基础，更通过产业化思维重构了农村经济逻辑。与新农村建设时期的"生产发展"相比，产业振兴的要求更具系统性：前者聚焦于生产规模的扩大（如个体农户增产或村集体扩大种植面积），而后者则将农村经济提升至产业维度，强调产业链整合、附加值提升与市场竞争力培育。从经济学视角看，"生产发展"属于微观或中观层面的基础概念，而产业振兴则通过产业经济学理论为农村经济注入科学支撑。例如，利用产业集群理论，山东寿光蔬菜产业通过集中资源建设国家级农业产业园，形成技术研发、冷链物流、品牌营销的协同效应，使蔬菜出口额连续五年增长 15% 以上。这种产业化路径不仅推动农业供给侧结构性改革——从单纯追求产量转向追求品质提升，还加速了三产融合。产业振兴对农业强国建设的战略意义更体现在制度创新层面。国家推出的"一县一业"政策，要求县域围绕特色产业构建现代产业体系。例如，黑龙江五常市以稻米产业为核心，建立从育种、种植到品牌保护的全链条标准体系，推动五常大米溢价率达 200%，成为全球高端大米市场代表。此类实践表明，产业振兴不仅需要技术投入，更依赖制度设计：通过土地流转改革激活规模经营，借助金融创新（如农业供应链金融）缓解资金瓶颈，最终实现从"分散生产"到"集约产业"的质变。

生态宜居构成乡村振兴的环境基石，对于中国整体生态宜居体系的构建至关重要。实现乡村生态宜居的核心在于增强乡村居民的环境保护意识，加大环境治理力度，优化资源使用效率，促进资源节约型与环境友好型生产、生活方式的形成，从而构建人与自然和谐共生的现代化乡村模式。

乡风文明则是乡村振兴的精神支撑。乡村振兴旨在实现经济、社会、环境及文化的综合协调发展，即实现乡村的全面振兴。这一进程离不开精神文明的滋养。因此，需全面推进乡村文化事业与教育的发展，革除陈规陋习，弘扬乡村优秀传统文化，以提升农民群众的综合素质，为乡村振兴提供坚实的精神动力。

治理有效是乡村振兴的制度保障。作为国家治理的基层单元，乡村治理水平直接映射出国家治理能力的强弱，且紧密关联农民的切身利益。构建有效的乡村治理体系，关键在于融合自治、法治与德治，而此体系的核心在于提升乡村人力资本水平。只有当人力资本得到不断提升，才能确保自治、法治与德治的深度融合，进而增强乡村治理效能，推进法治建设深入乡村，道德观念深入人心，为乡村振兴提供稳固保障，营造和谐安定的乡村生活。

生活富裕则是乡村振兴追求的终极目标，旨在实现农民收入的显著跃升与生活质量的全面优化。"生活富裕"不仅要求彻底消除贫困，更致力于提升农民的消费能力和生活水平，让农民的生活更加美好富足。

总之，乡村振兴的内涵是以"产业振兴"为重点，最终实现农民"生活富裕"。

## 二、乡村振兴战略的理论基础

### （一）创新发展理论

#### 1.改造传统农业理论

美国经济学家舒尔茨率先倡导对传统农业理论进行改革，其核心在于通过整合现代生产要素、加大对人力资本的投资，并创造有利条件以引入现代生产要素，从而改造传统农业，提升农业生产效率与发展质量，进而驱动经济进步。这一理论为乡村农业的优先发展奠定了理论基础，并对新时代乡村建设具有指导意义。

在党的十九大和二十大强调的乡村振兴战略中，农业优先发展被确立为核心任务。其核心在于推进农业现代化，要求对传统农业进行深度升级与改革，以提升农业产业质量与效益，实现规模经济，促进乡村经济复兴。在"五大发展理念"的指引下，乡村农业产业结构进行了新的调整。为实现这一目标，需持续加大对传统农业领域现代生产要素的投资，转变农业发展策略与管理方式。特别是加强对互联网技术、农业生产技术、农村人力资源及现代农业经营管理理念的投入，以实现农业生产技术、管理模式和经营理念的全面革新。这将有助于优化升级乡村传统农业产业，推动农业产业化和现代化，推进乡村建设进程。因此，在新时代背景下，对传统农业理论的改革成为推动乡村农业优先发展和乡村建设的理论基石。

#### 2.产业融合理论

产业整合理念在农村领域的应用形成了农村产业整合的概念。该概念基于新型经营主体的经济利益驱动，以农业为核心，通过产业集聚、要素流动、技术渗透和制度创新等手段优化资源配置。这一过程促使农村第一、第二、第三产业紧密结合、协同发展，推动农业实现横向与纵向的双重增长，并提升农民收入。农村产业整合的模式主要可分为四类：农业内部整合、农业产业链延伸、农业与其他产业交叉融合以及先进要素渗透融合。

### （二）绿色发展理念

#### 1.可持续发展理论

可持续发展的理念旨在满足当代人类需求的同时，不削弱后代满足自身需求的能力，核心原则包括公平性、持续性和共同性，目标是推动共同、和谐、公正、高效及多维度的发展进程。

在乡村振兴战略中，构建生态友好且宜居的美丽乡村环境是核心目标之一。"生态宜居"融合了"生态"与"宜居"的双重内涵，旨在打造资源节约、环境友好的"两型"乡村。其中，"生态"强调维护乡村生态环境，确保经济发展不以牺牲乡村生态及其承载力为代价；"宜居"则关注乡村综合治理，改善村落面貌与环境，提升乡村居住品质，确保居民享有舒适的生活空间。无论是"生态型乡村"还是"宜居型乡村"的建设，均应以绿色发展为基础。坚守绿色发展的核心理念，是实现乡村社会、生态与经济可持续发展的关键。因此，可持续发展的理念是推动乡村绿色发展的必然选择，为乡村振兴战略的深入实施提供了理论支撑与实践指导。

### 2."绿水青山就是金山银山"理论

"绿水青山就是金山银山"理论以生动的形象描绘了经济增长与生态环境保护之间的内在联系。该理论主张通过转化生态环境的优势至生态农业、生态工业和生态旅游等经济领域，绿水青山可转化为财富与价值。这一观点不仅揭示了经济与生态之间的辩证关系，还彰显了可持续和可循环的科学发展观，强调经济增长与生态保护构成一个有机整体。它反对"只要金银，青山不在"的片面经济发展观，倡导"既有金银，青山常在"的辩证科学发展观，并致力于实现"绿水青山就是金山银山"的双赢生态发展理念。

鉴于我国乡村在历史、现状、发展阶段及资源配置等方面的差异性，东、中、西部乡村发展基础存在地域性差异，且乡村资源呈现内在多样性。然而，乡村基础设施建设和基本公共服务供给滞后、布局不平衡、发展不充分等问题尚未得到有效解决。在此背景下，"绿水青山就是金山银山"理论为解决农村经济增长、环境建设与文化发展之间的不平衡不充分问题提供了宝贵指导。该理论不仅强调保护自然生态、尊重生态规律，还关注在自然资源有限条件下探索创新与融合的发展路径。"绿水青山"为民众创造了高质量的生态环境和生态产品，而"金山银山"则带来了财富增长。只有将这两者有机结合，才能从根本上提升民众生活福祉。综合考虑经济与环境价值，使民众既能欣赏山水之美，又能提升收入，享受优质环境带来的审美愉悦，真正实现生态惠民、人民富裕、环境优美的目标。

### （三）开放发展理论

#### 1.开放经济理论

在马克思主义政治经济学框架下，开放经济理念占据核心地位，它关乎经济体参与全球活动的范畴与方式。1945年中共七大报告中，已明确提出吸引和有效利用外资作为社会主义建设的重要策略，标志着中国开始将马克思主义开放经济理论与本国经济社会发展实践相结合，不断探索本土化创新路径。

随着中国经济的稳步发展，对外开放战略日益稳固，进出口贸易趋于平衡，为开放型经济创造了新的契机。多年的实践表明，持续的开放发展战略是中国经济快速增长的关键因素。从早期的"四个经济特区"设立，到近年来的自由贸易区和自由港建设；从初期主要依靠税收优惠等大规模政策吸引外资，到多数制造业领域的开放；从关税减让或取消，到投资贸易便利化及"放管服"改革的深化，中国开放型经济持续深化，开放领域不断拓展，开放广度与深度均达到历史新高度。开放型经济的快速增长推动中国跃升为世界第二大经济体及重要的贸易与投资大国。展望未来，中国高品质的经济增长必然在更加开放的环境中展开。中国正全面提升对外开放水平，这将为全球各国提供更多机遇，通过加强与中国在贸易、投资等领域的合作，共享中国发展成果，共谋互利共赢。

2. "一带一路"倡议

"一带一路"倡议涵盖丝绸之路经济带与21世纪海上丝绸之路，是新时代中国对外开放战略的核心组成部分。此倡议不仅响应了现代经济体通过对外开放优化资源配置、提升国际竞争力的内在逻辑需求，还为构建人类命运共同体的宏伟目标提供了具体且可行的实践路径。

回溯历史，农业交流与合作一直是丝绸之路沿线国家经济互动的重要内容，农产品贸易更是核心合作项目之一。步入当代，农业的持续发展依然对"一带一路"沿线各国的国民经济增长起着至关重要的支撑作用。作为"一带一路"倡议的倡导国，中国不仅立足于自身的发展需求，更致力于促进全球各国的共同发展与繁荣。

自"一带一路"倡议提出以来，中国与沿线国家展开了全方位、多层次的农业合作。这些合作不仅深化了双边或多边经济关系，还为中国对外农业合作带来了前所未有的历史机遇。通过"走出去"与"引进来"相结合的战略，中国不仅加强了与沿线国家在农业技术、市场和资源等方面的交流与合作，还为农业与农村的优先发展奠定了坚实的基础。这一战略的实施，不仅有助于提升中国农业的国际竞争力，也将为全球农业的可持续发展注入新的活力。

（四）共享发展理论

1. 共享经济理论

乡村发展的核心旨归在于实现资源的有效共享与优化配置。共享理念的核心价值在于始终将人民的需求置于发展的核心地位，强调以人为本的发展导向。实施乡村振兴战略，本质上是通过向广大农民群体展示并共享振兴与发展的实际成果，进而激发乡村内生动力的关键途径。但共享发展并非简单地推行"平均主义"或"大锅饭"式的资源分配，而是一种基于科学原则与高效机制的差异化资源共享模式，旨在实现资源的优化配置与合理利用。

在新的历史条件下，推进农村的共同进步并确保农民能够公平分享发展成果，成为我们必须面对的重要课题。为此，"共建共治共享"的社会治理理念为乡村治理的健康互动与发展成果的普惠共享提供了全新的思路与方向。在共享经济的视角下，农村蕴含着巨大的发展潜力与机遇。

"共享经济＋互联网＋农业发展"的综合体系打破了乡村与城市之间的传统界限，促进了资源的自由流动与高效配置。依托互联网技术，共享农业能够精准对接乡村的供应能力与城市的市场需求，推动农业、旅游、文化等产业的深度融合与创新发展，如共享农庄、共享物流等新兴业态的兴起，不仅吸引了人才、技术、资金等要素向乡村流动，还促进了城乡资源的优化对接与共享，为城乡共同繁荣注入了新的活力。

共享经济的理念已深度融入乡村振兴战略之中，使农民切实感受到了时代的进步与生活的便捷，进一步激发了农民参与乡村建设的积极性与主动性。以共享经济为核心的新型业态与模式不断涌现并持续快速增长，已成为新时代中国农村经济转型发展的新引擎，为乡村振兴战略的实施提供了坚实的理论基础与实践支撑，为推动城乡融合发展、实现乡村振兴目标奠定了坚实的基础。

**2. 合作经济理论**

合作经济是指在社会经济特定发展阶段，劳动者自发组建股份联盟，采用民主管理方式，以实现服务与利益共享的经济模式，它融合了个人所有与集体所有的特征。该模式以自愿、民主、互利为原则，将惠顾者与所有者身份统一，广泛存在于不同社会经济体制中，合作社作为核心组织形式，具有普遍性。

在乡村振兴的战略框架下，国内外合作经济理论为新型农村合作社经济组织的发展提供了坚实的理论支撑与研究方向。农业作为合作经济中最具活力的领域，正面临转型升级与供给侧结构性改革的双重挑战。在此背景下，合作经济通过增强农民组织化程度，推动农业适度规模经营，展现出巨大潜力。为深化合作经济发展，应充分利用省、市、县、乡四级农合联组织体系，推进生产、供销、信用"三位一体"综合合作改革，以促进农民合作经济组织的成长与壮大，引领合作经济步入新时代。

### （五）协调发展理论

#### 1. 系统理论

系统是由相互作用、相互影响的元素依据特定结构组合而成的有机整体，具备独特功能。依据系统理论，城乡融合系统涵盖地域、市域、县域三个层面，通过基础网络实现互联融合。该系统主要由城市群、连绵城市区及新型城市化区构成，形成以都市区为核心的城乡地理结构；城市范畴包括特大城市至小城市，形成以建成区为核心、追求城乡均衡的地域结构；县域则涵盖县域、中心镇及农村社区，展现以大乡村为特征、城乡融合的地域结构。

城乡融合系统是一个复杂的交织体系，由中小城市、小城镇、城郊社区及乡村空间等相互交织、影响及整合而成。村镇作为乡村综合要素集聚与空间组织的核心载体，其建设模式反映了乡村地域的空间、组织及产业重塑，关键在于优化县城、主要镇、中心镇及中心村（社区）的空间布局、层级关系及治理结构，通常表现为村落整合、乡镇调整、园区建设及空间集中。

通过明确村镇定位、调整空间布局及强化中心功能，可实现城乡空间整合与功能匹配，促进居住空间整洁田园化、产业空间集约园区化、生态空间文明优美化及文化空间地域多样化，进而推动城乡融合系统的健康发展。

#### 2. 点轴理论

点轴开发模式是增长极理论的深化应用。区域经济初期往往聚焦于条件优越的点状区域，形成增长中心，亦是点轴发展的核心。随着经济增长，这些中心区域逐渐扩展，其中生产要素交换需求促使交通、能源等线路连接成轴线。轴线不仅服务于增长中心，还吸引人口和产业聚集，创造新增长机会，最终构成点轴系统。点轴开发即是从经济中心沿交通线向不发达地区拓展的过程。

城乡融合发展旨在强化城乡地域系统化，提升扩散效应，构建城乡立体网格体系。乡村振兴战略基于此，以城乡和产业融合为基石，核心目标是实现城乡一体化，乡村综合体与村镇有机体分别作为基石与实施载体。战略需逐步达成产业、乡村文明及文化振兴，构建由城乡基础网、乡村发展区、村镇空间场及乡村振兴极组成的"网—区—场—极"多层次目标体系，实现从外围至核心的全面振兴。

# 第二节  乡村振兴战略的总体思路与任务体系

## 一、乡村振兴战略的总体思路

### （一）以产业振兴为支撑，加快形成乡村现代产业发展新格局

#### 1. 着力提升产业质量

深化农业供给侧结构性改革，旨在推动农业由增产导向转向提质导向。首要举措是在农村广泛推广先进技术与机械设备，以提升农业供给品质。然后通过区域产业结构调整，促进产业转型升级，积极推行绿色农业、循环农业及生态农业模式。最后依托地方特色与主导产业辐射效应，全面提升农业发展质量与效益。具体措施包括培育花卉、果蔬、水产养殖等特色产业，并逐步形成高质量、高效能、高附加值的主导产业链，以此带动周边产业协同发展，加速初级产品向高附加值产品的转化进程。

#### 2. 稳步扩大产业规模

适度规模经营被视为产业复兴的核心策略，旨在弥补产业短板。通过多元化适度规模经营模式，以农民合作社为桥梁，鼓励家庭农场主导合作社运营，实现小农户与现代农业发展的无缝对接。此外，强化龙头企业作用被确立为产业复兴的关键途径。我们致力于培育高科技、强品牌的产业化龙头企业，并规划建立具有显著集聚效应和广泛辐射力的现代农业示范园、返乡创业园，以及融合循环农业、创意农业与农事体验的田园综合体。

#### 3. 不断优化产业模式

该模式致力于优化"合作社（公司）＋农户＋基地"的合作模式，旨在改变农民个体作业方式，通过构建紧密的利益联结机制，激励农民参与合作社合作，促进财富增长。在该模式下，农民与土地共同参股合作社，农民获取工资收入，土地则带来入股收益。合作社为农民提供统一的技术指导、耕作管理、包装及营销服务，形成产业化集中种养模式，有效解决了原材料供应与销售渠道问题，增强了农民的市场风险抵御能力，保障了农民可持续增收。在此基础上，我们进一步探索了"支部＋合作社＋基地＋农户"与"合作社＋种植大户＋集体＋农户"等多元化发展模式，通过整合各方资源优势，力求实现经济效益与社会效益的最大化共赢。

**4. 加速促进产业融合**

为促进乡村产业复兴，核心策略在于推动第一、第二、第三产业融合发展，构建融合体系，打破乡村产业即农业的固有观念，强化三产协同发展，促进农业由平面扩张向立体拓展转变，形成资源高效利用、功能复合的现代农业产业体系。一方面，纵向延伸农业产业链，如推动种养融合，种植业为养殖业提供饲料，养殖业反哺种植业以肥料；另一方面，横向拓展产业链至绿色休闲、农事体验、文化体育、健康养生及电子商务等领域。将农业加工与休闲旅游作为产业融合的核心，采取"三二一"逆向推进策略，强化第三产业基础上，深化农产品深加工，提升附加值，为农业农村经济注入新活力。

**5. 合力推进产业扶持**

乡村产业复兴面临土地、资金、人力等挑战，需引导政府、企业和社会广泛参与支持。第一，深化农村土地制度改革，完善土地使用政策，活化集体经营性建设用地，建立农业发展用地保障机制，实施"三权分置"。第二，加大财政支持力度，公共财政预算倾斜农业农村，构建财政、银行、保险、担保"四位一体"支农政策体系，完善规范透明、科学约束的支农资金预算制度，形成财政优先、金融重点、社会参与的多元化资金投入模式。第三，创新人才支持体系，培育"懂农业、爱农村、爱农民"的专业团队，加强新型职业农民、农业科技专家、创新创业人才、基层管理人员队伍建设，鼓励社会人才投身乡村建设。

## （二）以文化复兴为依托，努力打造精神文化阵地

**1. 注重乡村文化的开发包装**

第一，深入挖掘乡村独特的文化资源。要详尽探究乡村历史背景，提炼独特的文化元素，并加强对民间艺术、节日习俗、饮食文化等资源的保护与研究，确保文化资源的妥善传承。第二，推动多元化的"文化＋"综合发展模式，实现文化与旅游、农业、工业等领域的深度融合。通过跳出传统开发框架，以"全域旅游""创意旅游"等新兴业态为引领，进行创新性开发与包装，旨在实现文化价值与经济价值的和谐统一。第三，致力于构建高品质的乡村文化品牌。通过深入比较与评估乡村文化，特别是红色文化、祠堂文化、家训文化及民俗文化等，结合高质量与创意性的品牌策划，成功塑造具有鲜明地域特色的乡村文化品牌，提升乡村文化的辨识度和影响力。

**2. 优化乡村文化的保护传承**

第一，要强化乡村传统文化的维护与保护工作。在乡村规划与建设的实施过程中，

我们着重将传统乡村文化的独特元素融入其中，加强对传统村落、民族特色村寨、珍稀古树以及农业历史遗迹的保护与规划设计。这一过程中，我们致力于在整个开发周期内持续弘扬乡村的文化传统，通过构建村级文化展览馆及主题文化博物馆，复原并展示具有代表性的历史文化遗迹，从而确保这些宝贵文化遗产得以传承与发扬。

第二，聚焦于优化乡村民间技艺的传承体系。致力于继承与发展卓越的戏曲、曲艺表演艺术、非物质文化遗产以及传统手工艺技能。为实现这一目标，我们正加速构建一套完善的乡村优秀文化遗产传承机制，并积极支持非物质文化遗产的申报工作、技艺的代际传承以及相关专利的申请。

第三，我们实施了一系列针对非遗传承人的培训计划与学习项目，旨在提升其技艺水平与传承能力。此外，还应积极推动乡村非遗展示与学习基地的建设，为传统文化的传播与学习提供更为广阔的平台，进一步促进乡村文化的繁荣与发展。

### 3. 力推乡村文化的宣传教育

第一，运用科学理论引导村民，丰富他们的思维内涵。为有效培育和践行社会主义核心价值观，广泛开展了以"文明乡风、良好家风、淳朴民风"为核心的教育宣传活动。具体措施涵盖成立乡风文明指导机构、组建文明劝导志愿服务队、举办道德讲座、建设文化宣传设施，以及实施一系列创新评选活动，确保新时代农村的优秀风尚能够全方位渗透至生产与生活的各个层面。

第二，需在深化优秀传统文化教育的同时，探索创新乡村文化传播路径。通过积极促进乡镇文化站、文化广场、农村文化礼堂及图书馆等基础设施建设，以教育引导、礼仪规范及家风培育为主要内容，构建新型农村文化体系，以强化乡村文化的传承与发展。

第三，加强农村的法治教育宣传成为关键一环。通过提供法律咨询服务、开设法制讲座等形式，提升村民的法律意识，使他们掌握法律知识，学会运用法律手段维护自身合法权益，从而为农村经济社会的和谐发展营造优良的法治氛围。

### 4. 促进乡村文化的多元投入

强化政府财政扶持力度是首要举措，需进一步增加乡村文化建设专项资金的分配，提升文化事业在财政预算中的占比，并不断扩大农村公共文化服务的总投入规模。同时，设立专项引导基金，专项用于乡村文化建设，以确保公共文化服务能够精准覆盖至基层，最大化发挥政府资金的导向与杠杆作用。

此外，倡导社会各界广泛参与乡村文化建设。为此，可发起多形式民间捐赠活动，激活非物质文化遗产保护领域的民间组织力量。同时，鼓励村民通过自筹资金等形式，自主创建农民文艺表演团体、农家书屋等文化实体，以此吸引并吸纳具备乡村文化情怀的文化工作者、大学生及退伍军人等群体，加入乡村文化建设的行列之中，共同推动乡村文化的繁荣发展。

### （三）以生态文明为基础，积极构建乡村绿色家园

#### 1. 打造绿色人居环境

乡村振兴进程中优化居民生活环境构成了核心议题之一。需确保农村环保基础设施的建设与乡村新型发展模式及业态深度融合，尤其聚焦于解决农村污水治理、垃圾处理及空气污染等核心难题，实现居民生活环境与产业发展的和谐共生。同时加大对农村人居环境基础设施的资金投入。当前，正逐步构建涵盖政府、企业及社会资本的多元化投融资体系，并积极与上级主管部门沟通协调，力求争取更多专项财政资金支持，以强化乡村环境基础设施的建设与完善。

#### 2. 推进绿色生产方式

为达成农业产业与资源环境的和谐共存，绿色生产原则需要坚定秉持。第一，农业生产活动需严格遵循生态构建的基本原则，这涉及科学推进畜禽养殖、推广先进农业技术，以及应用高效、低毒、低残留农药。旨在达成农业生产结构的合理化、技术生态化、过程清洁化及产品无害化，确保发展与保护并重，以"绿水青山"为持续财富之源。第二，积极推行环境污染治理举措至关重要。应坚持预防为主、综合治理的方针，加强对乡镇企业的监管与核查，确保排放达标，对重点污染企业实施严格监控，并对新设企业执行严格的环境影响评价审批流程。第三，全面推动农业标准化生产基地建设亦不可或缺。应积极推进农村循环经济模式，致力于构建涵盖种植、养殖与加工的综合农业循环经济示范项目，并加大对无公害农产品、绿色食品及有机食品生产基地的建设力度，以促进农业产业的可持续发展。

#### 3. 构建长效机制

第一，要激发农村居民的主动性与积极性，凸显农民在乡村发展中的核心地位。为此，需强化农村基础教育体系中的环境教育模块，运用多元化教学手段提升环境保护意识，并激励农民积极参与到人居环境规划、建设及维护的全过程中。第二，需对乡村生态环境监管体系进行革新，优化生态评估指标体系，并将农村环境质量纳入年度政府绩效评估范畴，以确保环境保护工作的有效实施。第三，完善农村生态环境补偿机制至关

重要。遵循"受益者补偿、使用者付费"的原则，加速构建资源保护补偿政策框架，创新绿色发展激励措施，并通过财政转移支付手段设立农村环境改善专项基金，以支持农村生态环境的持续优化。第四，需健全农村基础设施的运营与管理机制。明确农村基础设施运维补助标准，并将其纳入各级政府财政预算，逐步建立合理的农村资源使用与公共服务收费制度，以保障农村基础设施的长期稳定运行。

### （四）以基层治理为保障，大力推进乡村治理体系现代化

#### 1. 积极构建"三治结合"的乡村治理体系

为达成乡村善治目标，构建一个融合自治、法治与德治的乡村治理体系尤为关键。第一，要强化法治的保障作用。需不断完善公共法律服务体系，为农民群众提供全方位、深层次、高质量的法律援助与支持。同时，大力推进平安乡镇与平安村庄建设，发挥党员干部的引领作用，并督促村级组织依法依规管理村民自治事务，以构建依法治理、依规解纷的法治乡村格局。

第二，自治的核心地位不容忽视。应通过多元化途径强化村民公民意识教育，培育其权利观、责任感及参与意识。同时，细化村民自治微观制度，深化民主选举、决策、管理及监督机制改革。广泛设立村民议事会、道德评议会、乡贤参事会等自治组织，促进村民自我管理、自我教育及自我服务能力的提升。

第三，充分发挥德治的基础性作用。将德治融入乡村治理体系，可为自治与法治提供深厚的情感支撑与文化底蕴。通过持续开展"道德模范""文明家庭"等评选活动，加强家风建设，丰富群众精神文化生活，推动社会主义核心价值观深度融入乡村日常，创新乡村贤达文化，营造崇德向善、见贤思齐的良好乡村风尚。

#### 2. 大力实施"基层组织带头人"提升行动

提升基层组织治理效能，关键在于优化人力资源配置，特别是基层党员与干部队伍建设。第一，要精准把握基层组织的核心力量 —— 村支两委领导班子的建设。应确保村支两委负责人队伍中吸纳致富带头人、返乡创业者、合作社负责人等优秀人才。第二，强化基层组织的支撑力量至关重要。广泛吸引高校毕业生及机关企事业单位优秀党员干部下沉乡村，同时整合当地具有威望的党员、资深教师、退休干部及农业技术能手等力量，共同为乡村发展出谋划策。第三，构建激励与保障机制，激发村级干部工作积极性。完善从优秀村党组织书记中选拔乡镇领导干部及考核录用乡镇公务员机制，拓宽基层干部晋升通道。同时，逐步提高村级干部薪酬待遇，实施绩效奖励，并对离职的

优秀村干部在生活补助、养老保险等方面给予充分保障，以激发他们的工作动力。第四，加强村级干部教育培训，特别是党性教育、法治观念和公仆意识的培养，全面提升村级干部在乡村治理中的综合能力，为基层组织治理效能的提升奠定坚实基础。

**3.逐步完善乡村基层治理多重机制**

第一，要构建群众利益反馈与表达机制。需确立村民主体地位，深化村民大会与基层信访制度建设，落实信访首办责任制，保障治理主体诉求畅通表达，并健全村民权益维护组织架构，鼓励村民自治组织发展。第二，强化农村政务信息公开制度是关键。在推进基层民主进程中，政务信息透明度占据核心地位。应通过党委会、支部大会、村民代表大会等渠道公开政务信息，设置党务、政务、村务信息公开栏，并搭建线上公开平台，提升政务透明度。第三，重塑乡村公共产品供给机制，以解决公共产品低效利用问题。需建立公共产品供给监管机制，完善乡镇政府及村支两委公共财政预算与审计制度，确保资金专款专用。第四，构建农村民主监督体系。推行村级"小微权力"清单制度，严厉打击惠农补贴、集体资产管理、土地征收等领域侵害农民利益的腐败行为，致力于营造理念新颖、程序规范、结构合理、制度健全的乡村治理生态。

## 二、乡村振兴战略的任务体系

### （一）激发产业发展活力

乡村振兴的首要任务是产业振兴，以农业发展为主，第一、第二、第三产业融合是关键，供给侧结构性改革是主线。审视当前的农业产业的态势，农村产业展现出农产品品类繁多但品质参差不齐，农业布局广泛却实力有待增强的特征，这一现状反向驱动了农业产业体系的持续进化。此外，农业的功能范畴需超越传统生产活动，通过丰富化、创新化及延伸农业产业链条与业态内容，加速构建完善的农业产业体系、生产体系及经营体系。

促进产业融合与升级，以及培育新兴产业，是构筑支柱产业的重要战略。鉴于农村农产品种类的多样性，可依托城乡融合发展优势，运用新型工业技术深化农副产品加工，激活"一村一品"特色模式，打造高品质产业体系。在充分挖掘乡村自然与人文资源的基础上，借助教育、旅游、文化、媒体及网络等多产业协同作用，推动多产业融合发展，不仅美化了乡村自然环境，更实现了生态、经济与社会效益的最优化。然而，产业振兴的根基在于资源，确保全要素生产资源向农村地区的正向流动至关重要。因此，需通过政策制定与体制机制建设，引导乡村产业所需资源向农村集聚，从而培育出具有竞争优势的产业，并充分释放其潜在价值。

## （二）打造生态宜居格局

优化农村居住环境，打造宜居美丽乡村，是乡村振兴战略中的核心任务之一。在此过程中，宜居性作为生活环境的基石，而生态性则是不可或缺的保障，二者相辅相成。若片面强调生态而忽视民生，那么秀美的山川清流也可能被视为无福之地。因此，构建生态友好的乡村环境，首要之务是强化农村基础设施与提升公共服务水平。在确保生态环保的前提下，应着力改善农村住房条件，并完善水、电、交通、通信等基础设施网络。同时，医疗、教育、文化、娱乐等配套服务也需全面加强，以助力农村居民享受更加便捷、文明、现代的生活方式。然而，垃圾污水乱排、土地土壤污染及资源粗放开发等问题，已对农村宜居环境造成显著负面影响。为此，我们必须加速推进有效的环境治理措施，以生态环境改善为前提，打造健康舒适的农村生活环境。

再者，良好的生态环境既是农村生活的根基，也是农村的独特优势与宝贵财富。我们应在尊重、适应和保护自然的基础上，运用现代科技与管理手段，合理开发并增值乡村自然资源，将生态优势转化为生态经济发展优势，促进生态与经济良性循环，实现人民富裕与生态美丽的和谐统一。

## （三）营造文明文化风尚

乡风文明既是乡村振兴战略的基石与支柱，也是塑造乡村卓越文化特质的核心要素。文化作为国家兴盛与民族强盛的重要驱动力，地位不容小觑。乡村振兴过程中，物质基础设施的建设固然重要，但精神文明建设同样不可或缺。在传承与弘扬中华优秀传统文化的同时，必须充分发挥先进文化的引领作用，全面提升农民的精神风貌，着力培育文明的乡风、良好的家风及淳朴的民风，以此不断抬升乡村社会的文明高度。当前，农村地区居民物质生活水平普遍提升，但文化建设相对滞后。一方面，优秀传统文化未得到充分传承与保护；另一方面，低俗文化有所蔓延。因此，加强和推进乡村文明文化建设势在必行。

首要任务是确立建设原则，即以村民的自主提升为主导，政府制度指导为辅助。农民是乡风文明建设的主体，政府为他们修建文化室、图书馆、文化墙等基础设施尤为必要。然而，此举核心在于激发农民的内在动力，切实增强他们的主体意识。还应借助现代科技与数字媒体技术，采用多样化的创新手段，结合村民喜好，将社会主义核心价值观、中国梦等思想道德内容融入其中，激发农民的学习热情与接受度。通过完善配套保障机制，逐步发挥教育的引领作用和实践的培育效果。

此外，需珍视并保护杰出传统文化，融合各类民间艺术，挖掘文化领域人才，培育文化自信。文化的作用不应仅停留在教育与保护的静态层面，而应通过开发利用发挥其动态效能，实现经济价值转化，形成保护与利用的良性循环。因此，在科学保护与传承传统的同时，应融入现代文明精髓，为时代赋予深厚内涵，合理开发利用文化资源，促进和提升优秀传统文化。

### （四）构建多元化治理体系

乡村振兴之路的要点是高效治理，而构建完善的治理框架与多元化的治理结构，则是维系"乡愁"情怀的核心要义。当下，乡村党政关系不协调、干群关系紧张、乡村债务沉重、村治腐败等问题凸显，已成为阻碍乡村振兴的重大障碍。历经岁月沉淀，乡村已奠定坚实的自治与道德治理基础，此乃乡村治理结构的重要组成部分。深化村民自治实践，加强农村群众自治组织建设，完善并创新村级党组织引领下的充满活力的村民自治体制，均为可行之策。

同时，提升乡村道德治理水平，需深入探究乡村熟人社会所蕴含的道德规范，顺应时代需求进行创新，强化道德教育功能，并建立道德激励与约束机制。然而乡村治理的终极目标在于实现法治，应以法治为基石与主导，秉持法治根本，树立依法治理理念，强化法律在保障农民权益、规范市场运行、支持保护农业、治理生态环境、化解农村社会矛盾等方面的权威作用。在治理结构中，党的基层组织应始终占据核心地位，需强化农村基层党组织的领导核心作用，防止其弱化、虚化、淡化、软化及边缘化。因此，应鼓励并支持乡村围绕基层党组织，结合自身实际情况，构建符合本地需求的治理结构，建立融合自治、道德、法治的多元化治理体系，以提升乡村治理效能，推动乡村治理现代化进程。

### （五）塑造美丽幸福风貌

新时代中国特色社会主义将富裕生活视为基本追求，亦是乡村振兴的直接动力源泉。共同富裕，作为一种理想的富裕状态，它的实现根基在于社会生产力的高度发达、社会财富的显著增长以及民众物质生活水平的大幅提升。审视乡村发展现状，诸多"三农"问题究其根本，皆源于财富积累的严重匮乏。因此，提高农村收入水平、促进农村劳动力转移就业、拓宽增收渠道，成为当前最为紧迫、直接且实际的利益关切。推动乡村产业融合发展、培育新业态新产业、完善乡村经济发展制度体系，是破解上述难题的有效途径，也是乡村振兴的当务之急。

此外，教育、就业、服务及保障等与农民息息相关的民生问题，是衡量农民生活品质与幸福感的重要指标。相较于城市，农村在医疗、教育、服务及基础设施等公共资源方面的差距尤为突出。因此，实施乡村振兴需将农村教育发展置于优先地位，激励农民积极求职创业，推动农村基础设施迭代升级，加强农村社会保障体系建设，持续改善农村居住环境，以期绘就一幅富裕、美丽、幸福的"乡村画卷"。

### （六）强化用人育人机制

在乡村振兴战略的实施进程中，人才匮乏被视为一大关键制约要素。为打破乡村人才发展的桎梏，需探索多元化的人才选用与培育政策，既着重培养本土人才，又积极引进外来人才。首要之举在于依托本地资源，进一步优化本土人才培养机制。农民作为乡村建设的主体力量，他们身上深厚的农业传统底蕴激发了强烈的乡土情结，这是驱动农民参与乡村建设的内在源动力。因此，应鼓励本土农民积极投身乡村建设事业。完善本土人才培养机制，需建立职业农民制度，创新职业评价体系，培育农业专业人才，推动农民职业化、专业化进程。

同时，需从多维度吸引人才，创新人才引进策略。通过精神激励与物质奖励并重的方式，吸引杰出人才投身农村建设，鼓励大学毕业生到乡村创业发展。依托人才返乡政策，致力于营造有利于创业就业的环境，积极推动乡村文化、科技、旅游、生态等特色产业发展，提供多元化就业渠道，吸引农民工就地转移就业。为激励社会各界更好地服务乡村，需制定一系列激励政策，以"乡情"为纽带，激发人们的建乡扶乡情怀，凝聚社会力量，共筑乡村振兴美好愿景。此外，需加大"三农"（农村、农业、农民）工作基层队伍建设力度。

在乡村振兴过程中，需坚持党的领导核心地位，充分发挥党的基层组织的作用。基层工作队伍建设与干部培训应以懂农业、爱农村、爱农民为核心，加强"三农"工作干部的培训、配置、管理与使用，全面提升"三农"干部的能力素质，为乡村振兴的高效推进提供坚实的组织保障。

# 第三节　乡村振兴战略实施的重要意义

## 一、解决发展不平衡不充分矛盾的迫切要求

当前，我国面临着发展的不均衡和不充分的矛盾，这是制约国家整体发展的重要因素。为了有效解决这一矛盾，实行乡村振兴战略成为一个紧迫的需求。乡村振兴战略旨在通过促进农村经济社会全面发展，缩小城乡差距，实现城乡共同繁荣。

中国特色社会主义已经步入新的历史阶段，这是时代发展的必然趋势。党的十九大报告对这一新时代进行了重要的评价，明确了我国发展的新的历史方位。新时代为我国的未来发展指明了新的方向，即要更加注重发展的质量和效益。在新的时代背景下，我们需要不断创新发展理念，推动经济社会持续健康发展。

随着新时代的到来，我国社会的主要矛盾也发生了转化。新的时代背景下，我国社会的核心矛盾已经转变为人民对更好生活的日益增长的需求与发展的不均衡和不充分之间的冲突。这一矛盾的变化对经济和社会的发展提出了更为严格的标准。我们需要更加注重满足人民日益增长的美好生活需要，同时努力解决发展的不均衡和不充分问题。这就要求在发展中更加注重公平正义，让发展成果更多更公平地惠及全体人民。

## 二、解决市场经济体系运行矛盾的重要抓手

自改革开放政策实施以来，我国一直沿着市场经济的改革方向前行，市场在资源配置中的作用愈发显著。这一变革不仅优化了稀缺资源的分配效率，还极大地促进了生产力的提升，使得社会劳动分工更加精细化和专业化。随着市场经济的持续深化，市场机制中潜在的生产过剩和经济危机等问题逐渐浮现，这要求我们进一步拓宽有限资源的分配范围和空间，以应对挑战。

为应对这些问题，需兼顾国际与国内两个层面的策略。在国际层面，应推进开放经济策略，并探索建立新的对外开放模式。在国内层面，则需重视乡村振兴战略的实施。乡村振兴战略与国际策略相辅相成，共同构成了一个各具特色、相互补充的长期经济稳定发展框架。相较于国际局势的复杂性和多变性，实施乡村振兴战略具有更高的安全性和可控性，也更有可能带来积极且有益的成果。

## 三、推动农业现代化的关键内容

经过多年的持续努力，我国农业与农村领域取得了显著的进步，现代农业建设亦取得了丰硕的成果。粮食及主要农产品的供需关系发生了深刻变革，大量农业剩余劳动力有序转移至城市，农民收入呈现出持续增长的态势，脱贫攻坚战取得了全面胜利，为乡村振兴战略的实施奠定了坚实基础，创造了有利条件。然而，在实践操作中，受历史背景等多重因素的影响，当前农业现代化进程、社会主义新农村建设以及农民的教育、科技和文化发展均面临着诸多亟待解决的突出问题。这些问题不仅制约了农业农村的进一步发展，也影响了城乡一体化的深入推进。

展望未来，随着我国经济的持续增长和城乡居民收入的不断提升，广大市民和农民对新时代农村的建设和发展寄予了厚望，提出了更多期望与要求。在此背景下，将乡村振兴明确定位为党和国家的战略目标，显得尤为重要。为实现这一目标，需统一思维、提高认识水平，明确发展目标，完善管理体制，优化建设流程，并加强领导和服务。这一系列举措不仅满足了新时代全国城乡居民对发展的新期望，而且将有力推动农业现代化进程的加速，促进社会主义新农村建设的全面推进，同时带动农民教育、科技和文化的全面进步。乡村振兴战略的实施，将为我国农业农村的可持续发展注入新的活力，为城乡一体化的深入推进提供有力支撑。

# 第二章 乡村振兴视域下乡村小学教师的专业发展

## 第一节 小学教师专业发展概述

### 一、小学教师角色定位

小学教师作为除了学生父母外，影响学生发展的重要人物，是小学生成长环境中最重要的组成部分，也是促进小学生发展的最有活力的因素。因此，科学认识和深刻理解教师在学生发展中的重要作用，是确定小学教师专业作用的核心问题，明确小学教师的角色定位更是首要任务。

#### （一）学生价值观念树立的引导者

小学阶段的学生大多数处于6~12岁，这一阶段是学生价值观、人生观和世界观初步形成的关键时期。小学教师在学生价值观、人生观的形成和发展中发挥着重要作用。在这个时期，小学教师首先是学生价值观建立的引导者。传统的教学理念虽然也强调教师的领导作用，但更建议教师用教学和灌输的方式来实施德育。可以明确的是，在这个传统教学过程中，教师其实不是学生的领导者，也不是学生未来发展路线的引路人，而是作为一名说服者出现在学生的世界。

其实，真正能引导学生发展自我，产生积极的价值观和人生观的，不是教师的教学甚至是说教活动，而是在教师主导的师生之间的平等对话、沟通的过程中，教师将自己作为学生学习的模板，尝试走进学生的内心世界，用心发掘每个学生的美好与善良，引导学生成长为独立自主的人。

在这个过程中，教师的一举一动，一言一行，对小学生来说都是一种最直接的感性认识，也是学生学习和模仿的直接来源。因此，教师必须以身作则，以德育人，行为引领，做一个"真实的人"，用自己的人格力量去激励学生，引导学生，做学生的榜样。

正如车尔尼雪夫斯基所说："教师要把学生造就成一种什么人，自己就应当是什么人。" ❶

此外，小学教师必须是学生健康成长的保护者。正如《麦田里的守望者》中描述的那样：有那么一群小孩子在一大块麦田里做游戏。几千几万个小孩子，附近没有一个大人，那么小学老师就成为一名麦田的守护者，保护着所有的小孩子。每当有小孩子错误地冲向悬崖边时，老师需要保护孩子们，把跑出来的孩子带回去，确保他们的安全。

小学教师的工作可能更像是"监督"，让学生们尽情玩耍、欢笑和学习，而不是强迫学生们做他们不想做的事情，即老师必须在最合适的时间引导学生走上正确的道路。如果小学教师能做到这一点，那么教师就真正成了学生价值观念树立的引导者。

### （二）学生建立同伴关系的指导者

在小学阶段，学生交流的主要目标转向同伴群体。同伴之间的互动不仅有助于学生迅速学会分享、关心、同情和包容他人，学会人际沟通技巧，学会谈判和遵守规则，还直接影响学生自己的生活和学习质量。积极和谐的同伴互动，不仅可以增加学生对环境的归属感，而且通过相互鼓励和帮助，增加他们的学习动力，促进双方的相互学习，让学生感到快乐，感受到人与人之间的美好情感体验，并且培养人际交往的自信。需要注意的是，如果同伴未做出正确的引导与影响，他会在很多方面对学生的现在和未来产生不良甚至严重的负面影响。

因此，教师如何正确引导和帮助学生，是教师角色意义中非常关键的一环。一方面，教师要正确引导学生，并且注意调动同伴的力量影响学生的健康成长；另一方面，教师要努力做学生的朋友，以平等的态度接近学生，这样才能与学生进行有效的沟通，促使教师对学生的沟通和引导可以被学生接受和信服。

### （三）学生主动学习的激励者

信息技术时代真正突破了传统知识的封闭状态，这本身就对教师的"知识教授"角色产生了影响，尤其是现代社会对于小学生主动学习、独立学习和合作学习能力要求的提高，以及师生之间交流活动范围的扩大，使小学教师的"教授"角色逐渐被"激励者

---

❶ 任志瑜 . 我的教育主张 [M]. 北京：北京理工大学出版社 ,2018. 第 93 页 .

和领导者"所取代。

小学教师必须意识到，学生们不仅从老师那里学习，而且更多地通过同龄人、其他成年人、社交媒体、互联网等来学习。小学教师的主要任务是鼓励学生学习、思考、认识和掌握各种获取学习资源的方式，同时培养学生解决问题的能力。因此，教师必须在教学中为学生的主动学习和合作学习创造良好的环境和机会，让学生在"学"中学会"学"！

如果小学教师能够将这些角色和功能，充分融入自己的教育教学生活中，那么他们一定可以成为促进学生身心健康发展的重要支撑力量。

## 二、新时代小学教师的要求

### （一）"职业理念与师德"领域的基本要求

在新的时代背景下，对小学教师的期望呈现出多元化趋势，需从多个维度进行调整和完善。其中，"职业理念与师德"是小学教师职业素养的核心组成部分，它的基本要求尤为关键。该领域主要涵盖了对小学生的态度和行为、教育和教学过程中的态度和行为，以及教师个人修养和道德品质三个方面，为小学教师的职业观念和师德建设搭建了基准框架。

"对小学生的态度和行为"的基本要求具有至关重要性。教师应深刻认识到生命教育对于小学生的成长意义，将保护小学生的生命安全置于首位，确保他们在校园内的安全与健康。同时，教师应尊重小学生的个性特点，信任他们的潜能，正视并尊重他们的个体差异，努力创造有利条件，让小学生能够在校园生活中感受到幸福与快乐。

在"教育和教学的态度及行为"方面，应秉持"以人为本，德育为先"的教育理念，强调德育在教育教学中的基础性地位。同时注重法律意识的培养，确保教育教学活动的合法性。教师应根据小学生的年龄特点，提供适宜的教育内容，引导他们通过体验学习掌握学习方法，培养良好的学习和生活习惯，为他们的全面发展奠定坚实基础。

在"教师的个人修养和品行"方面，应有全面而严格的标准和要求。教师作为传道授业解惑者，其个性、道德和行为对学生具有潜移默化的影响。因此，我们更加重视教师个性修养的提升、道德品质的锤炼和行为规范的养成，以期打造一支具备高尚师德、过硬专业素养的小学教师队伍。

## （二）"专业知识"领域的基本要求

在新的时代背景下，对小学教师专业知识的期望聚焦于多个核心领域，这些领域构成了一个全面而系统的框架。第一，小学生发展知识领域是确保和促进小学生健康成长的基础。鉴于此，小学教师必须全面掌握与学生发展密切相关的法律法规，以及具备教育学生的专业知识和技能。这一维度的要求旨在使教师能够深入理解学生的身心发展特点，从而为学生提供更加精准和有效的教育支持。

第二，学科知识是教师专业素养的重要组成部分。小学教师需要具备跨学科的知识视野，构建全面的知识结构，并深入理解所教授学科的核心理念和教学方法。同时，他们还需要把握这些元素之间的相互关联，以便在教学过程中实现知识的有机融合和灵活运用。

第三，在教育教学知识领域，强调小学教育学的独特性。小学教师应掌握小学教育学与教学理论的基本原理，熟悉小学生的成长规律和认知模式，深入理解课程标准，并具备丰富的教学知识。掌握这些知识将有助于教师更好地把握教学规律，提高教学效果。

第四，在普通知识教育领域，小学教师需要具备广泛的自然科学和人文学科知识，以及艺术欣赏和表达的能力。此外，小学教师还应掌握信息技术的基本知识，并对我国教育体系的基本情况有所了解。这一维度的要求旨在使教师拓宽知识视野，提升综合素质，从而更好地适应新时代小学教育的需求。

## （三）"专业能力"领域的基本要求

"专业能力"从教育与课程设计、组织与实施、激励与评价、沟通与合作、反思与发展五个方面对小学教师职业能力提出了基本要求。

在教育与课程设计领域，小学教师必须具备从小学生个体和小学生集体两个方面制定教案、使用教材、编写教案、设计团队活动的能力。

在组织与实施方面，小学教师对教育教学能力的要求最高。它包括建立良好关系的能力、创造合适的情境、处理突发事件的能力、运用教育技术、调动小学生的积极性、发挥小学生的主体性、提高小学生的认知能力以及各种表达能力和写作能力。

在激励与评价方面，强调小学教师必须具备综合性、程序性、多元性和积极性的评价能力，具有不断改进教育教学的能力。

在沟通与合作方面，建议小学教师应具备与小学生、同龄人、家长、社会人士等进行交流与合作的能力。其中，特别强调教师与小学生沟通时需要采用适当的语言进行交流。

在反思与发展方面，建议小学教师应具备对教育教学进行分析、反思、研究的工作能力，具有提高教育教学工作的能力以及提高专业素质的能力。

（四）智慧教学基本要求

《中国教育现代化2035》于2019年2月正式发布，该报告明确阐述了教育信息化在推动教育系统变革中的内在动力作用，并将其视为教育现代化的核心驱动力。报告进一步提出了信息技术与教育教学深度融合与创新发展的新理念，为基础教育教学方式的改革指明了清晰的方向。

在这一背景下，中国教育现代化积极倡导并实践了智慧教育的理念。智慧教育的实际应用，不仅促进了教育教学模式的创新，还催生了全新的智慧教学模式和学习方法。智慧教学模式是指在智慧课堂环境中，教师依据教学需求精心构建学习环境和空间，通过深度整合并创新运用教学资源和技术手段，对课堂教学的组织结构和生态环境进行重塑。这一模式旨在为学生提供体验式学习、混合式学习和个性化学习等方面的精确指导，形成了一套综合性的解决方案和流程。

在此过程中，智能化的教学方法对小学教师提出了明确的要求。教师在运用信息技术时，必须高度重视学生的个性化发展，确保教学能够满足不同学生的学习需求和特点。同时，教师还需具备构建有效教学环境的能力，通过实施智慧教学模式，优化课堂教学流程，提升教学效果。因此，智慧教育理念的实践对小学教师在信息技术运用、学生个性化发展关注以及有效教学环境构建等方面，都设定了明确的标准和要求，为小学教育的现代化发展提供了有力的支撑。

# 第二节　乡村小学教师专业发展的路径

## 一、自我唤醒发展路径

与其他教师专业发展途径相比，自我唤醒发展路径具有打破本土主流文化的特点。因此，教师容易体验到教师专业发展的幸福感，具有自我唤醒专业发展的优势。

## （一）自我唤醒发展的意义

相较于其他教师职业成长策略，自我唤醒发展策略展现出更为显著的内生性、隐喻性及多价值性特征。鉴于其作为人文教育不可或缺的组成部分，在实践中应谨防采用过度"灌输式""强制性"或"绝对化"的教学方法，以免遏制教师的自主性和创造性。

教师的自我认知是教学活动的导向标，而自我唤醒发展策略构成了推动教师专业发展的核心动力机制。在传统观念中，教师发展往往被视为各类教师发展讲座等外部因素作用的结果，然而，这一视角忽视了对教师内在能力的挖掘和自我成长意识的激发。诚然，外部培训对教师成长的影响是实实在在的，且具有一定的价值，但它并不能完全替代教师内在的自我觉醒能力。这种能力源于教师内在的驱动力，是教师专业发展的独立性体现。

教师的角色由"他我"与"自我"两个维度共同构成，前者强调教师的外部价值和社会地位，后者则关注教师的内在自我价值和自我实现。当教师处于"自我"状态时，其行为和情绪才能与自我形象保持高度一致。个体的自我形象是塑造性格和行为模式的基础和先决条件，对于教师而言，自我觉醒和成长显得尤为重要。它不仅代表了教师内心深处的动力源泉，还为教师的持续进步和发展提供了不竭的动力支持。因此，促进教师的自我唤醒和成长，是提升教师专业素养、推动教育事业发展的关键所在。

## （二）自我唤醒的幸福感

教师自我唤醒发展策略，旨在进一步发展教师专业，让教师能专业并独立地进行教育和生活，不是依靠教育作为生活的一种必要途径，而是真正地为教育而生存，并将教育视为一种值得一生追随和信任的职业。

教师自我唤醒发展后，我们看到了更多探究型教师、实践型教师、成长型教师，甚至是专家型教师出现。教师不仅是理论的接纳者，也是理论的建设者。自我唤醒发展策略的有效实施，促进教师激情飞扬，智慧闪耀，为教育实践活动赋予专业色彩，同时让教师享受做教育的人的快乐与光荣。

### 1. 在奋斗中感受幸福

教师专业发展的道路从来不是一帆风顺的，这个过程需要教师不断地前进和奋斗。在这个过程中，老师会倾注全部的心血与爱，全力以赴，全身心地投入其中，有失落、有期待、有辛酸、有甜蜜、有失败、有成功……教师会记住自己在教学中得出的经验与教训，回忆为了公开课反复练习，回忆学生回馈给他们的教学效果，回忆学生们的掌声，等等。当学生与家人发生冲突时，许多教师会选择帮助学生，他们做的一切都是为了心中永恒的追求、努力、奋斗，这就是老师的幸福。只有奋斗过、经历过的老师，才能感受到其中的快乐。这种幸福来自与学生一起成长，来自勤奋和努力。

**2. 在收获中品味幸福**

看到自己桃李满天下是老师最快乐的时光，会让他们想到自己从事的职业，以及学生给他们带来了多少快乐与激情。在教学中，教师获得了学生带来的挑战，每一个学生都是具有差异性的，因此，这就要求教师更有智慧地因材施教。教师在学习中感受到学生不断地成长，教师也会从学生成长的过程中获得更多乐趣。在生活中，老师感受到学生的活泼和积极，学生的世界里还有更多美好。当学生在老师的呵护下健康快乐地成长，当成群结队的学生成为人才和社会栋梁，为祖国做出自己的贡献时，老师的幸福就随之产生了。一份事业，带来一生的幸福，这种幸福感，只有老师才能感受到。

**3. 在展望中珍藏幸福**

教师发展必须与时俱进。当教师的专业发展达到一定水平时，教师必须重新放眼未来，与时代同频共振，更新教育理念，改善教学方式与方法，与新时代的孩子们一起走新时代的道路。届时，心中所珍藏的幸福，将进一步激励教师继续为天底下最崇高的职业而追求、奋斗，创造教师一生的幸福。

**（三）自我唤醒的实施策略**

**1. 制度唤醒——唤醒教师的主体意识**

教师专业发展的基本保障是必要的教师专业化发展制度。想要实现教师专业发展，除了为教师营造轻松的成长与发展的氛围、立足教师内在觉醒外，还需要完善增强教师自律意识和学习意识的体制机制，即提高教师的专业觉悟。通过相应的制度，唤醒教师在贯彻制度的同时，克服生活中因工作而导致的倦怠，认识到现在的教师专业发展内在的乐趣和价值。以往依靠"自我唤醒"个别教师的制度，并未把握自我唤醒的根本所在。必须立足中国国情，本着"团体动力原理学"的原则，建立有效的教师专业化发展长效机制，即生态自我觉醒策略。宋代学者叶适提出了"内外交相成"的方法论，即通过感官与思维的共同作用获得对事物的认识。时至今日也未落实，因此，我们需要进一步继承、研究与发展该方法论。

**（1）规范性制度增强教师的自制力**

制度之所以能被人们认可，是因为它能帮助教师突破自我，成为更优秀的人，同时规范性的制度能起到约束和规范教师言行的作用。每一位教师从任职第一个教育教学岗位开始，心中就萌生出做一名好教师的理想，而规范性的制度是让理想生根发芽、开花结果的有效保障。

在实践中，教师专业得以长期发展的作用机制如下。

①学习制度。教师在教学活动中不仅是知识的传递媒介，更承担着知识构建与创新的重任，实质上是教育理念的直接实践者和推动者。鉴于此，教师职业的特殊性要求他们必须保持知识的更新与自我充实，这是促进教师专业发展不可或缺的条件。因此，建立完善的规章制度，激励和支持教师不断学习、更新知识，对于提升教学质量、推动教育事业发展具有重要意义。

以体系形式建立教师学习体系，引导每一位教师在繁忙的教育教学工作之余，用书籍充实自己，学校定期对教师的阅读评价体系开展审核、评价和交流活动。老师要在制度的约束下学习，在阅读相关的教育学的书籍之后，书自然会为他们打开一扇窗，让他们在智慧的领域里培育、拓展、升华自己的情感，从而唤醒他们的幸福和快乐，并且可以从内心深处激发他们对理想的追求，最初的强迫也会逐渐转换成为教师自觉的习惯。

②听课、评课制度。作为教育的领导者，听课和评课是实施有效教学指导的重要活动，同时也是教师之间相互学习、共同提高的重要途径，听课、评课制度是改进教学的重要载体。

新课程改革实施过程中，相关教育部门可以根据新课改要求，逐步改革完善听课、评课制度体系，明确听课次数、听课要求和听课评价要求，为教师开展练课、磨课研究提供方向。定期的诊断和评价教学可以有效地促进教师相互学习，促进课堂教学的优化。

③校本研修制度。始终坚持以人为本，将严格的规章制度与浓厚的人文氛围有机地结合起来，唤醒教师的职业意识，使相关的制度既能约束人，又能解放人。以校本研修为例，为了实现学校的高水平管理，学校制定了多项制度、规则和要求。例如，按照制度，学校老师需要每学期初制订具体的工作计划，每年制订小项目研究计划、专题研讨活动方案等，学期末对老师进行考核表彰，表扬教师相较过去有所进步，鼓励暂时落后的教师不断地成长与前进，起到有效促进教师专业发展与个人发展的作用。激励的氛围让所有老师都积极向上。在制度的实施过程中，教师自身也得到了成长，能够轻松自如地工作，感受到职业的快乐。

④帮带制度。制度表面上似乎是由一些生硬、刻板的规则和条款组成，但在规则和

条款的背后，隐藏着制度制定者对每一位老师的关爱。

学校致力于打造教师之间相互交流、学习合作的良好发展氛围。在这样的氛围下，完善教师帮带制度，不仅让骨干教师成为主角，更让每位教师都有机会成为教师系统的中坚力量。老教师经验丰富，将班级管理的经验传授给年轻教师；青年教师精力充沛，接受新事物快，及时帮助老教师掌握现代教学技术；名师、骨干教师专业能力强，帮助普通教师提升专业能力。教师帮带制度明确导师和学徒各自的义务，强调双方的互动、合作和进步，创建教师帮带档案。通过多姿多彩的教师帮带制度，每位教师将发挥自己的特长，找到自己在教学中的定位，从而提高教学主体意识，与素质教育、高效课堂共同发展和成长。

除了以上对教师专业发展起主导作用的制度外，还有一些起隐性作用的制度，如考勤制度、签到制度、奖惩制度等，使教师能够严格工作，提高自制力，增强使命意识，提高工作质量。

（2）发展性评价制度唤醒教师的向上之心

教师的专业发展不仅是教育体系和社会对教师的外在期望，更是教师个人成长与发展的内在需求及必要条件。教师如何将自身专业发展视为个人发展进程中不可或缺的一环，与教师评价体系的构建、优化及有效执行之间存在着紧密的逻辑关联。

发展性教师评价作为一种开放且具有双向互动特性的评价机制，其基石在于评价双方之间的相互信任与和谐氛围的营造。该评价机制具有明确的导向性，旨在激励教师不断进步。在教学管理过程中，充分重视教师的主体地位，并对其职业发展进行全面、客观的评估，是至关重要的环节。

发展性教师评价不仅能有效地促进教师的自我提升与持续发展，还能极大地激发教师的工作热情与创新潜能。同时，该评价机制促使教师更加深入地关注学生这一特定群体，从而有力地促进学生的全面发展与和谐成长。这种高效的评价方式，不仅显著提升了教学水平，还确保了学校、教师以及学生三者之间的协同进步，实现了真正的共赢局面。

①建构教师发展性评价目标。在教师专业发展的道路上，选择用积极向上的目标来引导教师的价值观追求，让教师不仅了解"我"应该去哪里，"我"应该做什么，"我"应该怎么做，而且让每位教师理性思考自己的教学情况，找到专业发展的切入点，培养教师的自我施压、自我提升和自我发展能力。

②评价手段、方法的多元化。《基础教育课程改革纲要（试行）》指出，构建一个旨在促进教师持续进步的评估机制至关重要。该纲要强调，教师需对自身的教学行为展

开深入剖析与反思，这是提升教学质量的关键环节。为此，应构建一个以教师自我评价为核心，同时融合学校领导、同行教师、学生及家长等多方参与的综合性评价体系。此综合评价体系具体涵盖多个维度，包括教师的自我评价、同伴之间的互评、学生评价、家长反馈、学校层面的整体评价以及"档案袋"评价等。这一多元化的评价框架旨在确保教师能够从多角度、多渠道获取反馈信息，从而为教师持续的专业发展提供全面而客观的数据支持。构建并实施这样一套教师发展评价体系，不仅能够有效激发教师的职业热情，增强其自我提升的内在动力，还能够系统地推动教师的持续成长与进步。长远来看，这将有助于学校打造一支既具备高尚职业道德，又拥有卓越教学能力的专业教师队伍，为基础教育质量的全面提升奠定坚实基础。

（3）预留自主空间为唤醒教师提供保障

无论是教师的专业发展学习和教学研究都需要时间，教师必须有足够的空闲时间。然而，当前小学教育体系普遍遵循紧凑的教学日程，严重制约了教师进行深入学习及与同行有效交流的机会。在教育实践过程中，教师往往因缺乏独立思考的空间，让专业素养的提升面临挑战。这一现象进而影响了教师的职业信念，导致他们对社会责任和义务的认知浅显，从而使得教师的职业化发展趋于表面化。鉴于此，为小学教师分配更多时间与空间，可以丰富教师的精神世界，避免将宝贵资源消耗于琐碎事务，对于激发教师的工作热情及促进自我觉醒至关重要。高强度的教学任务限制了教师的创新能力，因此，提供额外的闲暇时间，对于滋养教师的精神生态至关重要。

另外，"没有规矩，不成方圆"的原则揭示了制度在管理中的核心作用。缺乏制度约束，个体行为易失范，工作环境趋于混乱，教师亦可能在无序中丧失职业发展的动力与方向。尽管制度初看之下似乎具有强制性，甚至给人以超越道德与文化的冰冷印象，但内含的约束机制代表着一种更高级别的道德规范。这种约束不仅有利于个体、他人及集体的福祉，更是推动教师专业发展目标实现、提升工作效率与成效的关键因素。尤为重要的是，良好的制度环境能够确保教育成果的持续有效，为教师的职业发展奠定坚实的基础。

**2. 理念唤醒——唤醒教师的创新意识**

教育的终极目的并非局限于单纯传递或应用外在的具体知识与技能，而是致力于深入个体的心灵深处，唤醒他们内在的自我意识与生命认知，进而激发其价值观念、生活态度及创新能力的全面发展。教育的目的在于促进个体实现个人生活愿景，并有意识地自我塑造未来人生轨迹。

从实践经验中可以认识到，一个高效且富有成效的教师成长策略，不仅在于协助教师从外在环境的束缚中解脱，更核心的是激发教师的个性特质与内在精神，从而充分释放他们的创新潜能。在此过程中，管理者扮演着至关重要的角色，他们肩负着营造一种适宜氛围的责任，以便将前沿的教育理念有效地传递给教师，并促进教师通过自我觉醒，将这些理念转化为具体而生动的教学活动。

（1）办学理念引领——唤醒使命感

教师的授课能力对于青少年的健康发展具有直接且至关重要的影响。因此，在致力于培养出具备卓越综合能力的学生群体之前，教育者自身必须首先成长为具备高尚教学伦理、坚定使命感与强烈责任感的个体。

学校的办学理念，作为师生共享的核心价值观念体系，体现了基于普遍接受的行为准则的无形且动态的精神资产。这一理念被视为学校的灵魂，是推动学校持续成功与超越的核心动力，也是其独特竞争优势的源泉。当学校拥有一套得到全体师生广泛认同的理念时，该理念能够有力激发教职工的使命感与责任感，激励他们以极大的热情投身于学校的各项事业，成为践行学校理念的先锋力量。

为实现这一目标，学校首要责任在于引导教师深入理解并内化学校的办学理念、宗旨、目标及具体的治理策略，包括但不限于校训、校风、校规及校歌等。这一过程旨在强化教师对新课程改革方向的认知，提升其责任感，促进师生形成志同道合、紧密团结的团队，构建坚不可摧的集体凝聚力。教育者应深刻认识到，"追求发展、具备发展能力、擅长发展"是教育进程中师生共有的核心理念。明确的发展方向不仅为师生提供了前进的动力，也指引了具体的行动路径。在教师的内心深处，这一理念将催生对教育、学校及学生的深厚情感，进而激发教师对岗位职责的热爱与奉献精神。通过这一过程，教师能够更加积极地投身于教育实践，为学生的全面发展贡献自己的力量。

（2）教育理念唤醒——激发创造力

时代呼唤教学创新，教育呼唤深思熟虑、不断进步的教师。只有用先进的教学理念培养教师，才能真正学会把握素质教育的真谛。

面对新课程教育教学改革，很多教师感到困惑迷茫，站在教学的十字路口，不知何去何从。教育理念及时出现，为老师提供思路，就像黑夜里的一盏明灯，为他们照亮前进的方向。教育理念向教师伸出援手，教育部门率先牵头，提供场所和机会，教师通过互动分享新课改课堂上遇到的困惑和存在的问题，共同探讨，同时邀请专家指导教师系统地解读新课改，指出课堂上存在哪些问题，应该作为新课程改革的一部分。教师一起学习新课改，提出自己教学过程中遇到的困惑，其他教师及时出谋划策，帮助教师解决问题。这样一来，老师就不再感到困惑与迷茫。

将教学理念转化为教师日常培训教学的需要，教师必然会认识教学理念，将教学理念引入教学实践，教师的课堂也将逐步实现学习目标明确、课堂评价有效、课堂流程简洁的目标。

### 3.活动唤醒——唤醒教师的参与意识

每个老师都在努力提升自我，以期望最终取得成功。各种活动为教师提供获得成功的机会，帮助教师摆脱"职业倦怠"的束缚，重拾活力，点燃学习之火，点燃科研之火，点燃创新之火，开启教育新天地。

（1）文体活动激发教师工作热情

跳绳、接力赛、演讲等丰富多彩的文体活动，让教师从辛勤劳动中解放出来，体验教育生活的乐趣，消除职业倦怠。结合节日，可以举办形式多样的文娱比赛，让教师在紧张、辛苦的工作之余享受娱乐。其中，教师节的庆祝活动，可以大张旗鼓地用来鼓励全体教师重新思考教师职业的意义，增强教师的责任感和幸福感。

（2）唤醒教师参与意识的教育教学活动

形式多样的教育教学活动，为教师的才艺展示营造了丰富多彩的舞台，让老师亲自尝试、体验自我实现的喜悦。学校应本着务实高效的原则，开展教研沙龙、讲座、研讨、案例探究等教研活动，及时进行反馈和评价。观摩课、示范课、送课下乡等教学活动，可以满足教师的自尊心，点燃他们的信心和激情。竞赛和评价始终满足不同层次的教师实现自我价值的需要，给予他们可持续发展的动力。

### 4.榜样唤醒——唤醒教师的价值意识

以身作则，意味着管理者利用榜样的高尚思想和模范行为来影响其他教师，培养其他教师成为具有高尚品德和专业技能的优秀教师。

在人们的内心深处，有一种见仁见智、相互学习的愿望，所以榜样具有彰显和扩大优秀影响范围的作用。榜样的以身作则，可以唤醒其他教师的内在需求，为其他教师赋能，调动其他教师求学上进的积极性，促进教师思想文化和业务素质的进一步提高，实现教育教学工作有序开展，全校师生面貌焕然一新，同时能有效促进整体教学质量的提高。

为了最大化榜样唤醒效应的有效性，确保所树立的榜样行为真实且可信是至关重要的。事实上，每位被誉为榜样的人物均为社会集体中不可或缺的一员，其人性特征不可避免地包含不完美之处。因此，在推广榜样教师的事迹时，我们应秉持真实、全面、客观的原则，避免过度渲染或歪曲事实，同时拒绝塑造脱离现实、缺乏情感维度的理想化形象。相反，应详尽描绘榜样教师的成长轨迹，真实展现他们的崇高的思想境界与道德品质，以此为教师群体提供一个更具说服力的参照典范。

树立榜样能够激发教师"见贤思齐"的内在动力，教育管理者需积极促进教师对榜样思想、行为及其社会价值的深入理解。通过深化榜样认知，教师可实现自我教育与个人成长的目标。为表彰荣获各类荣誉学位的教师，学校应组织颁奖典礼，并利用横幅、展示板、简报、校园广播等多种媒介广泛宣传其卓越成就，旨在营造积极向上的舆论氛围，激发教师对榜样人物的崇敬之情。唯有当教师在内心深处对榜样产生深刻震撼、由衷的敬佩与尊重时，方能真正将外在学习经验内化为个人成长的楷模力量。

此外，观察小学教师周围的实际情况，也可为周围人群提供启示，促使他们从具体案例中汲取经验教训。我们应充分利用身边教师的典型影响力、亲和力和吸引力，为其他教师提供积极导向、热情协助与强大支撑，保障他们健康、成熟的发展，进而营造一个师生共学榜样、携手并进、共同提升的良好环境。

实施教师分级教育体系与名师引领工程，是构建科学评价与激励机制的有效途径，能够激励教师沿着"合格教师→优秀教师→卓越教师→专业名师"的职业发展路径不断前行，推动教师持续奋斗、屡创佳绩。学校致力于打造一个"人人追求卓越"的积极氛围，旨在使教师既能认识到自身工作中的杰出表现，享受成功的喜悦，又能见证同龄教师的成长与进步。我们鼓励每位教师不断超越自我，超越身边的榜样，始终保持学习的热情与对专业发展的渴望。

**5. 情感唤醒——唤醒教师的生命意识**

在学校管理领域，构建一套高效且可持续的体系，不仅需要依赖于明确且系统化的制度框架，同时也亟需融入深厚的情感支持作为不可或缺的补充。这种情感动力机制从本质上看，可视为一种深层次的内在自律力量，其运作方式犹如一只"隐形的调控之手"，能够深入触及个体心灵的层面，对教职工的行为模式产生深远的影响与引导，从而实现行为规范的内在化。将明确的制度管理与深厚的情感支持有机结合，通过精准的情感唤醒方法，不仅能够优化学校的内部管理环境，还能为学校的长远发展注入持久的动力与活力。

（1）尊重让教师体验成功

心理学中曾有这样的表达，人只有发自内心的愿意，才能使个人发挥自身的最大才能，否则大多只能懵懂度日。教师代表着一类特殊的职业群体，有别于其他职业，教师作为知识分子，更注重对人格的尊重和对精神价值的追求。

教师常常无法白天在学校完成上课、备课、批改作业等多项工作，因此有部分教师必须将白天不能完成的工作带回家晚上完成。当这些工作的特质被忽视，教师甚至被视为公司流水线上的工人时，不可避免地会产生厌恶、抵制和创造的热情低下等负面情绪。只有不断有效地增强教师的主人翁意识，逐步提高和尊重教师地位，才能真正调动全体教师的教学积极性。

尊重教师表现在实施积极的情绪管理，淡化和模糊学校中管理者和被管理者的层级观念，树立人人平等的观念，树立教育管理者服务群众的意识。教育教学管理者处处以身作则，保持内外一致，尊重和平等对待教师，利用一切机会和条件与一线教师交流，了解教师的物质和精神需求，征求教师意见。这种强调尊重、平等的人际关系，让教师与学生双方相互尊重，依靠教师之间相互的智力交流和情感认同，才能获得工作和学习的动力。

尊重教师还体现在管理者始终相信每一位教师都是优秀的、有能力的、独一无二的、有创造的、有潜力的，在工作中必须尊重教师的个性，鼓励教师的个人发展，相信教师的综合能力，充分发挥教师的长处，并在拓展教师专业知识和教学实践过程中，发掘教师潜能，促进教师发展，激发团队精神，引导教师相互学习。

（2）关心让教师乐于奉献

管理人员应致力于构建舒适、安全、整洁的工作环境及和谐、积极的工作氛围，以满足教职工的多层次需求与愿望。在"以人为本"的环境中，教职工能够畅所欲言，融入集体，减轻压力，从而唤醒专业意识，激发工作热情，主动发挥内在潜力。

领导层的人文关怀同样重要，校长需关心教师生活，通过平等交流与真诚帮助，使教师感受到集体的温暖与同事的关怀，进而激发其奉献教育的动力。此外，对教职工的关心还需体现在细节上，如及时肯定他们的成绩与奉献，耐心批评与开导其不足，以及尽力满足其物质需求。这些举措能增强教师对学校及教育的热爱，促使教师积极为学校的进步与教育事业的发展贡献力量。

将制度管理的刚性与情感管理的柔性相结合，形成刚柔并济的管理模式，方能充分挖掘教育与教师的巨大潜力，推动学校的持续发展。

## 二、名师引领与同伴互助的发展路径

### （一）名师引领策略实施目标及原则

#### 1. 名师引领策略实施目标

①进一步规范和加强名师建设，坚持教学与实践并重的原则，促进名师培养、提升、管理和使用，促进建立以教育教学为主体的有效机制，逐步形成专家引导、名师指导、骨干教师带动全体教师共同发展的格局。

②为了促进教育质量的显著提升，应致力于发掘与培育一支在省级乃至国家级层面具有显著成就与广泛影响力的教育及教学专家团队。这一战略聚焦于逐步扩大专家与学者队伍的数量规模，并同步提升其专业素养与综合能力，以期更全面地契合教育改革与发展的迫切需求。

#### 2. 名师引领策略实施原则

名师引领策略的实施主要依照以下六个原则。

（1）主体性原则

教师在教师专业发展进程中扮演着核心执行者与关键推动者的双重角色，构成职业发展路径的核心要素。因此，实施以名师为主导的领导策略时，应坚守教师主体性原则，尊重每位教师的独特个性，不断强化其专业发展意识，激发内在职业驱动力，并鼓励自我潜能的发掘。

（2）交互性原则

在名师与普通教师之间建立广泛的交流、学习、协作与共进机制，旨在促进资源共享与集体进步。这一原则不仅适用于名师间的互动，同样适用于普通教师间的相互支持与提升，形成多维度、多层次的交互网络。

（3）系统性原则

提升教师队伍整体素质，培育并发挥杰出教师的领导作用，是一项系统工程。要求进行全面规划，采取循序渐进的方法，确保名师在组织、管理、培训及贡献等方面实现和谐统一。同时，需在教学、科研、培训等关键领域协同推进，确保各部门职责明确、合作紧密。

（4）实用原则

名师引领战略研究应根植于教育与教学实践，强调从实践中汲取知识、进行研究并在实践中不断发展。这一原则为教育与教学专家及优秀教师提供了理想的成长环境，使优秀教师的引导与实践成为职业成长的加速器。

（5）开放原则

构建开放、动态、竞争有序的名师管理制度，通过定期考核与评价，确保名师队伍保持先进性，充分发挥引领作用。这一原则强调名师队伍的动态管理与持续优化。

（6）前瞻性原则

在名师的培养、管理与运用过程中，坚持适度超前与跨越式发展，体现时代精神与战略意识。构建具有地方特色的名师培养体系，旨在培养出既符合时代需求又具有地方特色的名师群体，为教育事业的长远发展提供坚实的人才支撑。

### （二）名师引领策略的有效实施

#### 1.修身立德，率先垂范

"学高为师，身正为范"这一格言深刻揭示了教师职业的本质要求。教师的崇高道德品质与卓越道德修为，不仅是教师开展教育与教学活动的基石，更是教师职业成长不可或缺的核心要素。师德塑造，是教师专业发展与队伍建设的关键环节，对于强化师德建设、提升师德境界、树立师德师风典范，以及激发教师对师德师风的广泛认同与热情，具有至关重要的作用。

为实现师德建设的既定目标，需持续实施积极的引导策略与示范激励机制，依托多样化途径与多层次平台，创新师德教育模式，以促进师德教育的全面深入发展。在此过程中，杰出教师的师德事迹发挥了不可估量的作用，它们为广大教师提供了生动的榜样与深刻的启示，营造了一个崇尚卓越、积极进取的职业氛围。这些事迹不仅丰富了教师的价值观体系与道德标准，更以其强烈的感染力和深远的影响力，激励着每一位教师不断追求更高层次的道德境界与专业发展。

#### 2.师徒结对，合作共进

杰出的教师在教育领域扮演着引领者的角色，他们是教育团队中的佼佼者。这些教师凭借丰富的教育实践经验、前沿的教育理念、精湛的现代信息技术应用能力，以及深厚的教育理论功底，成为同行中的典范。为了充分发挥杰出教师的影响力和引领作用，我们应当积极展示他们的成就与经验，使青年教师能够从他们的教书育人实践、教育科研历程及心理成长轨迹中获得深刻的启示与理解，进而树立明确的榜样目标，促进个人成长与职业发展。

鉴于此，组织规模盛大的师徒配对活动，构建正式的名师与青年教师结对仪式，显得尤为重要。在这一框架下，每位杰出的教育教学专家可选定 3~5 名青年教师作为学员，形成紧密的"师徒链"。通过签订师徒合同，明确双方的责任与期望，确保指导活动的有效性与持续性。

杰出教师在道德引领、才华展示、教育指导及科研合作四个维度上，对青年教师进行全面而深入的指导。他们与青年教师共同探索创新的教育理念，协同备课，相互听课并给出建设性反馈。此外，杰出教师还协助青年教师设定清晰的职业发展目标，推动他们的专业发展，实现师徒双方的共赢发展。这一过程不仅促进了青年教师的快速成长，也进一步巩固了杰出教师在教育领域中的领导地位，共同推动教育事业的繁荣发展。

### 3. 跟踪指导，标本兼治

打造专业发展的"师徒链"，形成"学科航母"，随时随地开展教研，通过教师指导学员备课，跟随学员听课，及时交流反馈，使备课指导顺利落地，鼓励青年教师的每一次进步。在备课、上课、作业的批改和最终的考核过程中遇到问题和困难，青年教师可以随时向名师请教、随时点课、随时观课，也让他们认可名师在教学方面的努力和求真务实的精神。

### 4. 精品课堂，资源共享

在教师团队中，深入开展精品课程的研磨与建设工作，旨在提升教学质量与教师专业能力。此项活动确保每位参与名师培训的教师至少完成了一项精品课程的深度打磨与构建任务。通过系统的检查与个性化指导，围绕课题选定、教学目标明确、教学环节优化、学生参与促进以及教学活动设计这五个核心维度，精心策划并最终打磨出了一系列高质量的精品课程。

截至目前，已成功录制并创作出超过 200 门精品课程，涵盖了各个学科领域。为了促进优秀教学实践的分享与传承，各学科均组织了精品课程示范与交流活动。这些活动为青年教师提供了宝贵的学习机会，使他们能够近距离观察并深入理解名师的教学理念与实践。青年教师普遍反映，名师的教学展现出高度的前瞻性与创新性，课堂氛围生动活泼，教学实效性显著增强，为他们树立了优秀的教学典范，提供了切实可行的教学指导策略。

### 5. 送教下乡，示范引路

为了加快乡村教师专业化发展，实现优质教育资源交流，促进基础教育均衡发展，可以定期组织名师下乡。将美术、心理健康教育、体育、信息技术等学科深入乡村，开设 40 余节课，打造亲近名师学"艺"活动。

通过见证名师的行为，学习名师的经验，了解名师的教学理念和教学风格，搭建青年教师与名师对话交流的平台，通过这个平台实现与名师的交流与沟通。

### 6. 课题带动，科研引领

实施课题化、项目化战略，鼓励和引导教师参与教育研究，是推进教育研究、提高教师专业水平的有效手段。按照人人有课题的原则，加强对学科的组织管理，努力做到"三结合"，即专业研究与新课程改革相结合，与日常课堂工作相结合，与教师专业发展相结合。

新课程改革倡导教师成为研究人员，青年教师在参与教育研究的过程中要不断总结教学经验，升华教育理论，发展自己的教学理念，创造自己的教学特色。

名师和教育机构要根据当前教育教学存在的问题，选题立项，牵头或参与市级以上科研项目。要树立正确的教育理念，进行教育和教学经验总结，丰富教育理论基础，撰写高质量的科研论文，取得具有理论和实用价值的科研成果。

### 7. 培训学习，理论导航

在名师和骨干教师的指导下，定期组织专题理论学习和系统培训，巩固专业知识，提高业务技能。同时，要加强继续教育和定期培训，采取集中与分散培训、全面与重点培训、在职和脱产培训相结合的方式，使全体教师的培训制度化、规范化，真正做到专业发展。

### 8. 研讨交流，经验分享

为了有效建设名师队伍，充分调动名师的积极性和主动性，学习名师的先进理念和科学经验，可以积极组织名师成长交流会。教师在会上踊跃发言，畅所欲言，分享对教师专业发展的理解和作为名师培养对象的感受，总结自己专业的成长经历，畅想自己未来的发展。这对教师提高名师意识、增强责任感和使命感、促进教师专业发展具有重要作用。

为了提高名师和青年教师的反思能力和水平，可以有针对性地召开教育教学反思专题交流会。交流会使其他名师和学员明确了教育教学反思在促进教师专业发展、提高反思水平中的作用。

### （三）同伴互助策略实施的原则

同伴互助策略的成功实施，依赖于一系列基础且核心的原则，这些原则是执行该策略时必须严格遵守的准则。同伴互助策略包括以下五个关键原则，它们的理解、掌握与正确应用，是达成互助目标的重要前提。

### 1. 自主性原则

自主性原则强调教师在互助活动中的自主决策与行动。首先，教师应享有参与点对点互助活动的自主权，以避免强制参与引发的反感情绪，确保活动有效性。其次，教师有权自主选择合作伙伴，以建立基于相互尊重与信任的合作关系。最后，互助活动的目标与策略应由教师与合作伙伴共同讨论决定，确保双方对目标有清晰的认识与共识。

### 2. 合作性原则

合作性原则侧重教师间的相互支持与平等参与。它要求教师在同伴互助活动中建立合作伙伴关系，营造积极沟通、相互信任与合作的氛围。教师应基于共同兴趣，在互助活动中建立和谐的人际关系，毫无保留地分享知识、经验与信息，坦诚指出彼此的优点与不足，共同解决问题，促进集体发展与进步。

### 3. 开放性原则

开放性原则意味着同伴互助策略的实施应灵活多样，不拘泥于固定模式。鉴于各学校设施、条件、氛围及教师技能、兴趣、专业背景的差异，应坚持包容开放的原则，根据具体情况采取适宜的方法，确保策略的有效性。校本教研作为以学校为中心的研究活动，更应体现这一原则，以适应不同学校的实际需求。

### 4. 反思性原则

反思性原则重视教师在互助活动中的自我反思与成长。它要求教师在同伴互助中不仅关注集体协作与互助，还要深入反思自身的教学行为、观点与态度。教师应持续进行自我反思，以促进个人成长与进步。互助策略的核心目标是鼓励教师深入反思，推动他们在专业领域内自我驱动与自觉进步。

### 5. 目的性原则

目标导向原则要求教师在开始同伴互助活动前明确具体目标。这包括长期目标与短期目标两个层面：长期目标旨在推动教师职业成长，提高教育与教学能力；短期目标则关注本次互助活动需要解决的特定问题与完成的任务。以教师互助为导向的校本教研模式，只有在目标清晰明确的情况下，才能有效且有序地进行。

### （四）同伴互助策略实施的途径

同伴互助策略着重凸显了教师群体在专业发展中的核心价值，该策略倡导教师之间的相互学习、协作、借鉴、支持及经验共享。鉴于不同学校和教师群体具有独特的需求与情境，同伴互助策略的形式应具备多样性与灵活性，且其实施路径亦应因地制宜。具体实施细节概述如下：

**1. 教师结对**

教师结对合作作为一种促进教师专业能力提升的合作式学习方式，蕴含着深厚的历史底蕴，且至今依然展现出蓬勃的生命力与显著的成效。在此模式下，教师间建立起结对关系，旨在通过相互扶持与协助，共同推进教学进程。结对双方在教学目标的设定、行动策略的制定以及教学活动的实施等方面展开紧密合作。

同时，教师结对关系还促进了积极的相互听课活动。结对双方通过仔细观察对方的授课方式，深入剖析教学过程中的亮点与不足，从中汲取有益的教学经验，进一步推动自身的职业成长。这种基于实践的观察与学习，不仅有助于提升教师的教学技能，还增强了他们对教学活动的理解与感悟。

**2. 集体备课**

教师在集体备课活动中，往往基于特定的备课内容需求，在部分教师独立完成初步备课的基础上，主动组建特定的教师团队或遵循学校安排的配对团队。针对备课过程中遇到的难题，教师们通过讨论、交流及相互学习等方式寻求解决方案。集体备课的形式呈现出多样性，主要可从以下几个维度进行分类：

第一，根据集体备课的组织形式，可划分为汇报讨论型、辅导点评型、论坛交流型等不同类型。这些类型各有特色，适应了不同备课场景的需求。

第二，从集体备课的流程角度来看，集体备课可分为三阶段备课和四阶段备课两种模式。这两种模式在备课的深度、广度及实施步骤上存在差异，以适应不同课程的教学需求。

第三，基于集体备课的地域范围，备课活动可以划分为校内备课和校际备课两大类。在校内备课中，又可进一步细分为单一学科备课和跨学科整体备课；而在校际备课层面，则涵盖区域备课、联合学校备课以及在线备课等多种形式。这些分类体现了集体备课在地域和空间上的广泛覆盖。

第四，从集体备课的主题内容出发，备课活动可围绕班级、单元、书籍、专题或研究课题等展开。这种分类方式有助于教师聚焦备课的核心内容，提高备课的针对性和实效性。

第五，基于集体备课的时间安排，备课活动可被划分为学期初备课、日常教学备课及考试后备课等几个阶段。这种时间上的划分有助于教师合理规划备课时间，确保备课活动的连续性和系统性。

多样化的集体备课方法不仅能够有效汇聚教师的集体智慧，还能在一定程度上减轻教师的备课负担。集体备课依赖于集体的智慧和力量，通过集体协商和研究，教师可以共同探索出有效的教学方法。然而，值得注意的是，集体备课的基础在于教师对教材的深入学习和对学生学习情况的全面了解。缺乏教师个人的勤奋和努力，任何形式的备课都将难以达到理想的效果。因此，集体备课不仅是教师团队合作的体现，也是教师专业发展的重要途径。

### 3. 观课议课

观课议课是指学校内外教师相互听课并对所授课程进行评估的活动。课堂作为教师传授知识与技能、展现个人态度与专业素养的主要场所，其间产生的教学活动往往反映了教师的综合能力。教师间的相互学习与协助，旨在掌握教学知识、技能、经验、智慧及艺术，并共同解决课堂问题。因此，强调观课议课的重要性，对于提升教学效果具有显著作用。

在教育研究中，观课议课占据核心地位，为教师的职业发展提供了重要平台。通过此过程，教师可融入新的教育理念与观念，借助案例研究等方法与策略实现快速成长，被视为教师发展的高效途径。同时，观课议课促进了教师间的联系与和谐互动，符合当前课程改革中通过课堂观察与讨论解决问题的趋势。此外，观课议课不仅作为一种教学培训方式，还促进了课堂参与者之间的信息共享与交流。基于丰富的信息，教师可针对共同议题进行深入对话与思考，进而优化教学方法，推动个人职业成长。

### 4. 课堂教学观察

课堂教学观察的实践渊源可追溯至西方的科学主义思潮，且在20世纪50~60年代，逐渐演变为一种探究课堂情境的重要方法。该活动是一种专业化的实践，核心在于通过系统的观察、详尽的记录、深入的分析以及科学的研究来审视课堂运作机制，旨在优化学生的课堂学习成效，并促进教师的专业发展。

相较于一般的观察行为，课堂教学观察要求观察者不仅依赖自身的感官体验，还需运用专门的工具，如观察调查表、录像及摄影设备等，以有目的性的方式，无论是直接还是间接地，从课堂环境中搜集相关的教学现象。同时，观察者还需妥善地收集教学数据，以便进行后续的系统分析与科学研究。

课堂教学观察的方法论超越了传统的听课与评课框架，它倡导对课堂中的教材内容、教师行为、学生表现及教育资源配置这四个关键维度进行全面而深入的观察与评估。这一方法有助于更准确地阐释新课程的核心目标与理念。对于促进学生课堂上的学习进步、助力教师的职业生涯发展，以及构建学校的合作文化而言，课堂教学观察发挥着至关重要的作用。它已成为教师日常职责中不可或缺的一部分，并构成了教师专业学习与成长的核心要素。

### 5. 讨论和交流

讨论和交流是指教师在遇到问题时，可以自由地表达自己的看法、观点和意见，当他们有想法和困扰时，也愿意向其他教师倾诉或讨论。这种讨论和交流是不受时间、地点限制的，讨论和交流的内容非常丰富和广泛，是教师之间相互支持最方便、最有效的形式。

教师之间需要并且可以讨论和交流的事情有很多，但他们首先要愿意开展这种沟通和交流。教学本身就是一种个性化的智力工作，在教学实践中，我们经常会遇到各种困难和问题，这些困难和问题需要教师思考和反思。如果这些想法能够及时地与同行交流，思维有可能会变得更清晰，理解会更深入，困难和问题会更容易克服和解决。反之，如果把一个想法埋在心里，不准备和同事讨论，结果可能是自己仍然无法理解，而且不利于问题的解决。

教师之间讨论和交流，更有利于沟通。因为教师长期一起生活和工作，大家对彼此的情况比较了解。尤其是教师们一起参加讲座和研讨会，对某些问题有可能产生截然相反的看法。通过讨论和交流，他们会得到新的理解，并且在促进教师的进一步实践之前，可以先进行认真的思考，调整自己的思想以及对事情的理解，然后尝试行动。对于教师而言，只要每个人都有勇气，都有能力创造自己的新观点，每个人都能妥善认识并处理好自己的不同观点，那么提高教师的整体素质指日可待。

教师在工作中写课程设计、反思文章、总结或研究论文是很常见的。教师一般自己写稿子，自己思考，自己修改，但是在修改自己稿子的时候，总是不能走出自己的定式思维，更难实现新的突破。如果教师向同事展示自己的手稿并更改，可能会有新的发现和收获。教师持有自己的观点，他们不仅很容易发现手稿中的用词、句法、排版等问题，甚至可能质疑手稿的材料、观点和价值观。

所以，讨论和交流是一种收集想法、相互沟通的过程，也可以从教师那里得到一些关于新想法、新见解、新材料的信息，这是一个有效的学习机会。

### 6. 教学观摩

公开课教学观摩是学校依据明确的教学目标与任务，定期组织的一种全校范围内的教师公开课交流活动。此活动为教师提供了一个独特的平台，使他们能够在实战环境中观察并学习同行的教学实践。

在旁听公开课的过程中，教师们能够直观地识别并解决自身教学过程中存在的问题与不足。这种即时的反馈机制有助于教师及时调整教学策略，优化教学方法。同时，公开课教学观摩也为教师们创造了一个相互学习的宝贵机会，促进了教师之间的知识共享与经验交流。

教学观摩不仅是一个观察与学习的过程，更是一个深入研究教学方法和学生需求的契机。通过观摩，教师们可以相互分享备课资料、教学方法和教学心得，集体探讨教学现状，共同交流如何改进教学策略、提升教学效果。这种集体智慧的碰撞与融合，有助于教师迅速吸收他人的优秀教学经验，提高自身的独立学习能力。此外，公开课教学观摩还推动了教师的个人成长与专业发展。在观摩与交流的过程中，教师们不断拓宽视野，更新教育理念，提升教学技能，从而实现了教育质量的整体提升和教师的共同进步。

### 7. 开展竞赛

教师间的辩论比赛及各类教学竞赛，构成了教师间紧密互动与沟通的有效平台。尽管赛事规模或许不如以往宏大，但其中的竞争与紧张氛围依然浓烈。通过参与辩论赛、备课大赛、教学案例设计赛、讲课比赛、教学基本功大赛及教育学院举办的各类竞赛，教师们得以交流思想，激发探索热情，从多元视角深入思考教学问题，这对教师的专业发展大有裨益。

### 8. 网络互助

网络支持构成了一个高度互联的活动体系，核心是通过精心设计的教师同伴支持小组及相关教学研究活动网络，促进信息流通，消除障碍，旨在提升课堂教学质量。网络教研为教师提供了虚拟的学习交流空间，构建了一个民主、平等、尊重与和谐的在线平台，鼓励教师展示自我、交流学习，并培养教研兴趣与习惯。教师可利用多种方式高效利用此平台，如在线准备、搜索、整理及发布课程资源，在个人博客分享教学方案，促进同行间的深入交流与讨论，以优化教学策略并融入教学实践。

在线聊天工具实现了实时在线教学，拓宽了沟通渠道，突破了地理限制。同时，通过组织"线上沙龙"等在线活动，让教师在轻松愉快的社区环境中进行教学研究，激发思维活力。在线联合教研作为一种跨区域、大范围、多层次的交流方式，对教师的自我实现与个人成长至关重要，对现代远程教育研究的发展亦具有重要意义。

### 9. 教学论坛

教学论坛被公认为是促进教师专业发展与提升综合能力的有效途径之一。从逻辑架构上分析，它的效用主要体现在三个方面：第一，教学论坛通过聘请专业领域内的专家进行教学与培训，有效拓宽了教师的知识视野。专业人士的引入，为教师提供了接触最新教育动态和研究成果的渠道，是教师专业发展不可或缺的外部驱动力。第二，教学论坛强调教师需紧密围绕实际教学活动，加强自我反思与同行间的交流互动。这一要求鼓励教师将教育工作内化为个人成长的内在需求，通过主动探索和实践，不断优化教学策略与方法。第三，教学论坛作为学校资源整合与利用的关键平台，它的高效运作不仅提升了学校内部的教育教学质量，还增强了学校在社会中的影响力。通过主讲者的深度剖析和引领，教师得以从身边的教学实例出发，结合同行智慧，共同探索解决教学难题的新路径。这一过程不仅强化了教师的专业技能，还促进了教师个人教育理念的不断更新与升华。

## 三、课题带动发展路径

### （一）课题带动实施原则

教育科学不是停留在个性化的教育活动的层面，而是要探究其中的共性规律，以事实为依据，以规律为对象，以实践为标准，以创新为灵魂，以解决问题为使命。课题研究的使命是产生思想和揭示规律，而教育技术和艺术则是教育科学成果的规模推广与个性化应用，因此，为了完成课题带动策略既定的研究目标，实现成果应用的最大化，在实施过程中必须遵循以下基本原则。

### 1. 校本性原则

校本性原则主要是指帮助教师根据在教育教学实践中遇到的问题、话题筛选课题，由个人或几个人合作，选用恰当的教育科研方法，在较短的时间内开展研究，取得改善实践效果的行为方式，使"神秘"的课题研究工作回归实践。

### 2. 示范性原则

示范性原则是指导学术研究教师，进行示范研究，达到预期效果，在本学科或学校教师的学术研究和专业发展进程中发挥示范和引领作用。

### 3. 整合性原则

整合性原则是要求教师将项目研究工作有机地融入日常教育教学工作中，逐步采取"工作研究化、研究工作化、研学一体化"的工作模式。

#### 4. 创新性原则

创新性原则是鼓励教师突破项目研究过程中的僵化思维，前提是研究成果既具有创造性，又具有普遍性。

### （二）课题带动路径实施的途径

#### 1. 专题讲座

专题讲座是一种有效地普及教育科研知识的策略。根据教师教育科研知识的实际情况，准备了"如何选择教育科研课题""教育科研课题的研究过程""常用的教育科研方法"和"教育科研成果的总结提升"四个专题，设置好相应的专题后，聘请专家到实验学校举办讲座，这样的效果比较理想。

在一场专题讲座上，教师充分发表了意见，之后可以依据其他教师的反馈意见进行调整，形成了适合教师实际需求的专题知识，便于教师掌握与使用。

#### 2. 专家指导

在探讨专家指导的范畴时，我们所指的"专家"不仅局限于教育科研领域的大学教授或教科院（所）的专业研究人员，这一概念还广泛包含了具备一定研究素养和实践经验的学科教研员、学科领域的领军人物以及核心教师群体。这些专家凭借深厚的学术底蕴和丰富的实践经验，在教学一线进行深入研究与指导时，能够发挥至关重要的作用。

#### 3. 研讨交流

为了进一步深化教师对研究主题的理解，我们精心组织了多种形式的课题研讨和交流活动。这些活动不仅为教师提供了一个展示自己研究成果和观点的平台，还通过思想的碰撞和交融，不断丰富教师的理论知识体系。在研讨过程中，教师们相互启发，共同探索，他们的研究热情被极大地激发出来。同时，通过感悟和反思，教师在不断学习和发展的过程中，逐渐形成了自己的研究思路和方法，为后续的深入研究奠定了坚实的基础。

#### 4. 指导自学

为了提升教师的自主学习能力，我们为教师精心挑选了教育科研的必读书目，并通过网络平台及时收集最新的教育科研信息，为教师提供丰富的学习资源。此外，我们还定期组织学习沙龙和主题研讨活动，为教师提供了一个相互学习、相互交流的平台。这些活动不仅提高了教师对选题的敏感性，使他们能够更准确地捕捉教学实践中的研究热点和难点，还极大地激发了他们的学习和研究意识。在研究实践中深刻体会到指导教师独立学习的核心是激发教师的自我意识。当教师的教育和科研意识逐渐形成时，他们会以一种更加主动和积极的态度投入到教学研究中。他们会针对特定的研究对象，对周围的教学环境进行持续的探索和深入的研究，不断提升自己的教学水平和科研能力。

## 四、竞赛激励发展路径

新一轮基础教育课程改革的深入实施，对小学教师提出了全方位的新要求，不仅要求他们树立全新的课程观念、实现角色转换、革新传统教学方法，而且对小学教师的基本教学技能提出了前所未有的挑战。为了将新课程观念有效融入日常教学实践，首要任务在于充分彰显并提升小学教师的核心教学技能，这是新课程理念落地生根的关键所在。

在此基础上，小学教师肩负着持续推进课堂教学深化改革的重任，需致力于构建一个与新课程改革理念相契合、相促进的课堂文化环境。同时，我们必须充分认识到，确保并支持小学教师掌握扎实的基础教学技巧，是新课程改革成功实施的重要保障。因此，重塑小学教师的资格体系，培养他们掌握新课程改革所需的基础技能，既是对新课程改革精神的积极响应，也是小学教师职业成长和发展的必然要求。

此外，教育教学技能竞赛作为教育领域的一项重要活动，不仅汇聚了教育界的精英人才，而且成为了先进教育观念交流碰撞的大型平台。通过技能竞赛，不仅能够凸显教师的教学观念、教学方法和教学风格，还能够全面展示学生的综合素质和能力水平。从更深层次的意义上看，教育教学技能竞赛更是对教育能力与品质的一种全面展现和检验，它促进了教育理念的更新和教学水平的提升，为新课程改革的深入推进提供了有力的支撑和动力。

### （一）教育教学技能竞赛要正确处理三对关系

教师的教育能力和教学能力是其内在素质的直接映射。教育教学技能竞赛不仅促进小学教师专业技能的全面提升，还全方位展现了教师个性化素质的成长。在教师专业发展历程中，此类竞赛扮演着至关重要的角色。为确保教育教学技能竞赛持续促进"学"与"教"，组织时应着重处理好以下三种关系的结合。

#### 1. 理论与实践相结合的关系

将理论与实践紧密结合，要求教育教学技能竞赛应围绕小学教师的实际需求展开。竞赛不仅要考量教师对教育教学理论及新课改理论的掌握，还需评估其实际应用能力。在小学教师运用理论解决实际问题时，特别是要检验小学教师的实践能力。部分教师仍然持有教学理论深奥难懂，对教育教学实践的指导意义不大这样的论调，在很多教师眼中，教学理论是写教学研究论文时用来提高文章水平质量的"工具"。教育教学技能竞赛可以促进教师重视理论学习，学以致用，指导教师开展教育教学实践，进而在教育教学实践中不断增加理论知识。

**2. 一般能力和特殊能力相结合的关系**

将一般能力与特殊能力相结合，要求教育教学技能竞赛既考察小学教师的教育教学基本能力，又体现不同学科、层次的具体要求，全面评估其综合素质、通用教学能力及特殊教学能力。

人类能力可分为基本能力（一般能力）和特定能力（特殊能力）。一般能力是个体进行各种活动的基础技能，特殊能力则是在特定活动中展现的独特技能，如数学、音乐等领域的才能。

不同学科、层次的教学基本能力既具相似性，又存在差异。例如，数学教育基本能力与观察力、集中力、记忆技巧等紧密相关。

一般能力与特殊能力相互联系、相互促进。一般能力的提升为特殊能力发展创造条件，特殊能力的成长也反作用于一般能力。当一般能力的某部分得到特定开发，可转化为特殊能力的组成部分。如数学课程中，独特的数学技能是基于普通数学技能的深入理解和灵活应用。

普遍能力与特定能力相辅相成，辩证统一。在教育教学技能竞赛中，应重视两者的融合，非独立应用。重视一般能力的塑造，为特殊能力的培养奠定坚实基础。

**3. 面向全体和彰显个性相结合的关系**

教育教学技能竞赛既要面向全体小学教师，调动每个小学教师参与竞赛的积极性，提高每个小学教师的业务水平，又要为个别有特殊能力的小学教师提供展示的平台，发挥他们的一技之长。

## （二）评价的原则

20世纪80年代以来，伴随着我国教育改革的深入，教育评价日益受到重视，因此，教育评价的范围越来越广。作为教学和研究活动的一种，教育教学技能竞赛也必须进行相应的教育评价。

教育教学技能竞赛评价是指听课的同行教师参与者或专家评委按照一定的标准，采用科学可行的方法对教师教学内容的价值进行专业评估的教学评价活动。

总体来说，教学评价要解决三个问题：一是听课的同行教师参与者或专家评委评价什么，教育教学技能竞赛评价的内容主要由该堂课的教学内容决定；二是听课的同行教师参与者或专家评委应该如何评价，主要涉及三个环节——检查授课内容是否全面、根据指标判断、根据判断标准量化；三是同行教师参与者或专家评委为什么这么评价，这是教育教学技能竞赛评价发展的高级阶段。

事实上，通过对教师授课情况的评估，可以进一步规范教师授课的评价活动，促进教师授课水平的不断发展，以达到最佳效果。教育教学技能竞赛旨在衡量授课教师的自身素质和授课水平，同行教师参与者或专家评委评价和分析授课教师的授课成绩和授课中存在的问题，帮助授课教师掌握科学的教学方法，提高教学能力，实现优化教师专业素质、提高教育教学质量的最终目标。

教育教学技能竞赛中的教学评价原则，是评价过程中必须遵循的基础准则。只有遵循特定评价准则，评价结果才能确保客观、公平、科学且具有说服力。以往的教育教学技能竞赛表明，教学评价通常遵循以下四大核心原则。

**1. 科学性原则**

科学性原则要求在教学评价中，对教师授课的指导思想、内容、标准、方法及手段均需遵循科学客观的原则。具体而言，指导思想的科学性体现在评价时应秉持实事求是态度，所有评价均须基于教师课堂实际表现，不受个人好恶影响，避免主观臆断。内容的科学性与合理性则要求在无生授课评价中，评价内容应全面一致，不可遗漏或随意选择。

评价标准的科学性至关重要。评估教学内容时，评价标准需既科学又可行，尤其在竞赛中，标准应明确具体，与实际情况相结合。在应用标准进行评价时，评审者不能仅凭个人直觉或经验行事。当前，最科学的评价方法是采用量化法，即通过定量方式确定评价标准，尽量减少描述性评价。

此外，评价人员需具备科学知识。在参与评价前，他们应熟悉统计学、计量学等评估所需知识。综上所述，遵循科学性原则进行教学评价，能真实客观地反映教师教学实况，使评价结论成为教学改进的有力支撑，并激发教师的教学热情。

**2. 全面性原则**

竞赛评价的全面性原则是指针对教师授课开展教学评价时，要有一个全面的视角，不能只强调片面内容或者是只针对单方面。具体来说，全面性原则包括三个内容。

第一，评价的全面性原则要求评委有必要充分分析教学活动的所有教学材料。由于所有正确的结论都来自判断材料的准确性，如果教学内容不完整或评审仅对部分信息进行了分析和处理，结论难以反映出教学的本来面目，评价也会失去真实性，评价结果也难以作为教师教学与教研的参考资料。

第二，评委要对整个教学过程进行评价，不能只取一段教学或一部分授课内容。评价一名教师的教学效果要对完整的教学内容进行判断，仅看某一部分，最终的评价结果不够客观。

第三，评估教学的标准必须是全面的。评审不仅要分析教师在课堂上的客观表现，还要分析教师的整体素质，如教师的语言表达能力、教师在课堂上的教学机制等。

### 3.综合性原则

综合性原则要求评估过程中，同行教师或评审专家需全面考量教学活动中的诸多因素，并明确各因素在教学活动中的权重，以得出更准确的评估结果。教学过程任务繁杂，内容多样，构成了一个庞大复杂的跨学科综合知识技能体系。教学内容不仅涉及教材深入分析、教学策略选择、课程整体设计、板书技巧及作业设计等，还涵盖哲学、社会学、历史学、自然科学等多个领域的知识。这些内容共同体现了教师的授课质量。因此，在竞赛评估中，有必要深入剖析相关内容，并综合考虑教学过程中的各种因素，确保评估结果的客观性和公平性。

### 4.指导性原则

指导性原则在教学评估中扮演着核心指导角色。进行教学评估时，小学教师应明确自身优势，认识不足，并积极探寻改进策略与发展方向。

在教学质量评估过程中，遵循指导性准则至关重要。同行教师或专家评委评价无生上课的根本目的，并非单纯作为"评判者"，亦非区分胜负或界定优劣，而是旨在发挥评价的激励与引导作用，助力授课教师总结经验、完善内容，进而提升教学质量。若同行教师或评审专家未能提供明确指导，未指出教学问题及未来努力方向，则评估将失去其应有价值。因此，教学评估应与教学指导紧密融合，确保教学评估能够充分履行其指导职能。

### （三）评价内容

评价内容具体包含以下几点。

### 1.是否体现了学科特点

教学的终极目标是促进学生的全面发展，因此，评价标准应聚焦于学生在课堂上的表现，关注其学习行为与成果，以此作为评判教师课堂教学成效的依据，并通过学生的"学"来映照教师的"教"之能力。然而，在教育教学能力竞赛中，由于真实学生的缺席，评价者难以直接观察到学生在课堂上的实际学习状态。

鉴于此，若简单套用常规课程的评价标准模板，将难以满足竞赛评价的特殊要求，更难以确保评价的公正性、客观性和准确性。因此，在制定竞赛课的评价标准时，我们不仅要秉承普通评课的核心理念与基本原则，还需充分把握模拟课的独特性，并凸显其学科特性。

**2. 是否体现了理论性**

理论性是开展教学的基础，是教学不同于备课、说课或其他教学研究活动的重要标志，也是教学最明显的特点。教师在开展教学展示活动的过程中无需说明教学理论，但时时刻刻要做到有章可循，符合学理逻辑。

**3. 是否体现了教学过程的科学性**

无生上课的评估不应该只关注教学过程中涉及的教学内容，而忽视这些教学内容的安排是否必要和合理、教学程序组织和内容结构是否科学严谨、忽视教学内容处理和相关教学工具是否适当有效、教学内容的信息输出是否被学生完全接受。

**4. 是否体现了教师基本素质**

评价应注意对教师基本素质的考察，如普通话、教态、仪表、粉笔字等，这与教师的教学质量有关，但这并不意味着基本素质较强的教师的课堂教学设计与执行比基本素质较差的教师强。如果在评估过程中出现这种情况，应当将课堂本身作为评估的基本依据，而不是仅凭或好或坏的基本素质决定最终评估结果，否则会降低部分教师练课的积极性，使评价失去公正性和合理性。

**（四）建立教育教学技能竞赛的评价体系**

竞赛要有标准，要按照标准进行评价，评价不仅要确定成绩，还要对教师的学习、教学研究、整体素质起到促进作用。教育教学技能竞赛评价体系由评价指标（默认）、评价流程、评价方法三部分组成。

**1. 评价指标**

评价指标，即评价标准，是进行评估考核的主要依据。教师教育教学技能竞赛的一级评价指标，主要包括教育理念、主题立意、呈现方式、情感体验、创新开放、全面整合、科学严谨、学科特色、专业品质、整体效果十个方面。

（1）教育理念

小学教师的教育理念体现了他们对教育教学活动的理性认知，是小学教育与教学实践中的核心指导理念。不同的教育理念会引领教师采取迥异的教学行为。随着新课程改革的持续深入，创新的教育教学理念已融入教师的日常教学之中，并成为教育教学技能比赛的重要评估标准。

（2）主题立意

主题立意也称为"主题思想"，有时也称为"主题"。在教育教学技能竞赛中，主题立意是指小学教师根据教育教学技能竞赛要求，制定相应的教学计划的核心思想和基本内容。教育教学技能竞赛主题要新颖、清晰、准确，让评审教师感受到内心的震撼，形成教师成长的支点。

（3）呈现方式

呈现方式也可以称为呈现手段，是教育教学技能竞赛主题的外在表现。无论是何种比赛形式，都有自己独特的表达方式，通过不同的呈现方式来表达其中的主题。

（4）情感体验

情感体验体现了小学教师对学科教学中"情感态度和价值观"目标的深入领悟与感知。新一轮课程改革已将此作为学前教育、基础教育、初中及高中教育的核心教学目标与评估标准。无论是在社会科学还是自然科学领域，情感态度和价值观均应被视为衡量教师教育教学能力的关键指标。

（5）创新开放

当代教育理念强调教育的创新精神，这体现在教学手段、成果评估、学习方法、课程设置及学习路径的多元化上。教学的开放性正是由这种多样性所驱动。它必然导致教学内容、目标、手段、组织结构及评估方式的全面开放。因此，在教育教学技能竞赛中，教师的创新思维与开放态度成为评估教学效果的关键标准。

（6）全面整合

全方位的融合体现了评价的全面性与完整性。全面性要求对教师教育教学能力竞赛的各项活动计划进行细致全面的评价；完整性则指小学教师在组织、处理及转化特定主题材料，以展现新形象的过程中，是否达到了整体的完备性。

（7）科学严谨

科学是指科学性，通俗地说就是客观、公正、真实、准确、可靠等。严谨意味着严肃和谨慎。科学严谨是教师职业永恒的主题，是教育教学的必由之路，是评价中不可或缺的标尺，必须始终坚持。

（8）学科特色

学科特色是指在教育教学竞赛中需要强调的学科的本质特征。教育教学竞赛中没有学科特色就没有教学创新。为此，比赛的组织者在设计活动时要考虑学科特点，参加比赛的教师在设计自己的课程时也要考虑学科特点，考虑在展示中如何强调学科特点。

（9）专业品质

专业品质是指教师在从事专业活动时所需具备的专业知识、技能、教育心理学知识及教育实践能力。专业技能作为专业品质的重要组成部分，其水平应通过专业品质的整体发展来检验与验证。

（10）整体效果

总体效果是指教师在完成教育教学技能竞赛后，评审团基于其整体表现、教案设计及现场展示所进行的综合评价。该评价指标遵循全方位、客观性、公平性和准确性的原则，旨在最大限度地减少评审人员的主观偏见。不同类型的比赛可能依据其特定要求，采用各自独特的评估准则。

实践证明，以上十项教育教学能力竞赛评价一级指标可以客观、科学、全面地评价教师教育教学能力发展水平，代表了科学实用的评价标准。

**2. 评价流程**

严格的评价流程可以保证评价的质量，对此，我们将评价流程作为评价指标体系的重要组成部分，从评价准备、评价执行、评价总结三个方面进行了划分。

（1）评价准备

①确定评价的主体和目标。根据竞赛内容，确定评价的主体和通过评价要达到的预期目标。

②制定评价标准和指标体系。参照一级指标体系，结合学科竞争类型的特点和评分要求，制定二级、三级评分标准和指标体系。

③选择评价方式。依据比赛的具体性质和核心主题，制定相应的评估手段。所选评估手段应具备科学性、灵活性和可操作性。科学性要求评估手段客观、适宜且精确；灵活性则意味着评估手段应多样化且具有适应性；可操作性则要求评估手段既实用又便于使用。

④聘用考核人员。考核组长通常由学科教师及研究员担任，组员则由具备扎实专业能力、正确思想政治观念、无私奉献精神和正直作风的优秀教师组成。个人比赛时，评

委人数一般为 5 人；团体比赛时，评委人数通常为 7 人或 9 人。

⑤制订评价计划。为确保比赛顺利进行，为每场比赛制定详细评估方案。评估方案主要包括：评估目标与主体、评估指标体系、评估成员构成、评估手段选择、具体评估计划及评估具体要求等关键要素。

⑥开展培训。培训对象包括两部分：一是对评价者的培训。培训内容是对评价标准和指标体系的解读，使他们能够明确评价目的，掌握评价方法，熟悉评价标准，提高评价的有效性。二是对参与者的培训。培训内容不仅说明了比赛的内容和具体要求，还包括了比赛的技巧和方法。参赛的老师即使没有获奖，也会从培训和比赛中有所收获。

（2）评价执行

教育教学技能竞赛的评价，旨在展示比赛的水平，更重要的是通过评价成绩的划分以达到争优的效果，因此需要注意评价过程的细节，避免随机性，并降低评价错误率。

①进行现场比赛前，应向参赛教师说明评价标准，以提高教师的竞赛表现。

②进行综合评价，提高评委评价的准确性。三场教师比赛结束后，评委进行综合评价，权衡评价标准，有利于后期参赛教师的公平竞争。

③总结评价阶段，确保公平。比赛进行到一半时，组织评委总结前半段参赛选手的情况，减少失误。

④评价过程中，评价者应注意收集一些典型案例，作为评议材料，便于最终起草总结报告。

⑤对比赛结果进行数据处理，根据数据进行评分。

⑥有条件的，对现场示范比赛进行录像，评选出优秀案例，进行赛后展示。

（3）评价总结

比赛结束后，由组织人员撰写比赛总结报告，积累比赛经验，减少工作失误，实现以赛促教、比赛促科研的目的。

### 3. 评价方法

评价方法是指用于获得科学、客观、准确的评估结果的手段。教育教学技能竞赛有评价标准，需要科学的评价方法，尤其是评价现场展示教学环节，用对方法更重要。对此，在比赛过程中，我们经常结合使用以下方法，使得评价效果更加公平。

（1）绝对评价法

这种教学评估方法往往不考虑参与教师的不同情况，如参与教师教学业务水平的差异、对教学方法的理解的差异、年龄教龄的差距等，评委仅仅考虑无生上课的教学水平是否达标。评委通常会制定相对客观、公正的评估标准，然后将被评估教师的课堂表现与预先定义的标准逐一进行比较，确定教师的上课水平与标准的差异度。

这种绝对评价法的优点是，由于是预先制定标准，因此评估结果通常是客观和公正的。标准的可比性可以使每位授课教师发现自己授课的不足和与标准之间的差距，从而激发被评估教师优化教学活动的积极性，从而不断提高教师的教学水平。当前，绝对评价法是教育教学活动中使用较多的一种评价方法。

（2）相对评价法

该评价方式的核心机制在于，它并非如绝对评价法那般预先设定一个外在的、客观的评价标准，而是从待评估的对象集合中遴选出一个作为基准，即内部参照标准。随后，此特定评价对象被用作衡量尺度，与其他所有评价对象进行逐一对比分析，旨在揭示它们之间的差异程度。这一过程不仅能够确定各评价对象的相对排名，还能有效区分其优劣等级。此评估方法的一大优势在于其高度的可比性，加之操作流程简便易行，实施起来较为便捷。然而，此评价方法亦存在其固有的局限性。其主要功能在于从被评估对象群体中甄选出高质量个体，且这种高质量的评价仅在该特定评价群体内部具有意义。因此，该评价方法的适用范围相对有限，其应用边界和局限性较为明确。

（3）等级评价法

所谓等级评价法，就是以等级作为评价的结果。即预先将评价结果分为一等、二等、三等或优秀、良好、合格，每个等级若干名，然后用统一的标准，逐一与被评价者对照，再将对照后的成绩按预先设定的等级标准分出等级。这种评价方法标准统一，简单易行，在竞赛性活动中，尤其在无生上课评价中，常被广泛采用。

（4）评语评价法

评语评价法就是用书面评语来表示评价结果。它不按评价结果对被评价者排出名次、分出等级，只在评价中写出每个被评价者无生上课的优点与不足，或提示未来努力的方向。这种评价方法对帮助被评价者提高上课的水平有很大作用，缺点是不能显示被评价者之间的差距，无法排出名次，所以竞赛往往不采用此种方法进行评价。

以上四种评价方法，各有各的优点，也各有各的局限性与适用范围。在实际竞赛运用的时候，通常根据不同的评价目的，将几种评价方法结合起来使用，以便扬长避短，发挥综合效应。

### （五）指导小学教师参与竞赛

#### 1. 拆解指导文件要求

对于青年小学教师来说，每一次参与竞赛就是一次专业发展的好机会。因此，对于青年教师而言，教育教学技能竞赛能参加就一定要参加，既是历练自己的机会，也是和同学科的教师互相切磋、互相认识的好机会。教育教学技能竞赛一定有相应的文件解释竞赛的规则，因此，在参加比赛之前一定要先仔细阅读并领会文件精神。可以从以下几点入手，指导小学教师参与竞赛。

（1）活动是一次性的还是分阶段的

教育教学技能竞赛，往往是分阶段的，当竞赛中涉及多个环节时，要对每阶段分清主次，规划好精力。

（2）重点关注时间节点

很多青年教师喜欢随大流、模仿其他人，这是非常不可取的，要正确认识自己的能力，在互相借鉴的基础上，准备出属于自己的一套方案。

（3）标注文件中关键的考点

一些文件会很明确地规范主要考察哪几个方面，那么在备考时，教师要根据自己的规划，对每一部分都要关注到位，不可自乱阵脚。

#### 2. 查找资料

拆解完文件之后，指导参与竞赛的小学教师搜索资料，把自己能搜集到的资料分门别类地加以整理，根据文件去找相关资料，寻找成熟老师参与竞赛留下的相关影像，认真学习、模仿，取其精华。

#### 3. 运用多样化的方法

指导小学教师参与教育教学技能竞赛时，为了避免青年教师出现眼高手低的情况，首先要告知教师：成人的考试很多都是只有范围。因此，不仅要求教师读书、背书，还要有意识地把书本知识转化成题目备考，通过读、写、画、背、做试卷等不同的复习策略，形成对知识的加工记忆。

持续地对课程进行打磨和实践，以培养学生的多方面能力，并在教育教学技能的竞赛中获得优异表现，同时也通过这些竞赛活动提升个人的专业素质。

## 五、校本培训发展路径

小学教师的校本培训核心目标旨在强化受训教师的师德素养及教育教学实践能力，

为全面提升小学教育教学质量奠定坚实基础。该培训体系聚焦于多个关键维度，包括师德教育、基础技能的精进、现代信息技术的应用、新课程改革理念的吸纳、教育艺术的锤炼以及教育科研能力的培育等，旨在为小学教师提供全方位、多层次的培训内容。在培训课程设置中，校方高度重视与教师专业发展息息相关的各方面要素，如教师的专业素养、工作态度、知识储备及技能水平等，特别强调了教师的敬业精神、责任感以及个人成长目标的设定与实现。通过对比分析普通教师与专家型教师的差异，我们发现除知识总量和质量上的差距外，知识结构的优化与否更是关键所在。因此，若要将校本培训打造成为小学教师个人成长的有效途径，教育相关部门及学校管理层需着力构建一套高质量、系统化的教师培训体系。具体可通过以下若干实施路径加以推进。

（一）成立校本培训组织指导机构

为确保校本培训工作的专业化管理与高效执行，学校应构建一个专职负责校本培训工作的组织架构与管理体系。该体系的核心在于成立一个由校长亲自挂帅的校本培训领导小组，校长担任组长一职，副校长则作为副组长，共同负责培训的总体规划与监督。值得注意的是，校长及副校长凭借其深厚的教育背景与管理经验，同样具备作为校本培训专项参与者的资格，可以直接参与和指导培训活动。

此外，为进一步优化培训效果，特别是针对满足青年教师的成长需求，学校可考虑设立校本培训咨询小组，该小组将紧密围绕青年教师的实际需求，将培训内容与日常教学管理工作深度融合，旨在促进培训成果有效转化，保障教育教学工作流程顺畅进行。同时，为强化培训的专业性与实效性，学校应积极推动专业组织与相关团体组织的协同合作。这种跨组织的合作模式不仅显著提升了培训工作的成效，还有效提高了工作效率，减轻了管理人员及青年教师因培训任务繁重而带来的工作压力。

在资源允许的前提下，学校应进一步考虑设立专门的校本培训办公室，作为培训管理的实体机构。该办公室的负责人应由经验丰富、教学水平高的中高级教师担任，以确保校本培训工作的专业性、系统性和持续性，为学校的师资队伍建设提供有力支撑。

（二）制订计划，促使校本培训活动有序进行

计划作为工作目标与工作哲学的直接体现，是保障学校教育与教学质量的核心要素，它彰显了思维的前瞻性、设计的系统性以及实践的可操作性。在开展学校培训工作时，我们有必要借鉴其他地区的成功经验，同时紧密结合本校教师的实际状况及物质资源条件，以科学构建培训策略。对此，管理人员需预先深入了解学校培训策略的构建框架。

学校的培训方案是一个综合性的规划体系，它涵盖了培训的根本目的、具体内容、时间安排、实施方式、过程的组织与管理机制，以及对培训成果的评估方案和需特别关注的细节问题。一个优质的培训方案，不仅要体现出其前沿性的教育理念和教学方法，还必须确保其实际可行性，与学校的教育教学实际需求紧密相连，形成理论与实践的有机统一。

在制定校本培训计划的过程中，应特别着重于妥善处理以下几个关键方面的关系：

### 1. 处理好长远规划和短期计划的关系

学校通常应该有一个教师专业发展的长期计划，至少是一个长期的三年计划。校本培训中既要有长期计划，也要有短期计划。短期计划是每个学年和每个学期制订一个实施计划。实施计划要切实可行，指导思想明确，分析形势准确，培训内容切合实际，操作措施具体，确保学校教育工作有序开展。

### 2. 处理好共性培训和个性培训的关系

由于学校教育是由学校这个基层单位组织的，有着服务教师可持续发展的目的，因此不同学校的教育工作存在共同点。例如，常见的共同点通常都是：改进教师的教育理念，改变和提高教师的专业技能。

学校教育可以促进教师的人格发展。如果教师实行统一的培训内容、统一的教材和统一的教学方案，他们的人格特质就不能得到充分发挥，难以实现发展的共性和人格特殊性的统一。因此，应在满足共同需求的基础上，致力于促进教师的个人发展，形成不同教师独特的教学风格和特色。培训时要注意校本培训内容的共性和个性。

根据教师的年龄现状，可以划分不同的等级，制定不同的考核标准。例如，教师可以按年龄分为骨干（45 岁以上）和基层（45 岁以下）。设立骨干的目标是通过培养一批学科教师，改善教学能手和骨干教师相对短缺的问题。设立基层的目标是通过培训适应教育教学的新需求，提高整个学校的工作水平和教学质量。

### 3. 处理好培训内容与培训形式的关系

要想有计划，就需要对培训内容进行规划，比如进行如下安排：

可以将学校校本培训的内容划分为职业道德、职业能力、教育学知识和文化教育四个方面。各个版块进行科学的分解和整合，如将专业技能分解为基础训练和实践训练。基础训练包括三机一幕、现代教育信息技术等训练。实践培训包括面授课程的设计、课程的组织和班务管理。实验培训课程包括实验操作和论文写作。文化能力培训包括课堂培训、文学和艺术鉴赏培训等。

不同的培训内容应采取不同的培训形式，如以讲座、报告为主的培训内容比较适合专家讲座形式，实操培训比较适合互动参与培训。

**4. 培训计划应做到"五结合"**

所谓的"五结合"策略，具体涵盖以下五个方面的有机融合：一是自主学习与专题讲座的整合，旨在通过个人研习与专家指导相结合的方式，提升学习的深度与广度；二是外部引入与实践操作的结合，即邀请外部专家进行交流的同时，强调将所学知识应用于实际教学活动中，以实践检验并丰富理论；三是个人深入探究与师徒传承的结合，鼓励教师在自我研究的基础上，通过拜师学艺的方式汲取前辈经验，促进专业发展的连续性；四是专题研究项目与教学技能竞赛的结合，将研究项目成果融入教学竞赛中，以竞赛促进教学创新，以研究深化教学内涵；五是理论探讨与成果交流分享的结合，强调在理论研讨的基础上，加强成果的交流与分享，促进知识的共享与智慧的碰撞。

为确保校本培训计划的实施效果，在规划与设计校本培训方案时，应当秉持系统性与协同性的原则，力求使校本培训方案与学校的整体发展规划紧密相连，保持高度的一致性和协同性。这不仅有助于提升校本培训的针对性和实效性，还能有效促进学校整体教育质量的提升和教师队伍的专业发展。

## （三）为教师创造"学习型学校"的良好环境而努力

**1. 为教师提供必要的学习资料**

尽管部分学校在基础设施建设方面不惜重金投入，然而在教师培训的资金支持上却显得吝啬。学校虽设有图书馆（室）及阅览室，且订阅了数量可观的政治类刊物及部分商业类刊物，但在教育与教学相关的专业刊物或书籍方面的订阅却寥寥无几。此种状况无疑给教师的专业发展与学习带来了极大的困难。

事实上，教师在职期间的培训书应是免费提供的资源。众所周知，当教师选择外出培训或离岗学习时，他们往往需要自行承担大量费用。然而，当教师有机会从职业实践中汲取经验、获得成长时，学校实则有可能以相对较少的资源投入，换取更高的教育效益回报。因此，学校应当充分认识到教师培训的重要性，并在此领域积极作为，为教师营造一个优质的学习环境。毫无疑问，当今学校若能为教师提供优越的学习条件和学习氛围，不仅能够促进教师个人素质的全面提升，更意味着教师在未来将以更加饱满的热情和更高的专业素养，为学校的教学质量做出更为卓越的贡献。这无疑是一项既富有远见又明智的决策选择。

**2. 为教师施展才华搭建平台**

教师具有强烈的自我成长欲望及自我超越的能力，普遍渴望成为杰出的教育者。学校领导应深入理解这一心态，为教师搭建平台，满足其自我超越与才能展现的需求。

**3. 建立必要的校本培训规章制度**

为确保校本培训与日常教学紧密融合，避免其成为短暂现象，必须制定并完善相关规章制度，实现培训工作的规范化、制度化。校内培训体系应涵盖学习机制、评估体系及奖惩制度等多方面，对此需给予明确指导。在当今社会，管理应超越传统的"制度＋控制"模式，采用多元化激励方法提升教师参与培训的积极性。

**4. 建立教师校本培训档案**

建立教师校本培训档案具有多重优势：一能激发教师参与培训的热情；二为教师交流学习提供第一手资料，促进教育教学经验的传播；三可作为教师评估及职业晋升的参考依据。

# 第三节　乡村小学教师专业发展的探索

## 一、建立教师专业发展基地

教师专业发展历经几十年光景，如今回首过去，小学教师的专业发展之路上有许多宝贵的经验，至今回看，仍然能从中吸取精华。建立乡村小学教师专业发展基地是一个系统性工程，旨在提升乡村小学教师的专业素养和教学能力，进而推动乡村教育的整体发展。

随着教育改革的不断深入与乡村教育的持续发展，乡村小学教师的专业素质和教学技能也有了更高要求。构建乡村小学教师专业发展基地，旨在为教师提供一个持续学习、交流与实践的平台，以全面提升教师专业素养和教学能力，进而推动乡村教育的整体提升。

该基地的创建目标聚焦于为乡村小学教师提供全方位、持续性的专业发展支持。具体而言，包括在教学手段、课程设计以及评估方法等方面进行全面培训，以更新教师的教育理念和教学技能。同时，注重激活教师的内在动力，促进他们在师德修为、教学能力和领导力等多维度的成长。此外，还致力于推动乡村小学教师在学术研究方面取得突破，提升他们的学术素养和科研能力，为乡村教育的创新发展贡献力量。

## （一）教师专业发展基地的作用

### 1. 专业发展培训

组织针对不同学科和年级的教师进行专业发展培训，包括教学方法、课程设计、评价方法等方面的培训，提升教师的教学能力。

### 2. 学术研究支持

鼓励教师参与学科教学研究和课题研究，提供学术研究指导和资金支持，推动教师在学术研究方面取得突破和成果。

### 3. 教学实践交流

构建一个教师教学实践交流的平台，鼓励教师分享优秀的教学案例与宝贵经验，旨在促进教学实践领域的相互交流与合作，共同提升教学质量。

### 4. 教师评估与激励

建立一套科学的教师评价体系，对教师的教学表现进行全面、客观的评价。同时，实施多元化的激励策略，以激发教师的工作热情，增强其创新意识与教学能力，从而推动教师队伍的整体发展。

## （二）教师专业发展基地的实践意义

### 1. 实现教师继续教育重心向学校转移

在教育改革、教育进步、教育研究以及最终的教学实践中，教师扮演着至关重要的角色。教师的持续和高效发展是激发学校教育和教学活力的关键因素。因此，教师教育的改革呈现出的趋势为：教师教育的重心向下转移，从单纯的以高校教师作为教师教育的基础，转向以小学教师作为教师教育的重要基础。结合小学教育实际，密切联系，开展中小学师资培训。

建设发展基地正契合我国小学教育和教师教育的现实需要，积极响应教育转型及顺应教师教育改革和转移重心的趋势。建设发展基地拓展了现有小学教育的功能，为全市培养新型教师，创新教师教育理念，更新教师教育，鼓励教师在真正的小学教育环境中，实现教师专业水平的不断提高。

### 2. 真正保障教师学习的自主权

对发展基地的课程建设而言，备课体现了集体教学的智慧。小组成员围绕中心主题，凭借在教学实践中获得的教学智慧，整理出更好的设计思路供大家分享。这样的课程建设形式，广泛地调动了小组成员对问题研究的兴趣，形成了更好的研究性学习。在这一过程中，最大的好处是通过教师之间不同思想的交流和灵感碰撞，丰富彼此的思想，提高教师个性化思维方式并增加思维开发方法。

发展基地激发了课程制定者的研究意识和学科意识，他们大多是有相似经历的一线教师，有很多思维和方法，可供教师共同探讨。

课程设置是针对教师教学实践需要而创建的，丰富且贴近教学实践，既将教师学习的主动权还给了教师，也创造了满足教师学习需求的专业学习教育课程。在学习过程中，教师积极运用各种知识储备，激发自身灵感，反思教学实践，进行有效比较，通过借鉴"他山之石"的教学方法，不仅改进了教学方式，还提高了教学效率，从而有效地推动了自己的专业发展。

### 3. 有效发挥"名、优、特"教师辐射带动示范作用

能够吸引来自全国各地志存高远、爱岗敬业、淡泊名利、乐于担当、乐于奉献、对人民教育忠诚的教育领军人才。

要把学校建设成为教师专业发展基地，必须充分利用当地"名、优、特"教师的有利资源，并充分利用这些"名、优、特"教师或学科领军人物的影响力，增强教师软实力、帮带实力。发展基地将"名、优、特"教师凝聚成一个具有更大实力和资源优势的名师群体，释放巨大能量。

### 4. 助推校本研修更加到位

学校为教师构筑了理想的专业发展生态环境，而学校的教育与教学实践则是驱动教师职业持续成长的核心动力。具有前瞻性的学校领导尤为重视校本教育在促进教师职业成长中的关键作用，他们致力于为教师提供职业发展机遇，搭建职业发展平台，并精心规划与执行详尽的校本培训计划，以全面助力教师的专业发展。然而，仍有部分学校领导未能充分认识到教师职业成长的核心地位，关注点过多地聚焦于学生的教育实践成效。他们片面地认为，只要学生在考试中取得优异成绩，便足以证明教师的能力。这种观念忽视了教师个人成长与发展的重要性，导致学校的校本教育资源相对匮乏，不利于教师职业的长期可持续发展。

## 二、名师工作室建设探索

### （一）名师工作室

#### 1.研究背景

**（1）依据国家以及省级的中长期教育改革和发展规划，制定相应的方案**

国家和省中长期教育改革发展规划要求全面提高教师的理论水平和实践水平，坚持"导、学、研、用"四位一体的综合原则，充分考虑面对的教学对象的现有发展水平和基本特点，为小学生科学设计安排教学课程。始终围绕名师的示范开展教育教学工作，以名师为中心，发挥名师效应，起到辐射、引领和示范的作用。通过组建名师工作室，真正为提高基层教师的职业素养、教师的教育教学水平以及教师的学科教学能力保驾护航。

**（2）在政府教育管理部门引导下建立名师工作室**

政府机构在其中扮演了至关重要的领导角色，旨在构建一个融研究、教育与培训为一体的教师协作平台。名师工作室的创立，既为教师提供了专业发展的广阔舞台，又彰显了政府致力于在教育领域打造一支具有高影响力和高度专业化的精英团队的决心。一旦这支专业化教育团队得以形成，将意味着教师们能够突破既有的职业界限，不再受限于传统的职业发展障碍。

**（3）新课改要求教师培养路径改革**

新课改要求教师加快改革培养路线，不断丰富教师培养方案。教师必须在新的时代背景下，重新感知被时代赋予的新的教师内涵，教师要抓住时机，转变原有的课程观、人才观、教学观、评价观等内容。在新课改的背景下，发展名师工作室，实际是对现有集团资源、人才资源、社会资源的一种整合，是对教师培养长效机制的有效探索。

#### 2.基本内涵

名师工作室的核心理念在于，在政府及相关教育机构的统一规划与指导下，有机融合教师的教学、科研与培训活动，打造一个教师协作与交流的平台。针对中青年教师专业素质提升的迫切需求，政府积极主导，以名师工作室的建设作为促进教师专业发展的基础载体，并依托不同学科作为工作室之间的联结纽带。工作室始终秉持前沿的教育理念为指引，构建了支撑教师专业发展与成长的关键平台，旨在培育符合中国特色社会主义社会发展要求的高素质教师队伍。

名师工作室被视为培养教育创新人才的重要途径。通过高效整合教育资源，工作室能够组建以名师为核心的教师团队及专家研究团队，进而有效提升教师的专业素养和教学能力，推动教师队伍的整体进步与发展。

**3. 建设目标**

名师工作室的建设目标主要包含以下三个层面，首先是培养专业程度较高的教育人才；其次是成为一种可以指导和训练学生参加技能大赛的手段；最后是有效改革课堂教学的方式方法，成为教师专业发展的重要基地、指导训练学生知识与技能的操作场、改革教师教学的专门实验室。

**4. 建设意义**

（1）创造教育者的人生意义

秉持高尚的理想信念、崇高的道德品质、扎实的专业知识基础以及广博的仁爱之心，教师们在平凡的工作岗位上竭诚服务于学生的全面发展与社会的进步，在此过程中实现自身的人生价值。名师工作室则致力于通过政策引领、理论研修、党史学习教育以及革命英雄事迹的传颂等多维度举措，培育教师的坚定信念与家国情怀，强化教师的教育使命感，进而提升教师的专业素养与教学能力。

（2）规划小学教师的发展目标

名师工作室应当对小学教师的年龄结构、专业知识储备、教学能力、科研水平、个性特长等进行分析，有针对性地制定递进式成长规则，确立"传帮带"行动方案，帮助他们确立发展目标。高水平的小学教师有责任给予新教师一定的教育指导，实现"集体行走"。

（3）明确小学教师的行动方向

"主题式教学"为名师工作室成员提供了学习、交流、探索的方向，引领他们实现创造性的发展，助力他们从优秀走向卓越。

（4）明确小学教师的发展立场

要想引领小学教师的专业发展，必须帮助小学教师明晰专业发展的目标和路径，了解专业发展的核心内容，这样才能避免小学教师走弯路。只有深深地扎根课堂，小学教师才能更好地向上生长。随着小学课堂教学实践的开展和理论研究的深入，成员们的教学水平、专业素养有了明显提高。

### （二）名师工作室建设

**1.改善教师孤立无援的困境**

（1）引进外联

在构建名师工作室的过程中，应充分发挥它对外交流的优势，积极汲取相关领域专家及行业同仁的宝贵经验。为此，要定期为教师组织专业培训，并设计专门的培训课程体系，旨在提升教师的实践操作能力。通过聆听专家的学术报告，教师们不仅能够拓宽知识视野，还能深入学习和掌握前沿的教育理论，从而促进其专业发展。

（2）自主学习

教师自我规划职业前景，明确自我，积极开展自我反思与教师之间的交流学习活动。

（3）构建名师发展的档案

建立档案用于记录参与名师工作室的教师基本信息，以及教师在名师工作室中成长的经历。将参与名师工作室的教师相关学习信息以及培养的全过程如实记录后，开展评估和教学成果验收的工作。一旦名师工作室的相关成员遇到困难，指导名师也可以凭借档案记录，开展相关的帮助和疏导工作。

（4）青蓝计划

"青蓝计划"乃教师行业中实施的一项"老带新"策略，核心在于由经验丰富的老教师引领新入职教师，通过教与学的互动过程，实现双方的共同进步。该计划强调有效沟通与交流的重要性，旨在构建新教师与老教师之间的沟通桥梁，成为促进两者深入交流的关键途径。

（5）信息化培训

信息技术培训方法作为一种高效的培训模式，独特之处在于能够突破时间、地点和地域的限制，实现培训资源的广泛传播与共享。我国顶尖教育专家可借助信息技术培训工具，将他们深邃的教育思想迅速传递给广大教育工作者及公众，从而推动教育理念的更新与传播。

（6）教学竞赛

前文已经进行相关的表述，比赛、竞赛都是有效激发参赛者潜能的途径。通过设置相关的教学竞赛实现教学水平的提高，其中名师工作室的名师可以作为评委，参与评审活动。

**2.科研引领**

科研引领是对项目的深入研究。具体是指名师工作室可以带领整个团队，对小学教育的相关理论知识进行系统的学习，如关于小学教育的一些现行的研究、小学教育的相关理论、具体的专业教学理论等。切实进行提升教学能力方面的研究，如开发微课、申报教学成果等项目，切实推动小学教师在教科研方面的能力提升。

### 3. 活动育人

部分参与名师工作室的教师在知识储备方面基础薄弱，对教学进修缺乏应有的积极性与热情。这些教师在身心协调方面亦有所欠缺，具体表现为教学理论知识学习能力较弱，且在实际教学应用中的适应性不足。

为全面提升教师的教学能力，增强教育自信，开展具体的教学活动实为有效途径。在此类活动中，教师不仅得以锻炼教学技巧，还能展示在名师工作室中取得的学术成果。名师在此过程中发挥着至关重要的组织与指导作用。应鼓励相关教师积极参与各类教学活动，随着时间的推移，这些活动将逐渐扩大规模，形成良好发展态势，最终成为常态。实践表明，众多新教师在此类活动中崭露头角，为教育事业的持续发展注入了新活力。

# 第三章　乡村小学教师专业发展动力研究的理论基础

坚实的理论基础是开展研究与构建理论体系的基石。明晰这些理论基础在研究中的核心地位及其相互间的互动关联，对于构建研究分析框架、确保研究逻辑的一致性至关重要。本章综合哲学、心理学与社会学的多元视角，融合复杂性理论、具身认知理论、场动力理论及协同发展理论，对乡村小学教师的专业发展动力进行了全面而系统的剖析。

## 第一节　复杂性理论

### 一、复杂性理论的提出

法国哲学家与社会学家埃德加·莫兰以系统性的视角提出了复杂性理论，目的是在人类思维领域内引发一场关于"复杂性范式"的深刻变革。莫兰的复杂性理论核心在于采用"多样性统一的概念模式"，对经典科学中的还原论认知方式进行了修正，并提出了一种关于世界本质属性的新观点，即有序性与无序性的统一，以此批判机械决定论。该理论强调，在认识过程中应将对象置于其背景之中，反对在封闭系统内追求绝对完美的认知，同时主张系统的整体与部分共同决定系统的特性，从而修正了传统系统观中的单纯系统性原则。

莫兰指出，现有的知识体系往往被不同学科所隔离、拆分和模块化，而现实问题和挑战却日益呈现出多学科交叉、横向扩展、多角度审视、跨国界、整体性和全球化的特点。基于此，莫兰致力于在批判西方传统社会中各学科间的断裂和简化思维模式的基础上，深入探索现实世界的复杂性本质。他试图构建一种能够整合各学科知识的复杂思维模式，即复杂方法论或"复杂范式"，以便更全面地理解和应对现实世界的复杂性和多样性。

## 二、复杂性理论的主要观点

### （一）统一性和多样性的结合

事物的复杂性构成了其统一性与多样性的根源。尽管每个事物都蕴含着内在的复杂性，但我们仍需寻求对其的统一理解，这种统一性体现在事物的多样性之中，并在其发展过程中呈现出动态融合的特征。经典科学中过度简化的处理方法，导致问题被线性化处理，逻辑推导变得肤浅，且不断地进行割裂式分析，这使得问题被过度简化，从而偏离了本质。现象学权威胡塞尔曾指出："在科学实证主义的影响下，简单性思维的滥用是引发科学危机的关键因素。"由此可见，过度简化的思维方式已对科学进步和人类发展产生了负面的影响。因此，在重新审视科学进展和人类所面临的各种挑战时，我们必须秉持统一性与多样性相融合的理念。

莫兰针对世界及其构成元素所具有的多样性和统一性，提出了运用"宏大概念"来认识对象的方法。宏大概念是一个由多个基础概念或观点交织而成的复杂概念网络，这些概念或观点之间存在相互补充、竞争以及对立的关系，而每一个概念都揭示了复杂对象性质的一个特定方面。运用宏大概念意味着要跨越学科的界限，对对象进行跨学科的综合性理解，以便更全面地把握其复杂性和多样性。

### （二）有序性和无序性的交融

经典科学的机械论主张，事物的运动遵循必然规律，宇宙本质上有条不紊、严格有序，无序仅是表象，背后隐藏的是有序的本质。因此，事物均遵循一定规律，通过深入分析现象和逻辑推理，可揭示其本质及背后规律。然而，德国物理学家克劳修斯提出的热力学第二定律却揭示了世界深层存在着自发的无序化倾向，表明世界并非全然有序，深层其中蕴含着无序运动。莫兰在著作中阐述，世界既非纯粹有序，亦非纯粹无序。因为，在完全无序的世界中，事物将无法存在；而在完全有序的世界中，万物将一成不变，无新事物产生。因此，世界的基本特性是有序与无序的交融。

莫兰提出，面对有序与无序的交融，采用"策略"优于"程序"。应用程序是一种简化的行动模式，它由预先确定的行动序列构成，仅适用于随机性和无序性较少的环境。

而策略则基于既包含确定性又包含随机性、不确定性的环境条件而建立，人们在此环境中行动以达成目的。程序是固定的……而策略则可根据执行过程中获得的信息调整预定行动方案，甚至创造新方案。

### （三）动态和开放的理性主义

经典科学理论的构建主要仰赖归纳与演绎两大方法论。然而，时至今日，归纳法与演绎法的有效性已广受质疑。归纳法的一大显著局限在于它无法穷尽所有需归纳的对象，因而基于此方法构建的理论难以堪称真正的科学理论，这极大地削弱了该理论在实际应用中的解释力。演绎法则存在一个根本性缺陷，即无法确保演绎前提的准确性，这使得部分学者秉持一种观点，认为演绎的逻辑基石是无须证明的、先验的，甚至可能将其归因为神意的安排。哥德尔不完备性定理明确指出，任何特定的数学形式系统都必然是不完备的，因为其内部至少存在一个无法在该系统内得到验证的真命题。

波兰语义学家塔尔斯基则进一步阐明，一个语言系统内的真理概念无法在该系统内部得到完整表述，而只能在一个以该系统为研究对象、内容更为丰富的元语言系统中得以表达。换言之，不存在一个能够自我完全解释其概念本身的系统。莫兰对此指出，哥德尔与塔尔斯基两位学者的研究均揭示出，任何一个概念体系都不可避免地包含一些只能在该体系之外寻求解答的问题。因此，在研究一个系统时，我们必须参照一个元系统。鉴于此，要突破传统的静态、封闭理性主义思维模式的束缚，我们亟须以一种更为动态、开放的理性主义观念来取而代之。

## 三、复杂性理论对乡村小学教师专业发展动力研究的启示

复杂性理论旨在超越传统经典科学的思维局限，倡导将统一性与多样性、无序性与有序性有机融合，以一种动态且开放的理性主义视角来探究和认知各类事物。在探讨乡村小学教师的专业发展动力时，我们需摒弃传统的线性思维模式，转而更加注重整体性、系统性以及发展性的思考方式。这意味着，我们不能再将教师的专业发展视为单一、线性的过程，而应将其视为一个受多种因素相互影响、相互作用的复杂系统。

同时，构建乡村小学教师专业发展的动力生成机制和实际表达框架，不仅要求在理论逻辑上保持一致性，还必须紧密结合乡村小学教师的专业发展实践。这要求我们在理论研究与实践探索之间架起桥梁，确保理论成果能够切实指导实践，实践经验又能反哺理论完善。因此，在研究乡村小学教师的专业发展动力时，我们应遵循历时性与共时性相融合、静态性与动态性相统一以及系统性与操作性相衔接的基本原则。

（一）历时性与共时性相结合的原则

在研究乡村小学教师的专业发展动力时，我们应避免陷入简化的线性思维模式，即那种仅局限于教师当前专业发展状态，并遵循简单"问题—解决"逻辑的思维框架。相反，我们应采取历时性与共时性相互融合的研究策略，以更全面地探讨这一议题。

历时性视角要求我们对乡村小学教师职业成长动力在时间维度上进行深入剖析。乡村小学教师的专业发展并非孤立或片段化的过程，而是贯穿于整个职业生涯的全面发展历程。从职业成长的阶段来看，它涵盖了职前培养、在职实践以及职后提升等三个阶段；从教师个体成长的角度来看，则经历了从准合格教师到合格教师，再到优秀教师、特级教师和教学名师的逐步发展过程。因此，在时间维度上，乡村小学教师的专业发展动力及其形成机制是持续且连续的，需要我们从长远和动态的角度进行考察。

共时性视角则是一种从空间角度出发，对乡村小学教师职业成长动力进行全方位、多维度分析的方法。乡村小学教师的专业发展是一个涉及知识、技能、情感、价值观以及创新思维和实践品质等多个方面的全面发展过程。这些方面相互交织、相互影响，共同构成了教师专业发展的复杂系统。因此，为了有效激发和增强乡村小学教师的专业发展动力，我们需要从共时性的视角出发，进行全方位的思考、规划和实施，确保各方面因素得到充分考虑和有效整合。

（二）静态性与动态性相统一的原则

复杂性理论指出，事物的演进是有序性与无序性相互交织的体现，同时彰显了静态与动态的有机融合。静态作为一种相对状态，为事物的稳定性和可预测性提供了基础；一旦失去了静态的维系，事物将陷入混沌，难以把握和理解。而动态则是事物存在的绝对属性，它构成了事物持续焕发活力、历经沧桑而历久弥新的内在机制。

在此基础上，乡村小学教师的专业发展动力研究应当遵循静态与动态相结合的基本原则。一方面，我们需要在特定的时空背景下审视教师的专业发展过程，从文化引领、制度保障和行为追踪等多个维度为乡村小学教师的专业发展提供坚实的支撑框架。这些静态要素构成了教师专业发展的外部环境和基础条件，为教师的成长提供了必要的稳定性和可预测性。

另一方面，教师的专业发展的核心在于作为"人"的教师的不断进步和发展。"人"本身即代表着不断的变化和前行，是动态性的集中体现。因此，乡村小学教师的专业发展动力的形成，不仅应当基于特定时期教师的实际发展状况，还应当具备前瞻性的视野。

我们需要全面规划教师的专业发展路径,持续激发和驱动乡村小学教师的专业发展动力,确保他们能够在不断变化的教育环境中保持活力,不断提升自身的专业素养和教育教学能力。

### (三)系统性与操作性相衔接的原则

复杂性理论不仅对传统的简单线性逻辑思维提出了批判,更为重要的是,它为我们提供了一种崭新的视角和思维路径深入理解事物。鉴于世界及其构成元素同时兼具多样性与统一性,我们倡导采用"宏大概念"作为认知对象的方法论工具,以全面把握事物的复杂性和整体性。同时,考虑到事物的发展过程是有序性与无序性的有机融合,我们提出了"策略"优于"程序"的观点,强调在应对复杂性问题时应具备灵活性和适应性。

复杂性理论并非将"简单问题复杂化"或"复杂问题简单化",而是超越了学科界限,从多个维度和层面深入系统地揭示问题本质和对事物进行全面理解。因此,在探讨乡村小学教师的专业发展动力时,我们必须坚持系统性与操作性相结合的研究策略。

从单一性和封闭性的视角中跳出,系统性要求我们对乡村小学教师的专业发展动力进行多维度、多视角的系统性分析。这包括对其构成要素的剖析、影响因素的探究以及生成机制的揭示等方面,以全面把握教师专业发展动力的内在逻辑和外在表现。而操作性则着眼于乡村小学教师专业发展动力生成的实践层面,强调研究成果不仅应具有理论深度和系统性,还必须具备可操作性。即所提出的教师专业发展动力生成路径应切实可行,能够真正推动乡村小学教师的专业发展动力生成,并促进其积极有效的专业发展实践。通过系统性与操作性的有机结合,我们可以更深入地理解乡村小学教师专业发展动力的本质和规律,为提升乡村教育质量提供有力支持。

# 第二节　具身认知理论

## 一、具身认知理论的提出

具身认知理论的兴起,很大程度上是源于对二元论思维困境的深刻反思。二元论的思想源远流长,历史根基可追溯至古希腊时期。苏格拉底认为,真正的知识乃是一系列抽象的、与生俱来的规则，是理性思维的结晶，具有普遍性和先验性。相比之下，世俗的、基于经验的、直观或具体的知识则被视为短暂且非真实的。柏拉图进一步将世界划分为感性与理念两大领域：感性世界是人们直接感知的物质层面，而理念世界则是灵魂的栖息地，是超越世俗的精神寄托之所。在他看来，理念世界高于情感世界，灵魂驾驭身体，理智控制欲望，真正的知识关乎理念，而非基于经验或身体的知识。

法国哲学家笛卡尔从认识论角度深入探讨了身心二元论，运用"怀疑"和"批判"的方法进行了严密论证，明确指出物质与精神、身体与灵魂是二元存在的实体，并主张主体的知识是对客观世界的反映。怀疑主义者休谟则提出了"两种知识"的观点，认为人类理性的所有对象可自然分为观念的关系和实际的事实两类：前者并非基于经验，而是固定、不可避免且普遍存在的联系；后者则基于经验和偶然发生的事件。康德在此基础上总结了人类的知识体系，将其划分为纯粹知识和基于经验的知识。

然而，二元论的核心问题在于：若将所有事物视为精神，世界将被观念化，人将成为超脱的意识实体；若将所有事物视为物质，人则将沦为机器。受二元论思维模式的影响，符号信息加工认知理论和联结主义心理学等理论将人类认知活动定义为对符号和信息的处理与操作，忽视了身体、行为和经验在认知过程中的重要作用。

离身认知论将认识过程视为心智的内部推导，认识结果是心智对外部世界的抽象反映。在此过程中，它排除了身体的参与、经验的嵌入以及认知主体的身体感知和情绪体验，旨在通过逻辑推导和抽象表征实现认识的中立性、客观性和确定性。但是，人类的认知过程并非简单的思维活动和逻辑推导所能涵盖。若忽视身体、经验和环境的离身认知，认知将变得片面且局限。

因此，在二元论思维难题和离身认知论局限性的双重影响下，一种主张将心智、身体、经验和环境整合在一起的具身认知理论逐渐崭露头角，为理解人类认知过程提供了全新的视角和路径。

## 二、具身认知理论的学术谱系

针对二元论思想和离身认知的局限，众多学者进行了深入反思与批判。埃德蒙德·胡塞尔提出，存在是意识的相关项，意义源自主体与客观世界的对话互动。马丁·海德格尔则引入了"存在"概念，强调人的存在是"在世界之中的存在"，人通过身体与世界互动来认识世界，在此过程中，人与世界融为一体。梅洛·庞蒂认为，身体知觉是行为基础，人对世界的认识以身体为中介，知觉、身体和世界构成统一整体，他提出了

"具身的主体性"概念，强调人的主体性是通过身体与世界的互动实现的。

心理学家威廉·詹姆斯的情绪理论指出，身体在心智形成中起关键作用，情绪与身体反应紧密相连。他强调，心理事实无法脱离物理环境得到合理解释，人并非由身体和心灵两个独立实体组成，心灵与身体密不可分，情绪和思维等是有机体与客观世界相互作用的身体活动体验。杜威则反驳了理性和经验截然分开的观点，认为理性思维以身体活动和经验为基础，理性操作源于身体器官的活动。

皮亚杰的发生认识论认为，认识既非起源于客观环境刺激，也非源于先验范畴，而是主体在实践活动中的建构过程，是身体和环境互动的结果。维果茨基的认知发展理论揭示了高级心理机能的社会起源，指出思维和判断的认知过程形成于外部环境和社会文化中，认知具有社会嵌入性和文化摄入性。波兰尼则批判了主客二分的科学观，提出了"个体知识"概念，强调在任何认识活动中，都存在个人参与的无所不在。

由此可见，具身认知理论具有深刻的哲学渊源和丰富的内容体系。

## 三、具身认知理论的基本观点

具身认知理论主张，认知的根源与发展深植于主体特定的身体结构及活动之中，心智与认知均奠基于身体，并与之紧密相连，构成一种具身的心智状态，而初始的认知过程亦与具身的结构及活动模式息息相关。以下是对该理论核心观点的系统阐述：

第一，个体认知活动是一个心理、生理与周围环境相互交融、不可分割的整体系统。心智作为大脑的功能体现，大脑又是身体的一部分，而身体则嵌入于环境之中。个体的身体动作、生活经验以及所处环境均对其认知过程及结果产生深远影响。换言之，心智无法脱离身体而独立存在，概念的形成与思维的演进均根植于身体的感觉与运动模式。

第二，身体的独特性质在很大程度上塑造并限制了个体的认知行为与方式。身体不仅作为认知活动的载体，更在认知过程中发挥着塑造与影响作用。例如，实验研究表明，身体的压力状态、温度感知等生理因素能够显著影响参与者的思维模式、情感状态及态度倾向。

第三，身体在认知过程中为我们提供了认知对象及知识内容。个体基于身体的主观感受来确定认知目标及思考方向，身体成为认知活动的起点与归宿。身体的感觉经验为认知提供了丰富的素材与基础，使得认知活动得以顺利进行。

第四，身体的感觉和运动系统与认知的建立存在着紧密的联系。身体活动为认知提供了坚实的实践基础，而感觉运动体验则是具身认知的核心组成部分。在认知过程中，感觉运动的图式及其隐含的模拟机制发挥着至关重要的作用。概念的理解、情绪的处理以及共情等体验均依赖于认知的模拟过程，这一过程复现了知觉运动的图式与体验，使认知活动得以深化与拓展。

具身认知理论强调认知是在身体与环境之间的相互作用中形成的，心智、身体与环境构成了一个相互依存、紧密相连的整体系统。身体不仅决定了认知的方法与流程，为认知提供对象与内容，还对认知的成果与品质产生重要的制约作用。

## 四、具身认知理论对乡村小学教师专业发展动力研究的启示

在探究乡村小学教师职业成长驱动力的形成机制时，我们必须关注以下几个核心议题：教师的身体在其职业成长中的具体位置何在？身体在其中扮演了怎样的角色？身体与周围环境是如何进行相互作用的？身体与思维之间又存在着怎样的内在联系？这些议题不仅关乎乡村小学教师的专业发展驱动力，更涉及对它的形成机制的深入探讨。

具身认知理论为乡村小学教师的专业发展动力研究提供了新的理论视角和深刻启示。其中最为关键的一点是，乡村小学教师的专业发展动力具有具身性。这种动力不仅与教师的身体结构、神经构造和知觉运动系统息息相关，还与其身体体验和个人经验紧密相连。认知是身体与外部世界互动的结果，身体作为教师感知和体验外部环境的基础，是实现教师专业发展活动的前提条件。它不仅反映了教师的实践状态，还通过各种符号表征着教师在专业发展和成长方面的动力水平。

第一，乡村小学教师的专业发展动力是由系统性和关系性因素共同作用的结果。教师的心智、身体和环境三者相互影响，共同塑造了教师的专业发展动力。在这个过程中，身体和环境为心智提供了内容，而心智则是对客观世界的反映。通过身体与周围环境的相互作用，心智得以不断丰富和完善，从而推动教师的专业发展。

第二，乡村小学教师的专业发展动力还受其所处环境和文化背景的影响。为了深入揭示乡村小学教师专业发展动力的形成机制，我们需要对心智、身体、环境和文化之间的复杂联系及其作用机制进行全面剖析，并深入探讨影响乡村小学教师专业发展动力的各种系统性因素。

第三，乡村小学教师的专业发展具有情境性的驱动力。具身认知理论指出，认知过程并非一种与特定情境、语境和文化无关的普遍、客观和中立的行为模式，而是一种与环境紧密相连、涉及价值的过程。因此，乡村小学教师的专业发展动力的形成并非一蹴而就，也并非一种普遍的行为过程，而是与教师所处的环境，尤其是身体和心灵所置身

的环境密切相关。

第四，关于乡村小学教师的专业发展动力及其动态产生和发展过程，我们应认识到，这并非一个简单、线性、静态或固定的过程。相反，它是一个由教师的心智、身体、环境和文化等多方面因素相互耦合形成的动态过程。在这个过程中，各种因素相互作用、相互影响，共同推动了乡村小学教师的专业发展动力的形成与发展。

# 第三节　场动力理论

## 一、场动力理论的提出

场动力理论是库尔特·勒温提出的一项核心理论构架。勒温，一位德裔美国心理学家，不仅是拓扑心理学的奠基者，实验社会心理学的开拓者，亦是格式塔心理学晚期的重要代表人物。他被誉为现代社会心理学、组织心理学及应用心理学的先驱，并常被尊称为"社会心理学之父"，在群体动力学与组织发展研究领域具有开创性贡献。

该理论的核心旨趣在于阐释个体行为的生成机制，以及它在空间中的变化范围与深层动因。勒温主张，个体的心理与行为模式是由内在需求与周围环境的相互交织、共同作用所决定的。具体而言，个体在过去与现在所累积的内在需求构成了一个内在的心理力场。当这些需求未得到充分满足时，内在力场便会产生张力，即处于一种紧张或不平衡的状态。

同时，个体所处的外部环境亦可能塑造出一个外部的力场环境，这一环境力场与内在心理力场相互作用，共同影响着个体的行为表现。因此，勒温认为，个体的行为模式是由内部力场与环境力场之间的动态交互所决定的。在这一过程中，内部力场的张力扮演着至关重要的角色，它是推动个体行为改变的内在动力；而环境力场则起到了外部的推动作用，为个体行为的变化提供了条件与可能。

## 二、场动力理论的主要观点

场动力理论是由场论与动力理论有机融合而成的理论体系。运用勒温的场动力理论，我们能够从教师所处的场域视角深入探究乡村小学教师的专业发展动力系统，并进一步阐释其形成机理。

场论主要致力于解释个体心理和行为在特定空间中的产生与表现。在此，"场"被理解为一个相互关联、整体性的存在，它不仅包含行为发生的物理空间维度，还涵盖了个体在特定时空情境下的心理场域，以及物理空间与心理空间之间的相互依存和互动关系。因此，在分析和理解"场"时，我们应秉持实体性与关系性相结合的视角。勒温强调："每一行动皆源自于各种相互关联的事实的综合作用，而这些相互关联的事实共同构成了一个具有动力场属性的整体，这正是场论的核心要义。"场论以生活空间或动力场为基石，对人类的行为模式和心理活动展开深入探究。

勒温提出："为更准确地理解或预测行为模式，我们必须将个体及其所处环境视为一组相互依赖的构成要素。我们将这些要素统称为个体的生活领域，并用公式 $B=f(P, E)=f(LS)$ 来加以描述。"（其中，$B$ 代表行为，$P$ 代表行为主体，$E$ 代表环境，$LS$ 代表生活空间）这意味着生活空间是由个体、环境以及个体与生活空间之间的相互作用共同构成的。在这一生活空间中，行为不仅是人与环境关系的体现，同时也是生活空间不可或缺的一部分。因此，要深入剖析一个人的行为，我们必须将其置于具体的时空背景之下，充分考虑其生理、心理特征以及生活经历等个体因素，同时结合其所处的环境因素，全面探讨行为产生和变化的内在缘由。在此基础上，我们可以更深入地理解乡村小学教师在其特定场域中的专业发展动力，以及这一动力如何受到个体因素和环境因素的共同影响。

动力理论主要致力于阐释个体行为动力产生的心理机制与过程。"动力"这一概念蕴含了力量、能量等多重意蕴，它囊括了决定生物体行为的所有显性及潜在要素。这些要素之间的相互作用所激发的力量是积极的，对事物的进展起着推动和促进作用。值得注意的是，"动力"不仅指代力量产生的载体，涵盖了载体的动态变化过程。力量的生成有赖于载体的变化与移动，且这种力量具有正向的驱动特性。

在力的解读上，勒温倾向于从关系的视角审视行为动力。他认为，人的心理和行为动力的本质，在于人与环境之间各种力量相互作用所形成的心理压力系统。个体的行为动力源自对"稳态"的追求，这里的"稳态"指的是心理平衡状态，即个体内在心理与外部环境之间的和谐统一。它不仅是一种静态的状态描述，更是一个动态的变化过程。在这个过程中，个体不断调动自身能量对环境施加影响，同时调节环境对个体的反作用力，确保这种反作用力保持在心理平衡所能承受的阈值范围内，从而达到并维持一种稳定的平衡状态。因此，动力的生成实质上是一个动态调整的过程，旨在消除不平衡状态，最终实现新的平衡。

勒温曾指出："心理过程通常出自趋于平衡的倾向，正如普遍的生物过程，以及物理、经济或其他过程一样。从一种稳定状态转向一种过程，以及稳定的过程中所发生的变化，都可以从这样一种事实中推出：即在某一点上，平衡被打破了，于是朝向一种新的平衡状态的过程便开始了。"这一论述深刻揭示了动力生成与平衡追求之间的内在联系。

## 三、场动力理论对乡村小学教师专业发展动力研究的启示

在勒温的场动力学理论中，"场"的概念超越了个体所感知的外部环境的范畴，它还包含了主体在感知环境过程中所获取和体验到的意义层面。这一概念不仅囊括了物质环境的构成要素以及在特定环境中发生的相关事件，还涵盖了个体的价值观、信仰体系、情感状态、动机驱动和过往经历等多个维度。场动力理论通过细致分析特定场域中的个体与环境之间的关联，揭示了个体行为动力产生的根源及其运动发展的过程，这为深入探讨乡村小学教师专业发展动力的来源及其复杂生成机制提供了理论支撑。

首先，从乡村小学教师专业发展动力的来源视角出发，依据勒温的场动力理论，主体动力的形成是个体在特定生活环境中与周围环境进行多维度、多层次互动的综合产物。在这一过程中，我们必须全面考虑教师的主体性特征、周围环境的多重影响，以及教师与其所处环境之间的相互作用关系。因此，乡村小学教师的专业发展动力主要源自三个方面：其一是教师的主体动力，包括教师的坚定信仰、深厚情感、坚强意志和丰富实践等内在因素；其二是环境动力，即由特定的环境构成要素和环境中发生的事件所激发的驱动力；其三是互动动力，只有当教师主体与其所处环境产生积极有效的互动时，环境的力量才能真正作用于教师，进而为教师的专业发展提供强大的推动力。

其次，从乡村小学教师专业发展动力的生成机制角度来看，依据场动力理论，主体动力的形成是一个极为复杂且动态的过程。虽然从表面上看，这一过程主要表现为主体与环境的互动，但实际上它深涉主体的心智结构、心理状态、身体条件等多个层面的因素，以及环境的整体构成和特定环境所营造的心理氛围等外部条件。因此，要全面深入地理解乡村小学教师职业发展的驱动力，我们不仅需要对教师的信仰体系、价值观和观念进行深入剖析，还必须对乡村小学教师所处的实际工作环境进行细致入微的探讨，以揭示其专业发展动力生成的内在逻辑和外在条件。

# 第四节　协同发展理论

## 一、协同发展理论的提出

### （一）提出背景

在传统经济学的观点里，个体主义与竞争的理念始终是主导思想。这些理论往往认为，通过个体的自利行为，可以最大化整体效益。然而，随着经济学研究的深入和现实世界的发展，人们逐渐意识到个体之间的合作与协调对于经济发展的重要性。因此，协同发展理论应运而生，它强调在复杂且不平衡的系统中，各子系统或要素之间通过协作与配合，可以共同推动系统的有序、高效发展。

### （二）提出过程

#### 1. 初步提出

1969年，德国的科学家赫尔曼·哈肯首次提出了协同理论这一概念，这一概念的提出，标志着人们开始关注复杂系统中各子系统之间的协作与配合问题。

#### 2. 正式解释

1971年，哈肯与格雷厄姆对协同学进行了正式解释。他们指出，协同学研究的是在复杂且不平衡的系统中，各子系统在一定条件下如何彼此协作，才能使系统在功能发挥、结构调整等方面由混乱无序向组织有序演进的理论。此项解释为协同学的研究目标提供了明确的指引，并为后续研究打下了坚实的理论基石。

#### 3. 学科发展

1974年，哈肯在西德斯图大学提出了协同理论，这一学说也被人们普遍称作协同论或协同学。自此以后，协同学作为一门新兴学科逐渐发展壮大，成为研究复杂系统协同现象的重要工具。协同学不仅应用于经济学领域，还广泛涉及物理学、化学、生物学等多个学科领域，为这些领域的研究提供了新的视角和方法。

## 二、协同发展理论的主要内容

### （一）核心定义

协同发展理论框架深入探讨了两个或更多异质性资源（或个体）如何通过协同合作，

共同达成既定目标，进而实现各方的共赢局面。该理论的核心要义在于强调合作发展的多元性与互补性，即不同资源或实体在合作进程中需充分发挥各自的独特优势与专长。协同发展理论通过制度设计、体制机制创新等多个维度的共同竞争与相互促进，旨在构建一个能够容纳并促进社会多样性协调发展的框架。在这一框架下，不同的资源或主体得以在合作中相互学习、相互补充，共同成长。这种协同合作的过程不仅促进了资源的高效配置与利用，还激发了各方的创新活力与发展潜力，最终形成了一个相互促进、共同发展的繁荣生态。

### （二）基本原理

#### 1. 协同效应

协同效应理论阐述了在开放系统环境中，当系统遭受外部因素干扰时，子系统或各组成部分通过内部协作机制，能够有效消除这些干扰，促使系统的结构与功能逐步向更为有序和高效的状态发展。该理论深刻揭示了系统内部合作在应对外界挑战、促进系统有序化及高效化进程中的核心作用，强调了合作对于系统稳定性和发展动力的重要贡献。

#### 2. 自组织原理

自组织原理揭示了复杂系统中各因子和要素如何从初始的混乱与不平衡状态，通过内在的自发调整机制，转变为有序且稳定的系统结构的工作原理。该理论强调，在无须外界直接干预的情况下，系统具备自我组织、自我协调的能力，能够自发地形成有序的运行状态，展现了系统内在的自组织性和自适应性。

#### 3. 役使原理

役使原理明确指出，在复杂系统中，存在一类变化速率相对较慢的变量，它们对系统的发展速率和演进方向起着决定性作用。这些慢速变化的变量通常代表着系统的主要特征和关键组成部分，它们的变化对系统整体性能具有显著且深远的影响。役使原理揭示了系统发展中关键变量的主导作用，为理解和预测系统行为提供了重要的理论依据。

## 三、协同发展理论对乡村小学教师专业发展动力研究的启示

### （一）强调多元主体协同参与

在农村小学教师的专业发展路径中，应高度重视政府、教育机构、社会团体以及教

师个体等多元主体的协同参与。政府层面，需制定并实施一系列有利于农村教师职业发展的政策措施，并提供必要的财政支持，为教师的专业发展奠定坚实的政策与物质基础。教育机构，特别是学校，应致力于营造一个积极向上的学习环境，激励教师在教学研究与教学创新方面不断探索与实践。社会团体则凭借专业优势，提供针对性的培训与指导服务，助力教师提升专业素养。而教师作为专业发展的主体，应积极参与各类学习与培训活动，持续增强自身的教育教学技能，实现个人职业发展的不断突破。

### （二）构建教师学习共同体

协同发展理念强调个体与群体间的互动及共同进步。在农村小学教师的职业成长过程中，应着力构建一个教师学习共同体，通过团队备课、教学研讨、经验分享等多种形式，加强教师间的互动交流与合作共享。这一共同体的建立，不仅有助于促进教师之间教学经验和资源的有效共享，还能激发教师的学习热情与创新潜能，进而推动整个教师团队的专业素质得到全面提升，实现教师队伍的协同发展。

### （三）注重资源优化配置与共享

协同发展理念强调资源的优化配置与共享。在乡村小学教师专业发展过程中，应最大化利用各类教育资源，如高质量培训课程、实际教学案例及先进教育技术，并通过线上线下合作模式实现资源共享。同时，构建城乡学校双向支持机制，鼓励城市优秀教师赴乡村支教或开展示范教学，以提升乡村教师教学能力。

### （四）完善评价与激励机制

协同发展主张通过评估与激励促进个体参与和集体成长。在农村小学教师专业发展中，应建立全面评价与激励体系，从教学效果、研究能力及师德表现等多方面进行全面评价。对表现优异者给予表彰和奖励，激发他们的工作积极性和创造性。同时，重视教师职业成长需求，为其提供提升和发展机会。

### （五）强化实践反思与自我提升

协同发展理念注重个体在实践中的反思与自我进步。乡村小学教师应深入反思和总结教学经验，识别问题与短板，并寻求改进策略。同时，教师应积极参与培训和学术活动，不断更新教育观念和教学方法，提升专业能力和教学技巧。

# 第四章  乡村小学教师专业发展动力生成机制与路径

## 第一节  乡村小学教师专业发展动力生成机制

经过对调查数据的深入统计分析，我们发现乡村小学教师在专业发展上存在积极性不足的问题，缺乏对职业成长的合理规划。具体表现为：部分教师教学动机受生计状况影响较大；在日常教学中，一些教师从未考虑探索和应用新教学方法，且缺乏职业成长计划。这导致他们在教学活动中机械重复，缺乏教学反思，甚至抵触新教学观念和变革。因此，深入研究和构建乡村小学教师专业发展动力生成机制至关重要。只有持续激发其发展动力，才能实现乡村小学教师的自主性、可持续性及终生性全面发展。

### 一、乡村小学教师专业发展动力生成机制构建的原则

乡村小学教师的专业发展动力，源自教师与环境之间的动态交互过程，这一动力驱动着教师不断追求专业发展。它的产生机制是多重因素相互交织、共同作用的结果。深入探究这一动力形成机制，有助于我们更透彻地理解乡村小学教师专业发展动力的生成逻辑，为促进专业发展提供坚实的理论支撑。鉴于乡村小学教师专业发展动力的复杂性、主动性及情境性特征，构建生成机制需遵循一系列基本原则。具体包括：将理论推导与实践观察紧密结合，确保理论既具有解释力又贴近实际；应注重静态逻辑与动态逻辑的有机衔接，既分析当前状态又预见未来趋势；应实现结构性与转换性的统一，既关注系统内部结构又重视其动态转化过程。

## （一）理论推演与实践关照相结合原则

在构建乡村小学教师专业发展动力生成机制的过程中，遵循理论推演与实践关照相结合的原则至关重要。这一原则要求我们在理论构建时，既要奠定于坚实的理论基础之上，确保逻辑起点的准确性、正当性，又要注重推理过程的逻辑严密性和严谨性，通过思维的逐步推导，形成系统的理论框架。

理论推演方面，需依托乡村小学教师专业发展理论和动力理论等相关理论体系，进行深入的理论探索和研究。这包括对专业发展动力的本质、来源、作用机制等基本理论问题的剖析，以及对已有研究成果的梳理和整合，为动力生成机制的构建提供坚实的理论支撑。

实践关照方面，需基于乡村小学教师的实际专业发展经验，通过深入的实地观察、访谈调查等方法，全面了解乡村小学教师的专业发展动力现状，以及影响其动力生成的各种因素和运作方式。实践观察能够为我们提供第一手的数据和资料，使理论构建更加贴近实际，更具针对性和可操作性。

因此，构建乡村小学教师专业发展动力生成机制，必须将理论推导与实践观察紧密结合。通过理论分析指导实践观察，实践观察验证和完善理论推导，两者相辅相成，共同推动动力生成机制的客观、合理构建。

## （二）静态逻辑与动态逻辑相衔接原则

在探索乡村小学教师专业发展动力的生成机制时，遵循静态逻辑与动态逻辑相衔接的原则显得尤为重要。这一原则要求我们不仅关注在特定时空背景下乡村小学教师专业发展动力的静态生成逻辑，即那些相对稳定、在一定时期内起主导作用的因素；同时，也要认识到教师专业发展是一个不断变化、具有动态性、变化性和发展性的过程。

从静态逻辑的角度看，在某些特定时期或阶段，乡村小学教师的专业发展驱动力相对恒定，影响因素较为稳定。因此，构建专业发展动力生成机制时，需要深入揭示并分析这些相对稳定的因素，理解它们在教师专业发展中的作用机制。

然而，教师专业发展并非一成不变。当处于不同的发展阶段或面对新的环境和挑战时，其专业发展动力可能会呈现出不稳定性，受到诸多偶发因素的影响。因此，在构建动力生成机制时，必须充分考虑这些可能影响教师专业发展的动态因素，确保机制具有足够的灵活性和适应性。

结合静态逻辑和动态逻辑的原则，能够使我们更全面、深入地理解乡村小学教师专业发展动力的生成因素和运作逻辑。通过构建和分析静态与动态相结合的逻辑框架，我们可以更动态地把握教师专业发展的内在规律，更有效地揭示其专业发展动力产生的内在原因，从而为促进乡村小学教师的专业发展提供有力的理论支撑和实践指导。

### （三）结构性与转换性相统一原则

"结构性与转换性相统一"的原则强调，乡村小学教师的专业发展动力是由一系列特定因素及其相互关系构成的复杂系统。随着教师专业发展的不断推进，尤其是在过渡阶段、情境变迁及突发事件等情况下，这些因素及其相互作用势必对教师专业发展动力及其生成机制产生深远影响。因此，我们需在实际操作中不断重构与转化乡村小学教师的专业发展动力生成机制，以精准揭示关键影响因素，并进一步激发教师的专业发展潜能。

乡村小学教师的专业发展动力生成机制兼具结构性与转换性特征。从结构性角度来看，该机制具有明确的构成要素、要素间的相互关系以及与环境系统的相互作用。这些结构性特点主要体现在三个方面：一是构成动力生成机制的关键要素，如个人特质、职业环境、政策支持等；二是这些要素之间的内在联系和相互作用方式；三是动力生成机制与外部环境系统的交互作用，如社会环境、教育政策等对教师专业发展的影响。

从转换性角度来看，乡村小学教师的专业发展动力生成机制呈现出动态变化和创新发展的特性。在专业发展过程中，教师的外部驱动力可能逐渐转化为内部驱动力，环境驱动力也可能转变为主体驱动力。这种转变过程中，专业发展动力生成机制不断适应新情境、新挑战，展现出新的动态变化和创新发展。

在构建乡村小学教师专业发展动力生成机制时，结构性因素是实现转换性的基础，为动力生成提供了稳定的框架和支撑；而转换性因素则推动了结构性意义的具体实现，使动力生成机制能够灵活应对各种变化和挑战。因此，坚持结构性与转换性相结合的原则，是构建具有解释力和促进作用的乡村小学教师专业发展动力生成机制的关键。

## 二、乡村小学教师专业发展动力生成机制构建与表达

### （一）乡村小学教师专业发展动力生成机制构建的逻辑

"逻辑"是英文"logic"的音译，导源自希腊文"logos"。1902年严复译成《穆勒名学》，在将"logic"意译为"名学"的同时，又音译为"逻辑"。在现代汉语中，"逻辑"一词通常有如下含义：①表示客观事物的发展变化规律。②表示思维的规律和规则。③表示某种特殊的观点、思想方式或论证方法。

在《社会科学大辞典》中，"逻辑"一词源自希腊语"logos"，其原始含义广泛涵盖了思维、逻辑推理、语言表达及事物内在规律等多个维度，主要指向事物自身固有

的规律性、思维过程的秩序性，以及关于思维模式与规律的科学探究。基于此定义，逻辑本质上关联着事物发展与变化的内在规律和法则，它体现了主体在认知外部世界时所遵循的思考框架和逻辑模式。

就乡村小学教师专业发展动力生成机制的构建逻辑而言，它是指在深入剖析并构建该机制的过程中，所展现出的一种契合教师专业发展动力生成规律的思维方式和理性逻辑。具体而言，此构建过程遵循了两个核心逻辑思路：第一，通过运用相关性分析方法对收集到的调查数据进行系统处理，旨在识别出影响乡村小学教师专业发展动力生成的关键因素。这一步骤不仅揭示了各因素之间的内在联系，而且从这些关键影响因素的角度出发，为构建乡村小学教师专业发展动力的生成机制提供了实证基础和理论支撑。第二，从乡村小学教师专业发展动力生成的实践逻辑维度入手，将这一过程视为一种具体的实践活动。在此基础上，深入探究该实践活动得以有效运行的条件和要素。进而，基于这些条件和要素，系统地构建了乡村小学教师专业发展动力的生成机制，旨在为促进乡村小学教师的专业发展提供科学的理论指导和实践路径。

**1. 量化分析：乡村小学教师专业发展动力生成的相关因素**

对乡村小学教师的专业发展动力产生的关键因素进行了分析，主要依据以下三条路径：

路径一：许多充满活力的乡村小学教师频繁地思考并尝试采纳新颖的教学方法。为了深入解析这一现象背后的动因，采用相关性分析成为一种科学且有效的方法。此分析旨在系统地识别并量化那些与乡村小学教师积极探索和实施新教学方法行为显著相关的因素。相关性情况如表 4-1 所示。

表 4-1　乡村小学教师专业发展动力与各维度的相关性

| 维度 | $T_{10}$ | |
|---|---|---|
| | Pearson 相关性 | 显著性 |
| $T_{10}$ | 1 | — |
| $T_1$ | 0.094** | 0.003 |
| $T_2$ | 0.033 | 0.308 |
| $T_5$ | 0.329** | 0 |
| $T_6$ | 0.313** | 0 |
| $T_8$ | 0.330** | 0 |
| $T_{11}$ | 0.229** | 0 |
| $T_{13}$ | 0.149** | 0 |
| $T_{14}$ | 0.273** | 0 |
| $T_{22}$ | 0.133** | 0 |

注　* 在 0.05 水平（双侧）上显著相关。** 在 0.01 水平（双侧）上显著相关。

从表 4-1 可以看出，与教学新方法探索具有显著性相关的指标有：$T_1$、$T_5$、$T_6$、$T_8$、$T_{11}$、$T_{13}$、$T_{14}$、$T_{22}$。根据统计学中相关度的标准：$T_{10}$ 与 $T_{11}$、$T_{13}$、$T_{14}$ 和 $T_{22}$ 呈低度正相关，与 $T_5$、$T_6$ 和 $T_8$ 呈中度正相关。基于现有分析，可合理推断乡村小学教师的专业发展动力与其多维度素养及外部环境因素呈正相关。这些动力源泉包括教师对学科前沿知识的深入掌握、对最新教育理论的透彻理解、教学技能的精湛掌握、对自身专业发展的高度满意、明确的职业规划制定，以及学校对教师专业发展机会的充分重视与有效校本培训的实施。这些因素共同构成了一个正向激励系统，显著促进了乡村小学教师的专业发展。

路径二：鉴于乡村小学教师的专业发展动力受多重因素制约，精准识别并解决这些关键制约因素对于激发教师专业发展潜能至关重要。通过对所收集调查数据的深度统计分析，成功厘定了影响乡村小学教师职业成长动力的前三大核心因素。这些关键因素在多个维度上显著制约了教师的专业进步，识别这些因素不仅为理解乡村小学教师专业发展动力受限的根源提供了实证基础，也为后续制定针对性策略以促进教师专业发展指明了方向。具体如表 4-2 所示。

表 4-2　乡村小学教师专业发展动力主要影响因素

| 维度 | 主要影响因素 | 百分比（%） |
| --- | --- | --- |
| 乡村小学教师在专业发展上面临的主要困难 | 发展机会限制 | 60.2 |
| | 时间限制 | 15.8 |
| | 家庭负担 | 14.4 |
| 乡村小学教师在专业发展上面临的主要压力 | 社会过高的期望 | 54.8 |
| | 学校的管理方式 | 53.1 |
| | 职称评定 | 45.9 |
| 乡村小学教师专业发展面临的主要制约因素 | 社会对教师职业重视程度不够 | 58.2 |
| | 工作压力大 | 53.9 |
| | 行政部门无相应的政策支持 | 47.3 |

通过表 4-2 的统计数据，可以发现影响乡村小学教师专业发展动力生成的主要因素包括三个方面：一是学校场域因素，如学校的管理方式、职称评定、发展机会限制以及时间限制等；二是社会场域因素，如社会过高的期望、社会对教师职业重视程度不够、行政部门无相应的政策支持等；三是家庭场域因素，如家庭负担等。

路径三：能够促进乡村小学教师专业发展的路径也能够促进乡村小学教师专业发展

动力的生成。

根据前面关于乡村小学教师专业发展路径的分析数据，可以发现促进乡村小学教师专业发展的路径，具体如表4-3所示。

表4-3　乡村小学教师专业发展的主要路径

| 维度 | 主要路径 | | 百分比（%） |
|---|---|---|---|
| 学校场域 | 为教师提供培训机会 | | 51.7 |
| | 提供教师自主发展的空间 | | 46.3 |
| | 营造良好的校园文化氛围 | | 35.1 |
| 教师主体 | 应然层面 | 制度性的定期在职进修 | 52.4 |
| | | 专家培训 | 49.6 |
| | | 同事之间的切磋和探讨 | 44.9 |
| | 实然层面 | 教学反思 | 67.5 |
| | | 阅读书籍 | 51.7 |
| | | 向同事请教 | 34.7 |

从表4-3可以看出，促进乡村小学教师专业发展的路径主要包括两个层面：一是学校层面，如为教师提供培训机会、提供教师自主发展的空间以及营造良好的校园文化等；二是教师层面，如在职进修、同事之间互助相长、教师教学反思等。

经过对上述三个路径的系统性分析，可以初步构建以下学术性的理解框架：

第一，为了有效激发乡村小学教师的专业发展动力，构建一个既科学合理又清晰明确的职业发展蓝图至关重要。这一蓝图应作为教师职业发展的导向，为教师的个人成长提供明确的方向和目标。

第二，乡村小学教师的专业发展动力主要植根于其实际的教学与实践活动中。这些动力来源于教师对教学领域前沿知识的持续掌握、对最新教育理念的深入理解、积极参与各类教师培训、日常的教学反思以及与同事间的深入交流与合作。这些活动不仅提升了教师的专业技能，也激发了教师专业发展的内在动力。

第三，乡村小学教师的专业发展动力还显著受到学校变革文化的影响。学校文化作为历史积淀的体现，其变革性文化是在学校历史进程中逐渐形成的，它融合了以活跃、创新和发展为核心的规章制度、管理策略及思维模式。本章所探讨的学校文化变革主要体现在：为教师提供充足的专业发展时间和空间，创造多样化的专业发展机会，组织以同事交流为核心的各类活动，以及鼓励教师探索和创新教学方法等方面。这些变革措施为教师的专业发展提供了有力的文化支撑。

第四，乡村小学教师的专业发展动力还依赖强大的外部支持环境。这包括社会对教师的合理期望与高度重视，形成尊重教师和重视教育的社会风尚，以及来自家庭的支持等。这些外部因素共同构成了教师专业发展的坚实后盾，为其提供了必要的资源和保障。

**2. 质化解读：乡村小学教师专业发展动力生成的实践逻辑**

乡村小学教师的专业发展动力根植于学校教育教学实践与日常生活的沃土之中。为了更有效地构建这一动力机制，我们必须深入剖析乡村小学教师专业发展动力产生的内在逻辑。那么，这一专业发展动力究竟遵循何种实践逻辑而生成呢？解答此问题，首要任务是明确"实践逻辑"的概念内涵，进而合理阐释乡村小学教师专业发展动力的形成机理，并最终揭示它的核心驱动因素。

"实践"这一概念在历史长河中经历了深刻的演变，它的内涵与外延均发生了显著变化。在不同历史阶段与文化背景下，实践展现出多元且丰富的意蕴。在古希腊早期文化中，实践被视为一种普遍的生活方式，是所有生物共有的本质特征。亚里士多德从伦理道德维度对实践进行了界定，并在《尼各马可伦理学》中详细探讨了实践对人类伦理行为、政治决策及思辨理论活动的影响。康德则强调实践活动的道德基础，认为只有在理性的实践应用中，理性方能彰显其自由本质。他提出，设定道德规则的绝对命令、以个人为目的的道德活动，以及基于这些道德活动的政治与法律活动，方构成真正的实践活动。

在黑格尔看来，"实践是理论理念或者说主观精神扬弃自己的主观性和片面性从而上升到绝对理念或者绝对精神的中介环节，这是一个无限的自我否定的过程。因此，它是一切精神的现实化和物化的活动，这种活动不仅包括自然界的运动和变化，还包括一般生物的生命活动；不仅包括人的道德和政治活动，还包括生产劳动、制作与技术活动，甚至还包括人的思辨和理论活动"。❶费尔巴哈则从感性直观的角度解读实践，将人类视为感性实体，强调生活实践的核心地位，将满足个人欲望与需求的一切活动统称为实践。

马克思在批判吸收相关研究成果的基础上，对实践进行了较为完整的解读，把实践理解为全部社会生活的本质，包括三层含义：一是实践具有生存论的本体论含义，关乎存在的本质、方式与意义等；二是实践是涵盖了人类全部社会生活的统一概念；三是生产劳动是实践概念的基础性层面。

---

❶ 黄其洪、蒋志红：《论实践概念的三个层次》，《现代哲学杂志》2009 年第 2 期。

辩证唯物主义认为,实践是指"人们有目的地改造客观世界的物质活动,具有客观性、能动性和社会历史性等特点。它包括三种基本形式:一是变革自然以满足人们的物质生活需要的生产活动,它是人类最基本的、决定其他一切活动的实践活动;二是以调整人与人之间的社会关系为目的的活动,这种活动在阶级社会里主要表现为阶级斗争,它被生产实践所决定,又反过来作用于生产实践;三是以探索客观世界奥秘或寻觅有效实践活动方式为直接目的的科学实验活动,它直接或间接地为人们变革自然和社会服务"。❶

综上所述,实践是一个内涵丰富、外延广泛的复杂概念,包括三层含义:

一是本体论层面的实践概念。即从本体论或者生存论的视角解读实践,内容包括实践与存在、实践与逻辑、此在、理性、语言等丰富内容。如亚里士多德的理论、思辨活动,胡塞尔的先验概念,海德格尔的存在主义以及黑格尔的绝对精神等。

二是道德伦理层面的实践概念。主要指人的自由自律的活动,包括自由意志、道德、绝对命令等内容。

三是认识论层面的实践概念。即从客观现实或者经验的角度理解实践,认为实践是改造客观世界和主观世界,揭示其内在规律的能动性活动,突出表现为"做""行动"等含义,如物质生产活动、变革生产关系的活动以及科学实验活动等。

"实践逻辑"这一术语,最初由法国著名社会学家皮埃尔·布迪厄所提出。然而,他并未提供一个清晰且标准化的定义,而是将其描述为"非逻辑的逻辑"与"前逻辑"。布迪厄认为,实践逻辑是一种由习惯、实践目的、时间维度及特定领域等多重因素交织而成的实践模式,它是文化长期积淀的产物,主要作用于个体的整体存在 —— 包括思维过程、言语表达、行为举止以及身体的其他组成部分。一些研究者进一步地阐释了布迪厄实践逻辑的具体运作过程:社会规范被个体内化为信念体系,在实践场域中,这些习惯与场域规范相互作用,形成一种即时的实践感知,指导实践者的行为选择。实践者依据这种实践感知制定的策略,调整自身行为,以实现既定目标。因此,实践逻辑实质上揭示了实践活动的运作机理,涵盖实践活动的构成要素、要素间的相互关系,以及实践活动在时空维度上的展开方式。

基于实践逻辑的理论视角,对乡村小学教师专业发展动力的生成机制进行了深入剖析与阐释。也就是说,可以将乡村小学教师专业发展动力的产生视为一种具体的实践活动,并深入探讨了该实践活动内部的运行机制。那么,乡村小学教师专业发展动力的形成过程及其背后的逻辑结构究竟是怎样的呢?勒温的理论指出,个体动力的生成源于对

---

❶ 刘炳瑛:《马克思主义原理辞典》,浙江人民出版社,1988,第536页.

"稳态"的追求，即实现一种内外平衡的状态，这包括个体内部身心系统的平衡以及个体与外部环境的和谐。在此框架下，"失衡"被视为动力的根本来源，而追求"稳态"的目标则是为了消除"失衡"，达到新的平衡状态。

显然，乡村小学教师的专业发展动力源自他们在特定教育环境中的"失衡"状态。解决这种"失衡"并实现"平衡"的复杂动态过程，构成了教师专业发展动力的形成路径。通过"平衡—失衡—新的平衡"这一循环往复、螺旋上升的动态过程，不断激发和生成教师专业发展的动力，进而推动乡村小学教师的持续性和终生性发展。

基于布迪厄的实践逻辑理论框架，可以对乡村小学教师专业发展动力生成的实践逻辑进行系统性解析，这一过程主要由以下四个核心要素构成：

一是实践意图。实践意图作为主体在特定领域内启动行为的直接驱动力，展现了情境性、复杂性和动态变化的特性。在乡村小学教师专业发展的语境中，实践意图源自特定环境和场域的变化，这些变化促使教师寻求新的平衡状态，进而驱动其采取行动。一方面，这种动力源于教师对现状的不满和对改变的迫切需求，体现了实践活动的指导性意义；另一方面，实践意图也根植于教师个人的职业目标，如自我提升、职称晋升、参与培训或获得荣誉等，这些目标构成了推动教师专业发展的内在动力。

二是主体活动。主体活动是消除不平衡状态、实现新均衡的关键途径。在特定情境下，由于利益冲突、关系失衡等因素，主体可能陷入危机状态，产生焦虑、紧迫感等负面情绪。乡村小学教师通过核心活动，如自我反思、知识更新、技能提升等，介入危机过程，逐步消除不平衡，实现身心状态的重新平衡。这些活动不仅增强了教师应对危机的能力，也促进了他们的专业发展。

三是习惯。布迪厄所强调的习惯，是一种深植于个体性格倾向中的创造性技艺，它体现了实践活动的独特性和艺术性。在乡村小学教师的教学实践和日常生活中，习惯以多种形式呈现，如教学风格、行为模式等，这些习惯在潜移默化中影响着教师的行为选择。良好的工作习惯是在特定文化背景下长期实践积累的结果，它们为教师的专业发展提供了持续的动力。

四是时空环境。时间和空间环境是乡村小学教师专业发展动力生成不可或缺的背景条件。从时间维度看，时间的不可逆性和有限性促使教师产生紧迫感和危机意识，推动其不断追求个人成长和职业发展。从空间维度看，物理空间（如课堂、学校、社会和家庭）以及主观体验的空间（如人际关系、文化氛围等）都对教师的专业发展产生深远影响。为了更有效地促进乡村小学教师的专业发展，我们需要充分利用时间和空间的优势，构建一个积极、支持性的环境。

## （二）乡村小学教师专业发展动力生成机制的表达

通过对乡村小学教师的专业发展动力进行量化和质化的分析，可以识别出乡村小学教师专业发展动力生成机制的核心组成部分，包括合理目标、实践反思、学校变革性文化和支持性环境，如图 4-1 所示。

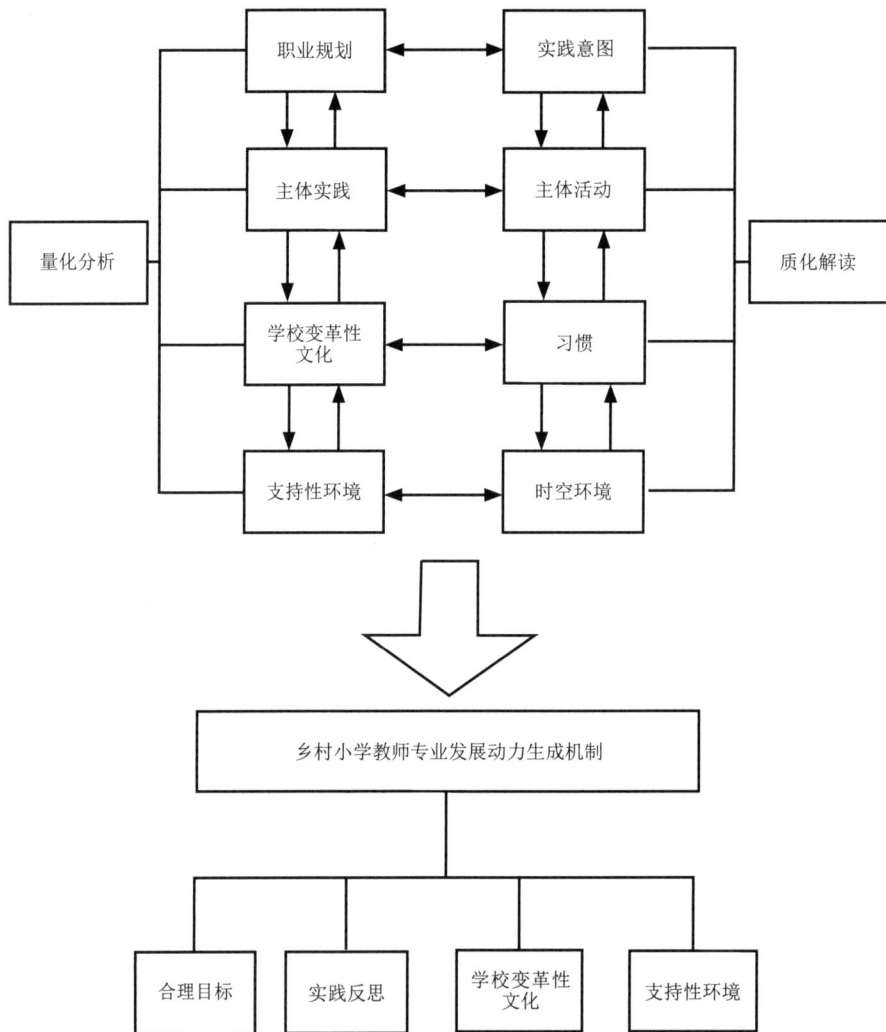

图 4-1　乡村小学教师专业发展动力生成机制

# 第二节 乡村小学教师专业发展动力生成路径

乡村小学教师专业发展动力生成路径是一套系统性、综合性的策略与方法集合，旨在有效激发并塑造乡村小学教师在其职业生涯中的专业发展动力。此路径的构建，深深植根于乡村小学教师的专业发展实践土壤之中，并紧密依托于乡村小学教师专业发展的内在动力生成机制，从而提出了一条既具针对性又切实可行的推进策略。在深入剖析乡村小学教师专业发展动力的核心构成要素时，要着重关注以下几个关键方面：合理的目标设定、实践过程中的深度反思、学校内部的变革文化以及支持性的外部环境。这些元素不仅构成了专业发展动力的基石，也揭示了其运作的内在逻辑。为了切实增强乡村小学教师的专业发展动力，我们需从多维度出发，进行全面而深入的考量与推进。

## 一、制定乡村小学教师专业发展动力生成的合理目标

### （一）合理目标的解读

杜威曾明确阐述其观点："我们所追求的目标，实则是承担起对执行特定职责 —— 无论是农业领域还是教育领域 —— 所必需的观察、预测及工作计划的责任。凡能持续辅助我们进行观察、作出选择并规划行动，确保各项活动得以顺畅进行者，皆可视为一个有意义的目标。"他进一步指出，"教育活动本身并不蕴含明确的目的，明确的目标实则源自人、家长及教师等主体。"从这一视角审视，教育本身并不预设明确的目标，在现实实践中，教育的真正旨向往往超越了教育过程的范畴，更多地体现了家长、教师及学校所追求的外部目标。

杜威继而强调，一个卓越的教育目标应具备以下核心特性：其一，教育目标必须根植于受教育者的个体内在活动与需求，这既包括基础的本能，也涵盖习得的习惯；其二，教育目标应能转化为与受教育者合作的具体实践方式，实现目标与行动的有机统一；其三，教育者应对所谓的普遍目标和最终目标保持警醒，避免盲目追随而忽略教育的实际情境与个体差异。

由此可见，高质量的教育目标不仅需映照学生的实际需求与个人期望，更需具备实际的针对性和可操作性，而非仅仅停留于抽象的描绘或预设之中。目标是目标具体实现的表征，而教育目标则是对这一概念的深化与拓展，它要求我们在设定时既要考虑目标的明确性，也要兼顾其实现的可能性。因此，在构建乡村小学教师的专业发展动力目标

时，需超越外部环境和外部因素的局限，秉持尊重实际情况的原则。教师应作为主体，主动参与到目标的形成与构建过程中。

合理目标一词为偏正短语，以合理修饰目标。关于"目标"，其中"目"在《甲骨文字典》中解释为"象人眼之形，有人眼；侦伺之义"。"标"为合体字，由"木"和"示"构成，《辞海》中目标解释为："组织预期要求达到的目的或结果。具有预测性、可计量性和激励性等特点"。因此，所言之目标，简而言之是主体基于活动环境与预期成果而预先设定的一种可衡量、可期望实现的成果状态。这一目标由活动参与者根据活动的具体情境及目标本身的性质而预先规划，旨在特定活动中达成既定的成效。

在探讨"合理"这一概念时，部分学者着重指出，科学作为人类理性活动的典范，其目标设定理应秉持合理性原则。他们认为，"合理"之内涵，一方面需与科学发展的内在逻辑相契合，即遵循科学自身发展的规律和轨迹；另一方面，亦应指向人类的终极关怀，以人类为核心，承担起对人类的责任与使命。在此思维框架下，"合理"的定义首先奠基于事实和逻辑之上，确保目标的设定符合客观实际和逻辑推理。继而，我们需遵循合理的原则，即目标的设定不应违背基本的伦理道德和社会规范。最终，在遵循这些原则的基础上，我们需要根据具体情况进行有区别的操作，确保目标的设定既合理又可行，既符合科学发展的内在逻辑，又能够满足人类的终极关怀和实际需求。

基于前述分析，合理目标可被界定为主体依据活动的内在逻辑及对象的独特属性所设定的，旨在促进主体、对象及活动本身预期发展成果达成的目标。为激发教师的专业发展动力，合理目标应当根植于教师的实际状况，以全面提升教师的综合素质为核心，并确保这一目标能够渗透于教师的日常教育教学实践之中。

一个合理的目标应具备以下三个显著特征：

第一，目标的整体性。这一特征强调事物间的相互联系及整体框架的重要性，注重目标的逻辑连贯性。它要求我们以全面的思考方式，从宏观视角出发设定目标，确保目标体系内在的协调一致。

第二，目标的具体性。即目标应根据具体情况和特定问题来制定，通过分析思维将总体目标细化为若干子目标，并逐一加以实现。具体性使得目标更加明确、可操作，有助于教师清晰地认识到自己需要努力的方向和路径。

第三，目标的灵活性。在达成目标的过程中，应根据不同场景和时间的变化来灵活调整目标。灵活性使得目标能够适应外部环境的变化和内部条件的调整，确保目标始终与教师的实际发展状况和发展需求相契合。

因此，乡村小学教师的专业发展动力的合理目标，不仅需要基于教师的实际发展状况，体现教师的发展需求和愿景，还应具备内在的逻辑性、具体性、操作性、灵活性和可行性。这样的目标才能有效地激发教师的专业发展动力，促进教师的全面发展。

### （二）合理目标是乡村小学教师专业发展动力生成的启动器

设定合理的目标对于激发乡村小学教师的专业发展动力具有至关重要的作用。首先，合理的目标具备明确的导向功能，它为乡村小学教师的专业发展指明了清晰的方向，帮助他们在纷繁复杂的职业生涯中规避迷茫与困惑，确保专业发展路径的准确性与高效性。合理的目标因其具体性和层次性而显得尤为重要。乡村小学教师可以根据这些具体目标的要求，有计划、有步骤地推进自己的专业发展，实现由易到难、由浅入深的逐步提升，从而确保专业发展的系统性和连续性。

此外，合理的目标还发挥着强大的激励作用。它不仅能够激发乡村小学教师对专业发展的渴望和追求，还能进一步调动他们在专业发展上的积极性和主动性。在目标的引领下，教师们会更加投入地参与到各种专业学习和实践活动中，不断提升自己的专业素养和教学能力，以期实现个人价值与社会贡献的双重提升。

### （三）为乡村小学教师的专业发展制定合理的发展目标

为了有效形成乡村小学教师专业发展动力，需精心制定合理的目标，并遵循以下逻辑路径：

第一，确立以教师为主体的目标设定原则。在制定乡村小学教师专业发展动力的合理目标时，必须坚持以教师为中心，充分尊重教师的主体地位。教师主体的目标设定应基于其专业能力、性格特点、个性属性及成长需求，特别是要深入考虑教师在教学实践中的实际状况和应有的发展空间。教师主体即意味着目标的构建依赖于教师自身，是教师自我成长目标的具体体现。从个体视角来看，教师的专业发展是一种自我驱动、具有个性化特点的学习过程，因此，学习目标的设定本质上应由教师自身来决定。明确教师主体的目的，是为了确立目标构建的方向和基本需求，即乡村小学教师专业发展动力生成的合理目标的元价值取向。

深层次而言，构建合理目标是通过科学和合理的目标设定来激发教师的专业发展动力，促使教师在专业发展和精神层面上实现主动、积极和健康的提升。总体而言，教师主体明确了目标构建的出发点，通过教师主体展示了目标构建的主体性，从而揭示了目标构建的基本方向。通过对起点、过程和终点的主体性进行综合分析，可以在一定程度上助力乡村小学教师在专业发展中形成合理的目标体系。

第二，全面规划和设定乡村小学教师专业发展的合理目标。教师首先是一个完整的个体存在，人不仅具有自然属性，还展现出社会性、意识性、超物性等多重特质。从根本上讲，人是一种完整的存在，这种完整性体现在人的知识、情感、意志、行为的统一，以及生命和精神的完整性上。因此，乡村小学教师作为一个完整的个体，其专业发展的合理目标应是促进人的全面发展，并充分体现教师作为主体的整体性。在构建合理目标时，我们不仅要考虑认知、情感和动作技能等领域，还要充分体现教师的价值观、思维转变和精神成长，实现教师专业知识、技能与素养的全面提升。

第三，呈现合理目标的梯度分布。在构建乡村小学教师专业发展动力生成的合理目标时，我们应遵循人类认知的基本原则，从外部目标到内部目标、从基础目标到高级目标、从表面目标到深入目标逐步构建，以促进教师专业发展动力的逐步形成。根据目标的展现方式和达成难度，我们可以将乡村小学教师职业发展的动力目标体系分为表层、中层和深层三个层次。

表层目标是教师职业成长的直接驱动力，如通过课堂观察、视频分析和互动交流等方式提高教学能力，以更好地适应教学环境并胜任教师职责。中层目标位于表层目标与深层目标之间，起着连接桥梁的作用，它进一步涉及教师提升自身专业素质的努力，关注焦点已从教学环境或生存需求转向自主成长和发展。深层目标则是教师职业成长的核心驱动力，更多集中在塑造独特的教学方式、思维方式，以及确保核心价值和精神得到充分体现。实现深层目标需要教师全面理解和批判性地借鉴他人的教学方法，依赖于对自身教学能力的全面提升、深入总结和反思。

只有在整合中创新、在操作中反思、在批判中吸取教训，才能有效推动教师个性化教学风格的塑造。因此，乡村小学教师的专业发展动力的深层目标反映了教师专业发展的长期目标，是教师可持续发展的基本目的。

在此基础上，为了制定乡村小学教师专业发展的合理目标，我们需要根据教师的实际发展情况，逐步、分级、多维度地建立一个合适的目标框架，确保目标既具有针对性又具有可操作性，以有效激发教师的专业发展动力。

## 二、强化乡村小学教师在专业发展过程中的实践反思

### （一）实践反思解读

反思不仅被视为一种思维模式和意识状态，同时也被理解为一种实际操作和行为过

程。它不仅使个体的行为变得更为明晰和有意识，而且在主体的行为中扮演着指导、观察和调节的关键角色，赋予主体行动以明确的目标导向和规律性。康德深刻指出，反思并非直接从对象中抽取概念的过程，而是一种特定的心灵状态。在这种状态下，我们首要的任务是识别那些能够引导我们理解概念的各种主观条件。

反思作为一种意识，揭示了被给予的表象与我们不同知识来源之间的内在联系，唯有通过这种意识，我们才能准确地界定各种知识来源之间的相互关系。显然，当我们将反思视为一种意识时，它并非指向外部世界或行为，而是从主体的内在视角进行自我审视。反思首先代表了对自我意识的觉醒和敏锐洞察，它是一种高度的觉醒状态。此外，反思还体现了一种预先设定的、有计划的结构，它蕴含着一种预期的期望和方向，而非仅仅是事后的被动认知。杜威则进一步阐述道，所谓的思考或反思，实质上是确定我们所探索的事物与实际产生的后果之间的联系。这一对象既涵盖了事件的进程，也包括了事件所带来的结果。

杜威明确指出，所有的思考过程都起始于正在发生的事件，从其当前状态来看，这类事件要么是未完成的，要么是尚待完善的。"反思"是对事件最终结果的深切关注，它将个体的命运以及整个事件的走向以充满同情和戏剧性的方式视为至关重要的事项。无论是新版还是旧版的《辞海》，都对反思进行了多维度的阐释：一方面，它是个体通过自我意识或元认知来认识、监控和调整自己的心理或思维活动的一种方式；另一方面，它也是个体从自己过去对事物的感知中获取知识的一种途径，即通过重新审视与其他个体具有相似性的内心世界，从而获取关于人的心理和思维活动的新洞见。

反思这一概念既涵盖了内在的思考过程，也延伸到了外在的探索行为，作为一种收集、研究和探索的手段，它标志着反思已经深入到了实际操作领域。因此，我们可以从观念、意识、实践和行为等多个维度来深入分析和理解反思。

实践反思，即在实践基础上的反思。它有两层意思：

第一，实践反思以实践为基石。实践，作为人类存在的基本方式，是人类有意识地改造世界的活动。从马克思主义的视角出发，"实践是一种主观见之于客观的能动性活动，它不仅是推动人类社会进步的普遍基础和动力源泉，而且是知识形成与发展的根本途径和驱动力"。有学者进一步阐释道，实践的本质在于"它是人的感性活动，是人的对象性活动，是人带着明确目的对客观世界进行改造的行为"。对于乡村小学教师而言，实践活动主要聚焦于专业发展领域，这既涵盖了他们的教育教学过程，也延伸到了日常生活中的实际操作层面，构成了他们职业发展的坚实基础。

第二，实践反思的核心旨趣在于通过深入反思来优化和改进实践。乡村小学教师的反思活动建立在丰富的实践经验基础之上，这要求他们对自己的日常教学活动进行深度的反思与分析。通过这一过程，教师们能够更全面地审视自己的教学方法，更深入地认识自我，从而在实践中不断调整和完善自己的教学策略，提升教学效能。实践反思不仅是对过去实践的回顾与总结，更是对未来实践的规划与展望，它促使教师在实践中不断学习、成长和进步。

### （二）实践反思是乡村小学教师专业发展动力生成的载体和深层原因

实践活动构成了乡村小学教师的生活方式，并且是驱动其专业发展的关键力量源泉。乡村小学教师的专业发展动力与日常的教育教学活动紧密相连，正是教育实践中涌现的诸多矛盾，催生了这种发展动力。这些矛盾可能源自教师个人的困惑、师生关系的复杂性、同事间的人际互动、领导的管理策略、社会或家庭的多重压力等。丰富的实践活动不仅使乡村小学教师的生活和专业发展路径更具吸引力，而且为他们的专业发展提供了源源不断的动力。

反思以实践为基础，构成了乡村小学教师职业成长的核心驱动力。这是一种在实际操作中的行动性反思，即教师在面对问题时，能够以一种新的视角重新审视自己的行为和所见所闻，进而产生新的结果，构建新的行动模式。具体而言，它涵盖了"对实践的深入思考、在实际操作中的即时反思以及对实践过程的后续反思"。需要强调的是，"为了实践的反思"并非意味着乡村小学教师的实践活动是反思的终点，而是指通过反思，教师能够在实践中实现有效的专业发展。这种反思不仅能够激发乡村小学教师的专业发展动力，提升其专业素质，更为重要的是，它能够推动乡村小学教师实现有效、持续、终生性的成长。

实践不仅是乡村小学教师专业发展的驱动力，也是他们专业进步的关键载体。实践并非仅仅是一种基于逻辑的行为，而是一个融合了情感与创意的过程。乡村小学教师的专业发展动力主要源自实践，只有在这样的实践中，他们的反思才具有意义并成为可能。"对实践的反思"是乡村小学教师反思的核心主题。在日常的教学活动中，教师的授课方式、学生的行为表现、课堂的空间布局、时间的分配以及各类教育事件，都成为了教师反思的焦点。通过对这些行为或事件进行深入的分析和重新思考，乡村小学教师能够更好地积累经验，并更加明智地应对和处理这些行为或事件。

总的来说，对于乡村小学教师的专业发展而言，反思已成为推动其专业进步的核心驱动力。

## （三）推进乡村小学教师专业发展过程中的实践反思

加强对乡村小学教师在专业发展过程中的实践反思，将有助于激发乡村小学教师的专业发展动力。一方面，教师主体需要形成实践反思的意识、落实反思行为、扩大反思的范畴，促进教育教学中实践反思的常态化；另一方面，需要拓展教师实践反思的深度，增强其深刻性，促进教师主体实践反思品质的提升，进而激发和生成乡村小学教师专业发展动力。

### 1. 乡村小学教师实践反思的常态践行

乡村小学教师的实践反思常态化要求教师应培育积极的反思态度，并主动对自身的教育教学方法进行深度剖析与辨证审视。这一常态化的实践反思涵盖教师的主体反思意识、反思思维及反思行为的持续介入，并贯穿于教师专业发展的全过程。

首先，需明确意识是主体对客观世界的积极回应与主动建构。教师的主体反思意识，体现了教师对自身专业发展的深刻洞察，是教师对自身发展观念、行为及活动的主动审视、观察与批判性评估。在实际教学过程中，教师面临繁重的教学任务、不断变化的环境及复杂的人际交往网络，往往倍感压力，难以全面审视自己的观点和行为。反思意识作为一种对意识的觉知，当与目标对象相遇时，能迅速与其建立深层的意义联系，使其在模糊或隐含的背景中凸显出来，从而被意识所捕捉。强烈的反思意识能增强教师的自我意识，使其行为更加自觉。在教师专业发展过程中，实践反思意识的常态化体现了教师对自身成长行为和活动的持续认知，有助于教师形成反思观念，建立反思思维，并践行反思行为。因此，增强乡村小学教师的专业发展动力，需培养他们对实践的反思意识，使他们更加自觉且达到反思常态化。

其次，反思思维是对特定问题的持续、认真和深入思考，基于某一信念或假设的知识，对其基础及进一步得出的结论进行积极、持久和细致的思考。反思思维具有以下几个显著特征：一是持续性，反思思维由一系列待思考的事项构成，各连续环节相互依存、相互补充；二是高度抽象性，不仅局限于直接可感知的事物，还涉及对事物心理印象及内在逻辑联系的深入思考；三是目标导向性，以明确目标为基础，旨在通过深度分析和思考理解事物内在联系，探寻事物真谛，并致力于问题解决；四是激励性，能激励个体主动探寻问题根源，逐渐建立坚定信念；五是基于证据，反思思维基于证据构建信念，并通过证据展现。

教师应运用推理、分析、综合、比较和批判等方法，对专业发展活动和行为进行全面、连贯和细致的审查与思考，提升反思思维品质。教师实践中的反思思维持续参与，有助于将反思意识转化为反思性实践活动，激发乡村小学教师的专业发展动力。

最后，反思行为是反思意识的实施和实现，通过反思思维的连接作用，反思意识在实践中发挥作用。将乡村小学教师的实践反思行为常态化，不仅能促进教师主体反思意识的实践，还能增强教师专业发展实践的目的性，激发其发展动力，提高发展质量，推动专业发展。

在乡村小学教学过程中，教师实践反思行为的常态化主要体现在三个方面：一是教师应擅长制定合适的专业发展策略，综合考虑教学经验和教学环境，制订实际有效的专业发展方案，并确保有效执行；二是教师应有意识地编写教学反思日记，详细记录专业发展的影响要素、进程和成果，并对日记中的成果和不足进行深入反思；三是教师应通过个人叙述方式，详细展现专业发展过程中的观念转变、内心情感变化等。乡村小学教师的实践反思逐渐自觉化，这种常态化的反思行为为教师的持续发展提供了坚实基础。

**2. 提升乡村小学教师实践反思的品质**

从反思层次的视角出发，提升乡村小学教师的实践反思能力，对于增强其实践反思的质量，进而激发其专业发展动力具有重要意义。范梅南，作为教育现象学领域的资深研究者，通过对教师实践与反思的深入探究，将教师的反思能力划分为三个层次：首先是技术合理性层次，此阶段教师主要基于个人经验进行非系统性的反思，缺乏对教育目标与价值的深入审视，属于一种经验性的分析方式；其次是实践行为层次，教师在此阶段不仅关注教学成果，还需深入剖析和阐释教学过程中的因果关联、教师信念与经验、学生学习意向与经验，以及教学具体情境；最后是批判性反思层次，教师着重关注教学过程中的伦理道德问题，以及潜藏于教学背后的权力与文化背景，强调对教学价值的深度评估，并认识到教育在社会进步与改革中的关键作用。

挪威教育学者汉德和莱沃斯则基于对教师日常教学活动的观察与深入理论分析，提出了教师反思的三层次框架：第一层次是对常规教学行为的间歇性反思；第二层次是对教学计划、行为及效果的系统性反思；第三层次是对教学实践及其行为在道德伦理方面的反思。此外，学者们在借鉴哈贝马斯关于人类兴趣分类的理论基础上，将教学反思进一步细分为技术性反思、实践性反思及解放性反思。

技术性反思旨在通过深入思考教学方法、工具、方式及路径，以经济高效的方式提升教学效果，但可能过分强调教学工具的价值，而忽视了教师的主体性与个性化教学风格；实践性反思主要聚焦于教学环境与教师的个人经验，如肖恩所提的"在行动中反思"，即教师在日常教学活动中边行动边思考，应对课堂冲突、不确定性与独特性，此层次反思不仅涵盖教学过程与结果，还涉及教学情境、学生学习经验与教师的个人经验；解放性反思则不仅关注事件本身，更深入批判事件背后所隐藏的权力、人际关系与文化背景，主张教师应揭示和批判具有压迫性与支配性的事物，并努力将批判意识付诸实践。

通过深入分析教师反思水平的相关研究，可以清晰地看到，教师的反思水平是一个由简单到复杂、由表面到深层的逐步演进过程，同时也是教师主体从关注自我，到关注学生与情境，再到关注社会与文化发展的过程。基于此，乡村小学教师的实践反思能力可划分为以下三个层次：

第一层次是技术层面反思。教师主体的反思主要集中在教师行为的规范性、发展策略的有效性及预期目标的达成性上，研究对象主要是教师的行为表现等，这属于日常性的经验性反思，缺乏系统性与深刻性。

第二层次是实践深度反思。教师主体不仅要反思自己的专业成果，更要深入关心影响教师专业发展的各种因素、内在逻辑及价值观。此时，教师的反思焦点已逐渐从教学行为转向教师专业发展的背景及各因素间的复杂联系，表现出更强的针对性、系统性与深度。

第三层次是批判性反思。教学不仅是知识传递的方式，也是文化遗产的传递活动。在乡村小学教师的专业发展实践中，批判性反思层次意味着教师主体应更加重视对自身专业发展的价值观、道德性与伦理性的深度反思，以及对教师专业发展与教学发展变革的批判性思考，揭示了教师主体在反思过程中对社会、文化、道德与伦理层面的深入关注。

总的来说，各层次的反思均具有其合理性、针对性、局限性与实践价值。由于教师的个人经验与发展水平存在差异，乡村小学教师的实践反思也会呈现出不同的层次。为提升教师在实践中的反思质量，应推动教师从技术层面反思向实践与批判性反思转变，这将进一步增强乡村小学教师实践反思的全面性、系统性与深入性，为乡村小学教师的专业发展注入新的活力。

## 三、打造乡村学校变革性文化

### （一）学校变革性文化解读

"文化"是一个比较抽象的词，很难进行确定性的定义。恩斯特·卡西尔在《人论》中谈道："对于理解人类文化生活形式的丰富性和多样性来说，理性是个很不充分的名称。但是，所有这些文化形式都是符号形式。因此，我们应当把人定义为符号的动物来取代把人定义为理性的动物。只有这样，我们才能指明人的独特之处，也才能理解对人开放的新路——通向文化之路。"在这里，他指出所有文化形式都是符号形式，人是符号的动物。由此可见，文化也就是符号的集合，它是人类在生产过程中对各种实体进行抽象后形成的符号的集合。

另外，《辞海》将文化定义为："广义指人类在社会实践过程中所获得的物质、精神的生产能力和创造的物质、精神财富的总和。狭义指精神生产能力和精神产品，包括一切社会意识形式：自然科学、技术科学、社会意识形态。"关于文化的定义，学术界存在诸多观点，难以达成普遍共识，这一现状恰恰凸显了文化的多样性与复杂性特征。

要深入理解文化，可以从以下三个维度进行剖析：首先从时间维度来看，文化是基于特定历史背景而形成的，是历史长河中沉淀下来的产物。它不仅与过去紧密相连，更在于对当下的重塑以及对未来的展望。文化在时间的长河中不断演化，既承载着历史的印记，又影响着现实的发展，还预示着未来的趋势。其次从空间维度来审视，文化对各个领域的关注并非均等，而是呈现出不同程度的关注。文化渗透到社会的各个角落，无论是在政治、经济、教育还是艺术等领域，都能找到文化的身影。

它以一种无形的力量影响着各个领域的发展，使得不同领域呈现出各自独特的文化特色。最后从文化形态的角度来看，文化可以分为明显的文化（即物质文化）和潜在的文化（即精神文化）。物质文化是人们可以直接感知到的文化形态，如建筑、服饰、饮食等；而精神文化则是深藏于人们内心深处的文化观念、信仰和价值观等。这两种文化形态相互交织、相互影响，共同塑造着人们的生活方式和思考方式。

学校的变革性文化构成了学校文化的核心组成部分，它的显著特征在于变革性、活力以及创新性。这一文化形态并非一蹴而就，而是学校在历史发展的长河中逐步孕育与形成的。在塑造学校变革性文化的过程中，领导力的作用显得尤为关键。唯有那些具备敏锐洞察力、广阔视野及远大抱负的领导者，方有可能引领学校实现变革性文化的全面构建与深化。人，作为学校变革性文化的核心要素，涵盖了从事教学工作的教师、负责行政管理与后勤服务的工作人员，以及学校的学生群体。

文化的精髓深深植根于人之中，而学校的创新文化正是基于人们观念的更新与实际行动的实践。换言之，学校创新文化的培育与发展，离不开个体观念的革新与实践活动的推行。此外，学校的组织制度对于变革性文化的建设同样具有举足轻重的作用。一个合理、包容、鼓励且开放的组织制度，能够为学校的变革性文化建设提供坚实的支撑与保障。

### （二）学校变革性文化是乡村小学教师专业发展动力生成的活跃因素

学校变革是一项以特定学校为基点的改革活动，特性在于自主性、渐进性以及鲜明的个性标识。通过持续不断的变革进程，学校逐渐孕育并形成一种积极的学校文化。这种文化对于维护组织的学习氛围、开放态度和反思精神至关重要，它确保学校能够紧跟时代步伐，持续焕发发展活力，为学校的长远发展提供坚实保障。在此文化环境之下，农村小学教师的职业成长获得了强大的驱动力。

首先要明确的是，乡村小学教师构成了学校变革文化的核心驱动力。正是他们在教学观念、学生观念、评价观念上的更新，以及教学方法的转型，共同推动了学校文化的深刻变革。乡村小学教师的专业发展动力与学校文化的这一转变过程紧密相连，相辅相成。乡村小学教师深受学校变革性文化的熏陶与影响。这种文化不仅激发了他们追求专业发展的内在动力，还使他们满怀激情地投身于教育教学实践之中。在这样的文化背景熏陶下，乡村小学教师普遍秉持开放包容的心态，积极接纳新事物，勇于尝试各种创新的教学方式。

### （三）创设乡村小学教师专业发展动力生成的学校变革性文化

文化乃人类及其意义构建之基石。"唯有文化活动中，无论其更新抑或持续，人方能真正成为人，并与其他生物相区分。"文化不仅具有滋养与促进作用，还能增进认同感与归属感，深化人际联系，激发积极动力。学校变革性文化，乃教师主体、他者及教学环境有机互动之产物，对教师专业发展具有积极作用。

乡村小学教师职业成长之学校文化变革，主要涉及人际交往、学习组织及学校场域文化三方面。

第一，教师主体间的人际交往文化，源于教师与他者的积极互动与沟通。此关系文化体现于教师交往方式、频率、深度及所形成的人际关系。积极的交流文化鼓励教师走出自我领域，加强经验分享与智慧交流，促进教师专业视野拓展与职业发展。故需构建健康的人际交往氛围，以激发教师专业发展潜力。

第二，学习组织文化，乃教师为推动专业发展而共同构建的学习共同体，体现学习型文化氛围。此集体文化具有群体共识、目标及细致学习计划，对成员专业发展具有指导作用与规范功能。深入学习组织文化可促进教师相互观察与讨论，推动互相学习与共同进步。学习型组织增强了教师间互动与联系，为其相互学习与讨论提供实践场所，同时其文化属性对教师专业发展起到激励与规范作用。学校管理者应通过教育研究活动塑造积极的学习与组织文化，推动乡村小学教师职业成长。

第三，学校场域文化反映学校发展愿景、规划设计、规章制度及运行机制等独特文化，对个体世界观、人生观、价值观塑造具有重要影响。教师专业发展动力受学校文化背景制约与影响。开放、激励、包容及积极的学校文化环境有助于加强教师间互相学习与职业成长。

乡村小学教师专业发展动力受人际交往文化、学习组织文化及学校场域文化共同影响。和谐的人际交往文化、积极的学习组织文化及鼓励性的学校场域文化，共同构成推动乡村小学教师专业发展的学校变革性文化系统。

## 四、创建乡村小学教师专业发展动力生成的支持性环境

### （一）支持性环境解读

支持性环境，核心在于促进并支持内部主体的成长与发展。从实体性维度审视，支持性环境囊括了多种物质领域，尤其是主体直接或间接所处的环境范畴。而从关系性维度探究，支持性环境则更加强调在诸多物质领域中形成的复杂、多样、非线性、动态及开放的联系网络，这些联系对主体，尤其是其心理状态，产生了深远的影响。显然，这种影响既具有显著性也蕴含潜在性，且呈现出积极、主动及持续发展的特征。这里从物理空间与心理空间这两个核心维度进行深入剖析。同时，我们不可忽视时间因素对主体成长的至关重要性。

布迪厄曾明确指出："实践是在时间的流逝中逐步形成的，并在此过程中获得了其有序的表现形式，以及由此衍生的深远意义与方向。"实践活动中的时间结构，如节奏、速度和方向等，为我们赋予了深刻的意义内涵。在实际操作层面，行为者能够清晰地感知到时间从过去流经现在，再迈向未来的不可逆转性。这种无法规避的时间结构及时间的单向流动特性，使得行为者在实践中常常体验到一种"紧张"乃至"紧迫"的情感体验。在这种情感的驱动下，行为者在实践中往往无暇停驻进行细致的观察与自我反思，而必须迅速且恰当地应对各种情境。

因此，时间被视为支撑性环境的关键构成要素。我们需深入理解时间的单向性属性，并密切关注与时间紧密相关的历史脉络、现状特征以及未来发展趋势。同时，我们应主动运用因时间不可逆特性而产生的个体紧张感，通过合理且高效地整合空间与时间元素，有效推动个体的成长与进步。

## （二）支持性环境是乡村小学教师专业发展动力生成的重要保障

在特定的时空框架内，乡村小学教师作为核心参与者，专业发展动力的激发深受这一时空环境的影响。从物理空间场域来看，它为乡村小学教师的专业发展动力提供了基础性的承载平台。物理空间不仅作为教师日常教学活动的场所，还在特定氛围中塑造出相应的心理空间场域，这一心理空间场域对教师的专业发展动力生成具有重要影响。

考虑到教师所处的具体社会环境，它为教师的专业发展提供了必要的外部支撑。然而，社会环境的不确定性要求教师具备筛选和应对的能力，既需规避可能阻碍专业发展的不利因素，又要善于利用有利条件促进职业进步。学校环境作为教师职业生活的主要场所，无疑成为教师专业发展的关键动力源之一。教师大部分时间在学校中度过，学校提供的资源、氛围和支持条件对乡村小学教师的专业发展起着至关重要的支撑作用。

时间因素在乡村小学教师职业成长动力的形成中同样扮演着关键角色。充裕且自由的时间为教师专业发展提供了必要的动力源泉，使教师能够有机会进行深入学习、教学反思和实践探索。同时，时间的不可逆性和瞬息万变效应也给教师带来了强烈的紧迫感，这种紧迫感在一定程度上转化为教师追求专业发展的内在动力，进一步激发了他们的专业发展热情和积极性。因此，物理空间、社会环境、学校环境以及时间等因素共同构成了乡村小学教师职业成长动力的多维保障体系。

## （三）构建乡村小学教师专业发展动力生成的支持性环境

为了激发乡村小学教师的专业发展动力，构建一个强大的支持性环境至关重要。从系统论视角出发，该环境涵盖时空背景、平台支持条件及制度保障体系三大要素。

首先，时空背景是乡村小学教师专业发展的基础。物理意义上的时空，即技术驱动的时间与直观的空间，为教师提供了存在和成长的直接支撑。心理意义上的时空，则反映了教师个体的内在感知，由教师主体、他人与教学环境互动构建，影响着教师的专业实践能力。因此，应充分利用时空环境，为教师提供足够的时间和空间进行专业活动，并构建优质的教学环境，鼓励教师间积极互动，形成有利于学习和发展的氛围。

其次，制度保障体系是驱动乡村小学教师专业发展动力的关键。制度不仅包括正式的规章制度，还涵盖非正式的行为规范。制度具有满足和限制人们需求的功能，通过在满足与限制之间产生张力，推动人的发展更加合理和理性。为了激发教师的专业发展动力，应建立科学的制度保障体系，结合教师观点，通过民主讨论和协商，制定促进教师专业发展的保障机制，明确规章制度，同时允许教师共同体根据实际需求制定灵活的规章和条例。

最后，平台支持条件是乡村小学教师专业发展的必要支撑。学习研修平台旨在推动教师职前职后综合发展，由各级教师教育机构组成，应确保功能清晰、职责明确，促进合作和协同。实践表演平台则为教师提供展示专业发展成果和个人价值的舞台，通过组织案例研讨、教学竞赛等活动，增强教师的存在感和自我效能感。

# 第五章　乡村振兴视域下乡村小学教师角色重构

## 第一节　小学教师专业标准

小学教育作为个体生命历程中的关键阶段，教学质量不仅关乎学生的长远发展，也承载着万千家庭的期望，乃至影响国家的未来走向。自 20 世纪 80 年代以来，全球诸多先进国家纷纷制定教师专业标准，以此强化教师职业的专业性，推动教师专业化发展，中国亦不例外。同时，随着我国基础教育课程改革的不断深化，教师队伍建设已提升至重要议程。2012 年 2 月 10 日，教育部颁布《小学教师专业标准（试行）》，该标准从道德、知识、能力三个维度明确了合格小学教师的专业素养要求，标志着我国教师专业化进程迈出新步伐。早在 1994 年，《中华人民共和国教师法》便首次在法律层面确立了教师的职业地位。而《小学教师专业标准（试行）》的出台，则是对小学教师基础素质和职业要求的系统梳理和标准化，旨在保障小学教师的专业地位，提升其专业能力。

### 一、《小学教师专业标准（试行）》的意义

《小学教师专业标准（试行）》针对小学教育体系中存在的性教育缺失、变相体罚及教育内容同质化等突出问题，对教师提出了具体而有针对性的指导要求。那么，专业标准是高标准还是底线，能为教育起到怎样的推动作用？

#### （一）对《小学教师专业标准（试行）》的理解

《小学教师专业标准（试行）》为评估小学教师是否达到现代小学教育要求及适应当前教育环境提供了明确基准。成为一名合格的小学教师，必须遵循该标准所设定的要

求，进行自我培养与专业发展。此标准指引了教师成长的方向，是小学教师不断提升自我、适应教育变革的重要依据。

### 1. 教师专业标准的概念

"专业"一词，在"教师专业标准"中占据核心地位，尽管它在日常语境中广为人知，但内涵却常遭误解，常与"职业"等概念混淆。从语源学角度看，英语中的"profession"源自拉丁语，原意为公然表达观点或信仰。相较于"trade"（行业）所蕴含的中世纪手工业的神秘氛围，以及"vocation"（职业）的相应概念，"专业"在汉语中则指高等教育机构或中等专业学校根据科学或生产部门分工所划分的学业类别，或在产业部门中根据产品生产阶段所划分的业务部门，亦指专门从事特定工作或职业的情形。

综上，"专业"具备以下核心特征：建立在系统化、高度专业化及复杂深入的知识和技能基础上；从业人员需接受长期系统学习和培训，通过严格考核获得专业资格；拥有明确、细致和标准化的专业准则，以垄断方式从事对社会至关重要的工作，并在社会中享有较高的地位和决策权。教师职业若欲跻身"专业"之列，亦需具备这些独特属性。

"标准"一词在多元语境下各具意义，尤其在知识经济和知识社会背景下，已逐渐成为日常生活的一部分，并在各方面展现影响力。在汉语中，"标准"代表评估事物的准则，基于科学、技术和实践经验综合成果，旨在实现最优社会秩序和推动最大社会效益，经相关方面协商一致后，由主管部门批准并以特定形式发布。标准在社会生活中不可或缺，制定标准旨在避免集体生活中的随意性，降低冲突，提高工作效率。

标准是社会生活中不可缺少的东西，"标准的建立就是为了克服团体生活中无标准下的任意性，以此减少冲突，提高效率"。❶

教师专业标准，是由国家教育机构根据特定教育目标和教师培训目的所制定，关于教师培训和教育活动的指导性文档。该文档详细列出教师专业构成中应遵循的执行标准和方法，小学教师专业标准主要分为通用标准和专业标准两类。通用标准是国家为小学教师设定的统一、政策导向性标准；专业标准则为具体、业务性的专业发展准则，涵盖教师专业伦理、专业知识和专业能力等多方面。作为执行教育任务的专业人士，教师需接受严格培训和教育，具备高尚职业伦理，掌握全面专业知识与技能。教师专业标准为教师在专业伦理、工作态度、专业知识、专业技能和实践能力等方面设定了明确的质量标准，相关部门可据此评估和衡量教师的专业发展水平。若教师专业标准缺失或描述含糊，则教学仅能停留在"职业"阶段，难以晋升至"专业"层次。

---

❶ 郑也夫、代价论：《一个社会学的新视角》，北京三联书店，1995，第85页.

**2. 教师专业标准的特点**

相较于教师资格证作为教师从业的门槛证明，以及《教师职业道德规范》对教师行为进行的定性描述，教师专业标准则构成了一种更为全面的教师评估体系，它是在"素质教育"背景下制定的专业评价准则。"资格"是从事教育行业的基本前提，表明个体具备了必要的技能和条件；"规范"则是对教师行为的一种定性指导，它的内涵难以精确量化；而"标准"则是对特定范围内重复事项和观念的统一界定，具有明确的可操作性和衡量性。

新颁布的《小学教师专业标准（试行）》呈现出以下显著特征：

（1）强化道德标准

标准明确规定了教师的道德准则，强调教师需恪守职业伦理，增强对教育和培养学生的责任感与使命感，并践行社会主义核心价值观，以此作为教师职业行为的重要基石。

（2）凸显学生中心地位

标准突出学生在教育过程中的核心地位，要求教师尊重并关爱学生，充分激发学生的主观能动性，为他们营造适宜的教育环境，促进每位学生的主动发展和全面成长。

（3）重视实践能力

标准强调实践能力的重要性，倡导教师将学科知识、教育理论与教育实践紧密结合，通过持续的研究和改进教育教学工作，不断提升自身的专业能力，实现理论与实践的深度融合。

（4）体现时代特色

标准反映了当前时代的独特要求，指出教师需要主动适应经济、社会和教育的发展变化，不断优化知识体系，提升文化素养，成为终身学习的典范，以应对教育领域的挑战和变革。

**3. 教师专业标准的类型**

教师的专业标准依据不同维度可划分为多种类型，每一类型均体现了特定的分类逻辑和应用范畴。

（1）基于教学经验的分类

教师专业标准可根据教学经验划分为四个层次：

一是师范生专业标准，针对正在接受师范教育的在校大学生，为其未来的职业生涯奠定基础。

二是初任教师专业标准，适用于新入职且工作不超过三年的教师，旨在帮助他们快速适应教学环境，提升教学技能。

三是经验教师专业标准，针对已工作三年至五年的教师，强调深化教学理解和提高教学效能。

四是专家教师专业标准，针对在某一学科领域工作超过五年、专业发展成熟的教师，注重教学创新和专业引领。

（2）基于适用范围的分类

教师专业标准还可根据适用范围划分为四个级别：

一是国际教师专业标准，适用于不同国家，反映各国教师专业发展的共性，如联合国教科文组织和国际劳工组织发布的《关于教师地位的倡议书》。

二是国家教师专业标准，代表国家对教师专业发展的最高要求，作为指导教师职业成长的全国框架。

三是地方教师专业标准，在国家标准指导下，根据地方教育发展状况制定，满足地方实际需求，如适应我国东部、中部和西部发展水平的地方标准。

四是学校教师专业标准，由特定学校根据其办学特色和发展状况制定，为学校教师的成长和评估提供明确方向。

（3）基于学科类别的分类

教师专业标准可根据涉及的学科类别划分为：

一是文科和理科教师专业标准，涵盖广泛的学科领域。

二是具体学科教师专业标准，如语文、外语、数学、历史等学科的专业标准，体现学科特色和教学要求。

（4）基于学校级别和办学特点的分类

教师专业标准还可根据学校级别和办学特点划分为：

一是幼儿园、小学、中学、大学教师专业标准，体现不同教育阶段的教学特点和要求。

二是国际学校、私立普通学校、公立普通学校教师专业标准，根据学校的办学特点和发展状况制定，满足不同类型学校的需求。

这些标准的制定对于规范国际化教师团队、提升教师专业素质、确保教学质量以及维护国家形象具有重要意义。通过不同维度的分类，可以更加全面地理解和应用教师专业标准，促进教师职业发展的多样化和专业化。

## （二）《小学教师专业标准（试行）》的意义

在《国家中长期教育改革与发展规划纲要》中，明确提出了构建高质量、专业化中小学教师团队的战略目标，强调了教师专业标准在推动教师专业化发展进程中的基础性地位。1993年颁布的《中华人民共和国教师法》首次从法律层面界定了教师为"执行教育教学任务的专业人士"，然而遗憾的是，该法律及其后续的相关法律文件和政策并未对教师作为专业人士应具备的基本素养和要求作出具体而详尽的规定。

《小学教师专业标准（试行）》的出台，标志着我国针对小学教师职业特性制定了首个专门的政策文件。该标准被明确界定为"对合格小学教师的基础专业要求"，这意味着它超越了学科界限和教师发展阶段差异，提出了所有小学教师必须共同遵循的基本准则。这些准则不仅体现了对小学教师专业素养的全面要求，而且具有普遍适用性和指导性。制定科学、合理的教师职业准则，对于提升教师队伍整体素质、规范教师教育教学行为、促进教育公平与质量提升等多个领域均具有深远意义和影响。因此，我们应高度重视《小学教师专业标准（试行）》的实施与完善，将其作为推动小学教师专业化发展的重要抓手，为构建高质量、专业化的中小学教师团队提供有力支撑。

### 1. 提高教师队伍素质，促进教师队伍管理

教师职业不仅独具特色，更是一项要求专业技能与素养的工作。严格意义而言，并非人人皆能胜任教育行业，教师职业自身蕴含着一套严格的标准体系。那么，这些标准究竟如何体现？何种素质的人才具备从事教育行业的资格？为明确这一界限，我们必须依托教师的专业准则加以规范和设定具体要求。唯有那些符合教师职业标准的人，方有资格跻身教师行列，从事教育工作。长期以来，由于我国缺乏统一的教师专业标准，导致教师队伍的质量存在较大差异，进而影响了教师整体素质的提升。这一现状无疑对教育事业的发展构成了制约。而《小学教师专业标准（试行）》的颁布实施，为小学教师的入职、评估及离职提供了一套相对统一且客观的标准体系。更为重要的是，《小学教师专业标准（试行）》的实施对于强化教师团队的管理机制、提升教师整体素质以及引领教育事业朝着科学化、规范化的方向发展具有至关重要的意义。

### 2. 有效指导教育教学，提升教育质量

教育与教学既是一门科学，亦是一种艺术，它既蕴含独特的方法论，又不拘泥于固定的模式框架。尽管教育与教学理论已经阐明了一系列核心原则与策略，从教师的个体视角出发，或对于每一位教师而言，在教育与教学过程中应秉持何种观念、展现何种行为、持有何种态度，仍需有明确的标准予以指引。教师专业标准正是为教师在观念层面、

知识层面和行为层面设定了清晰明确的规范。遵循这些标准，教师不仅能够确保教育与教学活动的科学性，还能有效提升教学实效。此外，针对教师在教育与教学过程中的表现，还制定了具体的评估准则，这对于提升教育与教学的品质、保障教育教学的规范化以及更有力地促进学生全面发展具有深远意义。

《小学教师专业标准（试行）》对于践行以学生为中心的教育理念起到了积极的推动作用。在构建和谐社会的时代背景下，以及人本主义教育理念的强调下，教育应始终坚守以学生为中心的教育哲学。为了促进学生全面均衡的发展，教师首先需要不断提升自身的综合素质，确保在多个领域都能取得均衡进步。同时，教师还需在内心深处真正树立起以学生需求为中心的教学理念。制定教师专业标准，有助于教师确立并践行以学生为中心的教育观念，优化教育与教学过程，培养出具有创新精神和实践能力的人才。

### 3. 规范教师专业行为，促进教师专业发展

《小学教师专业标准（试行）》的出台，旨在加速推进教师的专业化进程，促进教师的全面发展，确保教师能够如同工程师、医生、律师等职业群体一样，成为具备专业地位、拥有不可替代价值的工作人员。作为承担教育任务的专业人士，教师有责任接受系统而严格的职业培训，全面掌握专业知识与技能，并培育高尚的职业道德观念。

回溯至20世纪90年代初期，我国虽已着手提升和确立教师的专业素质，但在实际的教育实践中，小学教师的职业地位并未获得广泛的认可与支持。教师的专业地位确立，既需外部条件的支撑与保障，更有赖于教师队伍自身的建设与完善。鉴于此，《小学教师专业标准（试行）》从"专业观念与师德""专业知识"以及"专业能力"三个维度，对小学教师应具备的职业素养进行了全面而详尽的梳理与标准化，明确界定了小学教师的教学资格要求。这一标准的制定，使得教师、学校及教育管理部门均能清晰地了解教师专业发展的具体内容与要求。通过对照标准，我们可以客观评估教师在各方面的发展状况，明确哪些方面已达到标准要求，哪些方面尚需进一步加强。这不仅为教师的专业发展提供了明确的方向与目标，也为教师的职业发展路径提供了清晰的指引，从而有效促进了教师专业能力的提升，真正实现了教师队伍的专业化发展。

### 4. 设立教师合格标准，促进教育公平

《小学教师专业标准（试行）》的出台，回应了城乡教育均衡发展的迫切需求。实现义务教育在城乡之间的均衡，不仅要求在学校设施、硬件设备等物质层面达到平衡，更为核心的是确保教师队伍的均衡配置。为促进城市与农村、东部与西部地区教师的均

衡成长，构建全国统一的教师职业准则至关重要。唯有依据统一的教师专业准则，在全国范围内加强教师教育，推动教师教育的专业化发展，才能培育出一支能够服务城乡及东西部教育均衡发展的高素质教师队伍，进而促进教育公平的实现。

**5. 落实职前职后教育，提供目标参照**

教师的培训与培养是决定教师队伍整体素质的关键因素。长期以来，由于缺乏明确的教师专业准则，各教师教育机构在培训内容上存在显著差异，导致培训出的教师在基本能力上参差不齐，部分机构的教师培训效果难以保障。就教师职后培训而言，尽管国家规定在职教师需定期接受一定课时的培训，但培训内容缺乏具体指导，不同地区培训内容差异较大，部分地区培训内容甚至与教师日常工作脱节，既浪费了资源，又加重了教师负担。

随着教师教育体系的不断开放和完善，《小学教师专业标准（试行）》将成为小学教师培训的重要参考。该标准的实施将有助于完善小学教师培训计划，科学设计教师教育课程，减少职前培训的盲目性和随意性，提升培训质量。同时，它为各级各类教师培训设定了基本标准，为推动小学教师教育的整合提供了有力支撑，确保了教师的持续专业发展。

**6. 接轨国际教师教育，适应教改潮流**

《小学教师专业标准（试行）》与全球教师教育发展新趋势相契合。19世纪中期以来，教师专业化在欧美地区逐渐兴起，20世纪60年代联合国教科文组织更以官方文件形式明确了这一发展方向。此后，欧美及日本等国均将教师教育专业化视为提升教师素质的重要途径。为顺应这一国际趋势，我国制定了教师专业标准，既与国际教育发展方向保持一致，也促进了教师培训与国际标准的对接。

同时，《小学教师专业标准（试行）》是《国家中长期教育改革和发展规划纲要》（简称《教育改革和发展规划纲要》）核心理念的有效落实。该纲要强调培养高质量教师团队，明确教师在教育战略中的核心地位，指出优秀教师是高质量教育的基石。为保障教师权益、提高薪酬待遇、赢得社会尊重，必须严格审查教师资质，提升教师整体素质。国家出台教师资格准则，旨在提高教师学历要求和道德标准。《教育改革和发展规划纲要》已明确教师专业标准的设定方向，即培养高尚师德、精湛业务能力、合理结构、充满活力的高素质专业教师团队。制定并执行教师专业标准，是实施该纲要的关键步骤，为小学教师团队建设提供了基础支撑。

总的来说，我们应借鉴国际常规做法，制定并执行教师专业标准，提升教师学历和道德要求，完善教师资格制度，建立公开公正的教师选拔机制，不断提高教师入职标准。以此持续吸引优秀人才加入教师队伍，推动教师专业水平提升，培养德才兼备的教师队伍，为建设社会主义教育强国、培育具有创新精神和创新能力的人才贡献力量。

## 二、《小学教师专业标准（试行）》的理念

《小学教师专业标准（试行）》遵循和倡导四大基本理念，即师德为先、学生为本、能力为重、终身学习。

### （一）师德为先

《小学教师专业标准（试行）》明确阐述了教师对小学教育应具备的职业态度与道德要求。首先，它强调教师应怀揣对小学教育的热情，拥有明确的职业追求，积极践行社会主义核心价值观，并严格遵守教师职业道德规范。其次，标准指出教师应关心小学生的成长，尊重他们的个性差异，展现出深厚的爱心、强烈的责任感、足够的耐心以及细致的关怀。再者，作为教师，应成为小学生的楷模，以身作则，致力于教育和培养他们，保持自尊和自律，成为小学生健康成长的导师和引路人。最后，标准特别强调"师爱是小学教师的灵魂"，强调教师应具备深厚的爱心、耐心和责任感。教师的爱心、耐心和责任感不仅是教育工作的基础，也是教师职业精神的体现，对于小学生的健康成长具有至关重要的作用。

#### 1."师德为先"的意义

师德，即教师的职业伦理，是教师在从事教育活动时应遵循的一套相对稳定的行为规范体系，它旨在调节教师与学生、教师与集体、教师与社会之间的复杂关系，并构成教师完成其他教育工作的基础前提。

（1）良好的师德是做好一切工作的前提条件

师德与医德等职业伦理同等重要，是职业活动中不可或缺的道德基石。正如医生若缺乏医德，即便医术高超也难以有效治疗病人一样，教师若缺失师德，则难以确保教育和教学的质量。师德是教师履行教育职责、完成教学任务的基础条件，是教师职业素养的重要组成部分。

（2）良好的师德是做好教学工作的必要条件

要培养出对学习充满热情的学生，教师自身必须首先对教育事业充满热情，具备高度的责任心和强烈的事业心。师德作为教师职业行为的内在驱动力，能够激发教师的工作热情，增强教师的责任感，从而确保教学工作的顺利进行。

（3）良好的师德是提升教师人格魅力的基础

在教学活动中，教师的个人魅力对学生产生着深远而巨大的影响，这种影响是其他任何因素所无法替代的。教师的高尚师德是个人修养和综合教育素质的外在表现，也是教师教育智慧中不可或缺的关键因素。师德所蕴含的人格魅力、道德力量和榜样作用，对学生产生着强烈的吸引力和感染力，甚至可能对学生的一生产生深远的影响。因此，提升师德水平是增强教师个人魅力、提高教育教学效果的重要途径。

2."师德为先"的实质

（1）对教育对象，教师职业道德具有教育功能

教师作为教育的主体与手段的统一体，其职业道德对学生成长具有直接的教育作用。一方面，教师的道德观念塑造学生的道德品质，高尚师德所展现的敬业态度和生活热忱能激励学生形成积极的学习和生活态度；反之，则可能影响学生的积极人生观。另一方面，教师对学生的深厚情感和期待能营造积极心理环境，促进学生的学习动力和心理发展，皮格马利翁效应即是此方面的典型例证。

（2）对教师群体，教师职业道德具有调节功能

作为教师集体中的一员，教师职业道德在调整同事关系及职业群体与社会关系方面发挥重要作用。高尚道德观念能形成良好的心态和公众舆论氛围，同时，职业道德以职业良知和坚定信仰塑造教师自我约束方式，在处理利益关系时发挥内外双重约束的积极作用。

（3）对教师自身，教师职业道德具有修养功能

教师职业伦理观念与理解教育活动重要性紧密相关。教师能通过评估、激励和追求理想人格等方式，塑造正面社会舆论和风尚，同时培养学生道德觉悟、行为习惯和个人品质。这一过程也提升了教师的精神层次和道德品质，使他们成为道德纯洁、追求高尚理想的人。

（4）对社会发展，教师职业道德具有促进功能

教师职业道德对社会进步具有深远影响。首先，教师工作作为社会生产的一部分，通过塑造教育对象参与物质文明建设，影响生产力的核心组成部分。其次，教师职业伦理对精神文明建设起关键作用，师德作为社会道德观念的核心部分，直接决定社会道德水平，并通过示范作用推动社会道德水平进一步提高。最后，教师职责构成社会生活重塑的核心项目，教师及其"产品"直接或间接参与积极的人际交往和社会生活的重塑。

## （二）学生为本

小学生具有发展性、主动性等特点，在教育教学过程中，处于主体和中心的位置。

### 1."学生为本"的意义

学校教育历来是社会关注的焦点。政治、经济、文化的发展，必然要求学校的教育做相应的变革，而任何的变革都需要有一定的理论来支撑；经过对现实的分析与对理论的探索，寻求切实可行的方法，并把这种变革的方法上升为国家的法律以体现国家的意志。国家法律规章的规定、社会对素质教育的要求以及先进教育理论的指导，都要求学校教育要坚持"以学生为本"的理念，培养学生学会认知、学会做人、学会生存以及学会共同生活。因此，在这一历史背景之下，教师应顺应时代变革的要求，及时、正确、有效地贯彻执行"学生为本"的思想，全面地展开素质教育，不负时代赋予我们的历史使命。

（1）国家法律与政策性文件的规定

《中华人民共和国义务教育法》明确规定，义务教育旨在促进儿童与青少年在道德、智力、体质等多方面的均衡发展，提升全民族综合素质，为培养具备理想、道德、文化和纪律的社会主义建设者奠定坚实基础。同时，《教育改革和发展规划纲要》清晰阐述，基础教育是提升民族整体素质的基础性工程。此外，《小学教师专业标准（试行）》进一步规定，教师应尊重学生权益，激发学生主观能动性，遵循学生身心发展规律和教育教学规律，提供适宜的教育服务。这些法律和政策条款共同揭示了基础教育的根本目的：以提升全民族素质为核心，注重人的基本素质培养，要求教师秉持"以学生为中心"的原则，关注全体学生，致力于提升学生的综合素质。

（2）全面实施素质教育的要求

尽管素质教育已在全国中小学广泛推行，但部分学校仍坚守应试教育模式，以分数作为评价学生的唯一标准，将升学率视为衡量教育质量的关键指标。这种做法忽视了思想道德和身心健康教育，忽视了对所谓"差生"的教育。对此，《小学教师专业标准（试行）》重申了全面实施素质教育的重要性，旨在逐步转变应试教育模式，鼓励学校采用"以学生为中心"的教学方法，确保每位学生都能接受真实、深入的素质教育。

（3）人本主义教育思想的启示

马斯洛、罗杰斯等人本主义心理学家强调，学校教育的核心目标是促进人的个性发展，培养具有独特个性的个体。他们主张课程应聚焦个体层面，不过分强调特定学科的知识结构或知识的纯粹性和抽象性，而应将学生学习过程与日常生活紧密结合。教师应从"知识传授者"转变为"促进者"，协助学生探寻潜在答案。根据人本主义教育理念，学校教育应坚守"以学生为中心"的原则，使学校成为学生实现生命价值的重要场所，尊重学生的个性，构建平等民主的师生关系，通过各种教育活动促进学生的持续成长和成熟。

（4）学生理解生命意义的根本要求

教育是基于学生日常生活构建的，没有学生的参与，教育便失去了价值。因此，教育机构有责任为学生创造一个有利于全面发展的优质环境，激发他们对生命的认识和意识，引导他们理解、探索、实践和创造生命的真正意义。教育是直面生命的一种实践，只有回归到生命的真正含义，才能真正理解生活的真谛。在教育过程中，对生命有深入的感知、洞察、领悟和提升，是理解生命真正含义的关键所在。这也是教育的根本所在，即帮助学生在追求生命价值的同时，实现对社会的最大贡献。

**2. "学生为本"的实质**

（1）"学生为本"是对学生主体地位的肯定

在学校的教育过程中，"以人为本"的理念强调从学生的实际需求出发，推动学生全方位的成长，满足他们合理的发展需求，这也是对学生作为教学主体地位的一种肯定。因为学生只有在主体地位被确立以后，才有可能发挥他们在教学中的主体作用，从而变被动学习为主动学习，充分发挥自身的学习积极性。

（2）"学生为本"是一种价值取向

学生的发展在不同的年龄阶段都会有不同的价值取向，而且他们都要踏上社会，因此，学生价值取向正确与否对社会价值体系具有很大的冲击力，学生道德水平的高低对社会风气的优劣有着重大的影响。教师在学生发展的过程中起着重要的引导作用，一方面，教师自身正确的价值取向直接或间接地影响着学生的价值观念；另一方面，教师要通过爱国主义教育、集体主义教育以及共产主义教育等来培养学生的道德感，通过将现实生活中的种种现象作为案例来培养学生的理性感，通过对自然与生命的种种探究来塑造学生的审美感，促使学生形成正确的价值观念。通过教师这两个方面的正确教育与引导，让学生建立起合乎于社会准则的并能推动社会道德前进的价值观，从而把学生培养成家里的好孩子、学校里的好学生、集体内的好伙伴以及社会上的好公民。

（3）"学生为本"是一种教育的方法论

以学生为本要求教师的一切思考和行动都首先从学生的角度出发，它能使我们的教学目的明了，方向明确，内容明晰，从而有目的地完成教学任务。

总的来说，"学生为本"的概念就是在学校教育中坚持确立学生主体地位、以学生发展为目的并符合社会发展需要与道德准则的教育方法论。

## （三）能力为重

教师的职业技能不仅是教育观念和专业知识的传递工具，而且与学生的学习、实践和创新能力的塑造有着直接的联系。《小学教师专业标准（试行）》明确强调了教师需要将学科知识、教育理论和教育实践紧密结合起来，以凸显教书育人的实践能力；对小学生进行研究，根据他们的成长模式，以提高教育和教学的专业水平；始终坚守实践、深入反思、再次实践和再次反思的原则，以此不断增强自己的专业技能。

### 1."能力为重"的意义

"能力为重"的理念凸显了小学教师对专业技能培养与发展的高度重视。教师专业能力，作为教师在执行教育和教学任务时展现的独特心理特质，在其专业构成中占据核心地位。学者们对此进行了深入探讨，并提出了代表性观点。邵瑞珍认为，教师职业技能应包含思考的逻辑性与条理性，以及口头表达和组织教学能力；曾庆捷强调，教师应具备组织转化信息、传递信息、运用教学方法及接收信息的能力；孟育群则指出，教师专业技能涵盖认知能力（如思维逻辑性与创造性）、设计技巧、传播技巧（含语言与非语言表达方式及现代教育技术应用能力）、组织协调能力和人际交往技巧；罗树华和李洪珍则认为，教师应具备基本能力（如智慧、表达和审美能力）、职业技能（如教育、班级管理和教学能力）以及自我完善和独立学习能力。

在信息化和全球化背景下，教师还需强化创新思维、持续学习能力和文化判断能力。《小学教师专业标准（试行）》明确规定了教师在教育和教学设计、组织实施、激励评价、沟通合作及反思和个人发展等方面的职业能力，进一步凸显了专业技能对于合格小学教育者的关键性。

### （1）教育对象的特殊性需求

教育的核心对象是学生，因为学生的思维和情感具有多样性与复杂性，所以要求教育的宗旨在于促进学生的全面发展。因此，教师需深入研究学生，选择相匹配的教学策略，鼓励学生积极参与学习，经历知识积累过程，实现知识与能力的双重培养。教师专业技能的运用，尤其是教学设计和组织实施能力，对于满足学生独特需求、促进个性化发展至关重要。

### （2）教学活动的有效性需求

教师不仅是知识的传递者，更是思考的启示者、情感的推动者和激励者。这要求教师深入研究所教知识，探讨如何有效教授。在课前备课时，教师应精心规划教学环节和情境，通过自我探索引导学生主动吸收知识，并对所学知识进行适当扩展和深化。教师专业技能中的教学方法和策略选择能力、激励评价能力以及沟通合作能力，对于提升教学有效性、促进学生主动学习具有关键作用。

（3）教师发展的专业化需求

教师专业技能的发展主要依赖"经验与反思"的结合，教育科研的支持尤为重要。教师需深入反思教学方法，仔细思考各种问题，从感性理解进化到理性理解，才能持续进步，最终成为真正的专业教师。这要求教师具备自我完善和独立学习能力，不断追求专业化水平的提升，以适应教育改革和发展的需求。

## 2."能力为重"的实质

（1）教师专业能力的经验性

实际教育与教学经验对教师专业技能的形成与成长具有根本性影响，新技能需通过实践持续检验与调整。在经验的解构与重构循环中，教师专业能力体系得以丰富更新。教师将所学知识转化为教学技能，理论知识抽象性与实践复杂性存在差异。只有当教师有意识地在实践中理解应用理论知识，它们才能整合入个人知识结构，成为教育理论组成部分及专业实践能力基石。这种深植于经验的知识具有沉默直觉特质，可视为实践性知识。因此，教师专业实践能力不应简化为技术操作或技能。

（2）教师专业能力的情境性

实践活动依赖于特定情境，教师在专业实践中难以超越各种情境的限制。学生、课堂环境、同事、家长、校长及学校文化氛围等是影响教师工作效果的关键因素。多维度不断变化的场景涵盖地理位置及多种性质相互关系。反思性实践指教师在特定社会文化背景下的互动，涉及复杂心理层面因素。教师在专业实践中有丰富的意义解读，识别问题、确定可做的事及需求时受特定环境影响。同时，教师对情境的理解及采取措施积极改变情境，展现了结构与主动性间的紧张关系。

（3）教师专业能力的发展性

教师专业能力发展体现于历史背景与个人不足之处。实践活动具有深远历史文化背景，教师专业实践深植于特定历史文化背景，承载社会现实，为历史产物及现实存在。教师与情境交流为循环往复过程，反思性实践活动无终点。这表明教师专业实践能力为个人视角下的不全面连续体，本质上为持续发展过程。随着职业生涯进步，教师专业技能逐渐完善，专业领域扩大，能扮演更多角色，实践能力持续提高。

（4）教师专业能力的价值性

教育本质为充满价值的过程。教师专业技能非中立或冷漠技能，具有标准化概念性质，反映教育核心价值观，包含价值观与意识形态对抗碰撞。对教师专业能力定义不同揭示了各种价值观与利益观点，反映了对教师职业实践各种解读。教师专业技能具有道德倾向，但在很多情况下被视为理所应当而未充分体现。在专业实践中，教师常面临复杂道德挑战，需深入了解实践情境，鉴别涉及道德问题及适用道德准则，做出恰当的道德评估与决策。因此，道德知识构成教师专业实践不可或缺的知识基石。

### （四）终身学习

在当今社会，终身学习已成为一种显著的时代特征，它要求个体在不断变化的知识体系中持续更新自我，以适应社会发展的需求。《小学教师专业标准（试行）》对此提出了明确的要求。首先，教师需深入学习和掌握前沿的小学教育理念。其次，标准强调教师应对国内外小学教育的改革与进步的经验和方法有所了解。再次，教师需要对自身的知识体系进行优化，以增强文化修养。最后，《小学教师专业标准（试行）》要求教师拥有持续学习和发展的观念与技能，成为终身学习的模范。

#### 1."终身学习"的意义

学习，作为人类生活和成长的关键途径，它的重要性在现代社会得到了前所未有的凸显。终身教育和终身学习，作为现代教师个人成长和适应职业环境的必然选择，已成为教育领域的核心议题。"活到老学到老"不仅是 21 世纪教师的职业期望，更是时代的召唤和教育进步的重要标志。新的教育理念明确指出，终身学习是现代教师成长和发展的必经之路。

（1）终身学习是教师职业的必然要求

1965 年，法国知名教育家保罗·郎格朗提出终身学习的观念，并在联合国教科文组织等国际组织的积极倡导下，逐渐在全球范围内得到广泛传播。众多国家在制定教育政策、方针或建立国民教育体系时，均以终身教育的核心原则为出发点，以实践这些原则为主导目标。1994 年，联合国教科文组织主办的"首届世界终身学习会议"更是强调了将终身学习作为 21 世纪人类生存的核心观念。

对于教师而言，终身学习不仅是职业发展的需求，更是时代进步的必然要求。教师职业虽永恒，但社会对教师的条件选择却非永久。随着时代的变迁，社会对教师的期望也在不断提高。教师的优秀素质并非与生俱来，而是需要通过不断的学习培养和提升。

终身学习能力不仅是社会进步对个体的期望,更是教育改革对教师职业定位的明确要求。一名思维方式和知识体系始终保持不变的教师,难以培育出满足社会需求的优秀人才。

（2）终身学习是教师职业的现实要求

我国已步入构建人力资源强国的新阶段,急需大量具有创新能力的人才。随着知识经济和信息化社会的兴起,知识更新速度加快,新技术和新发明层出不穷,新观念、新专业、新知识和新方法不断涌现。培养具有创新能力的人才成为教育的核心目标,而教育的终极目标则是激发人们的创造性思维。

为实现这一目标,教师必须不断更新教育观念和教学观念。无论是新教师还是老教师,都需要通过不断的学习来改变教育和教学理念,确立新的教育和师生关系。只有不断学习,才能掌握现代化的教学方法,传播先进的文化理念,弘扬学术精神,并培养具有创新能力的人才。科技的快速发展、知识经济的兴起以及意识形态的转变,共同构成了终身教育思想形成和传播的关键历史背景。在这个背景下,教师不再是知识的中心和唯一持有者,而是需要不断学习、不断进步的终身学习者。

（3）终身学习是当代教师成长和发展的必由之路

新的教育理念强调,终身学习是现代教师成长和发展的必经之路。进入 21 世纪,教师不仅需要具备高尚的道德观念和丰富的知识储备,还需要拥有扎实的基础教学技能以及终身学习和创新教育的能力。终身学习不仅是知识更新的需求,更是知识创新的必要条件。

教师应当成为终身学习的典范。教师的力量会加强教育,而教师的成长则会促进民族的繁荣。教师的高素质不仅仅体现在学历证书上,更体现在持续的学习和进步中。只有通过持续的学习,教师的能力和素质才能得到不断提升,从而引导学生走向终身学习的道路。

同时,终身学习也是教师职业发展的核心路径。教师不应仅仅满足于掌握已有的知识或积累教育经验,而需要不断加强专业学习,提高自己的知识传递能力,并重视培养学生的科学研究能力和创新思维。教师应该将教育和教学过程转化为培养学生创新精神和激发创造力的过程,鼓励学生探索未知的领域,找到解决问题的独特方法。

总的来说,终身学习对于现代教师而言,不仅是个人成长和适应职业环境的必然选择,更是教育进步和社会发展的必然要求。教师需要终生加强道德修养,及时掌握先进的教育理念,树立正确的教育观、人才观和质量观,以满足现代教育体系的需求,为培养具有创新精神和实践能力的新时代人才贡献力量。

### 2. "终身学习"的实质

（1）终身学习有其自身的特点

首先，需明确的是，学习是一个贯穿人一生的持续旅程。在个体的生命成长过程中，学习并非仅限于某一特定阶段，而是需要持续进行，以更好地适应社会变化和时代趋势。这一观念打破了传统上认为学习仅是儿童或青少年专属活动的认知，强调了成年人同样需要持续学习的重要性。

其次，终身学习的途径与方法既多样又灵活。终身学习体系的构建涵盖了正规教育、非正规教育和非正式教育等多种形式。这些学习形式必须具备灵活性、协调性和统整性，以满足不同社会阶层和个体的需求。此外，学习的场所也不再局限于学校，家庭、社区、社团和工作环境等都可以成为终身学习的场所。学习方法也日益多样化，除了面对面的教学外，还可以通过传播媒体和网络等途径进行学习。

再次，终身学习强调培养自主学习的精神，即自我导向的学习方式。在终身学习的社会观念中，不仅注重与自然相关的知识学习，更重视培育学生的自我导向学习技巧。自然性学习是指学习是一种有意识、有目的的活动，而自我导向学习的能力则意味着个体需要承担大部分的学习责任，并知道如何进行有效的学习。

最后，终身学习的内容具有全面性。它是一种全方位发展的教育方式，旨在助力个体的全面成长，并在多个领域提升其知识、技能和态度。在学习内容的广泛性方面，除了掌握新的知识和职业技能外，道德伦理、身体健康、社交关系以及美学和艺术等方面的生活文化教育也同样重要。学习这些内容有助于个体形成全面的人生观和价值观，更好地适应社会的发展和变化。

（2）终身学习有别于终身教育

终身教育与终身学习是两种截然不同的概念，尽管它们在某些方面存在交集，但侧重点和出发点明显不同。

终身教育更多地从教育系统的角度出发，关注教育的对象以及创造有利于学习的环境。它致力于创建各类教育机构，提供多样化的教育场所和机会，并构建一个能让学生接受终身教育的全面体系。终身教育的目标是确保满足人们多样化的学习需求，促进社会的整体进步和发展。

而终身学习的理念则更多地从学生的个体视角出发，强调个体在其一生中应持续不断地学习，以满足其在不同生命阶段的各种学习需求。终身学习是个体实现自我发展、提升自我价值的重要途径，也是学习权和发展权的真正体现。它要求个体具备自我导向学习的能力，能够主动寻求学习机会，不断更新自己的知识和技能，以适应社会的变化和发展。

# 三、《小学教师专业标准（试行）》的实施

教师专业标准被视为一项基础性的前置标准，它为教师教育体系中的诸多其他标准奠定了坚实的基础。在专业标准的引领下，教师教育改革得以推进教师培养和培训模式的创新。它为教师教育课程的设计提供了明确的参考方向，确保了课程内容与教师专业发展的需求紧密相连。同时，教师专业标准还为师范生的教学实践、专业技能培训和师德培养提供了具体的依据，指导这些关键环节的实施与开展。特别是在教师教育教学改革的过程中，教师专业标准应被视为直接的参考依据和行动指南。只有严格遵循这一标准，我们才能制订出切实可行的教师培训计划和课程规划，确保教师培训工作的针对性和有效性。此外，遵循教师专业标准还有助于我们将教师的专业技能培养置于教育的核心地位，从而推动教师培训工作的深入开展。

## （一）明确指导思想

在教育部颁布的《小学教师专业标准（试行）》的指导下，全面且系统地贯彻执行该标准的通知要求。为确保广大教师能够深入领会并准确把握《小学教师专业标准（试行）》的核心理念及具体要求，我们采取了一系列有效措施。同时，我们持续关注并致力于提升教师的专业发展能力。为此，积极采取措施，着力培养一批既具备高尚师德、又拥有精湛业务技能，同时结构合理、充满活力的高素质专业教师团队。建设这一团队，不仅符合《小学教师专业标准（试行）》的要求，也是提升教师教育和教学质量的关键所在。通过我们的不懈努力，教育和教学质量已得到显著提升，为培养更多优秀人才奠定了坚实基础。

## （二）明确各方职责

### 1. 教育行政部门

各级教育管理部门应将《小学教师专业标准（试行）》作为小学教师队伍建设的核心参照框架。为顺应小学教育改革与发展需求，需充分发挥该标准的导向作用，深化教师教育改革，构建全面的教师教育质量保障体系，并不断提升小学教师的培训质量。应明确小学教师的入职标准，严格把控入职门槛；同时，建立健全小学教师聘任、考核及退出等管理制度，构建科学高效的小学教师管理和监督机制。

### 2. 师范院校

承担小学教师教育任务的教育机构，应将《小学教师专业标准（试行）》作为培训和培养小学教师的主要依据。需充分重视小学教师的职业特性，加强小学教育的学科和专业建设，完善培训计划，科学设计教师教育课程，并推进教育教学方法改革。同时，应高度重视小学教师的职业道德培训，充分重视社会实践和教育实习；此外，需加大小学教师教育师资队伍建设力度，并建立科学的质量评估体系。

### 3. 各类小学

各类小学应将《小学教师专业标准（试行）》作为教师管理活动的关键参照。应制定小学教师职业成长规划，强调职业追求和职业伦理教育，增强教师的责任心和使命感；开展校内研修活动，促进教师职业成长；完善教师职责和评估机制，强化小学绩效管理体系。

### 4. 全体教师

小学教师应将《小学教师专业标准（试行）》视为专业发展的核心参照。应制订个人专业发展计划，怀揣对教育工作的热情和敬意，提高专业发展的主动性；勇于进行教育教学实践，持续创新；积极进行自我评估，主动参与教师培训和自主研修活动，逐步提升专业发展水平。

# 第二节　乡村小学教师的角色重构

乡村小学教师的角色重构是一个复杂而多维的过程，它涉及教师身份、职责以及与社会、教育环境互动方式的全面转变。

## 一、角色重构的背景与必要性

随着社会进步的不断加速以及教育改革的深入推进，农村教育正面临着前所未有的机遇与挑战。在这一背景下，乡村小学的教师亟须适应崭新的教育环境，转变传统的教育观念，以更好地满足乡村学生日益多样化的学习需求，进而推动乡村教育向现代化方向迈进。鉴于此，重新塑造乡村小学教师的角色显得尤为重要。

## 二、角色重构的具体内容

### （一）教育身份的重构

乡村小学教师需从传统的知识传授者角色，逐步转变为学生学习过程中的引导者与促进者。他们应着重激发学生的学习热情，并致力于培养学生的自主学习能力与创新思维模式。在此过程中，教师积极参与课程改革，致力于研发与乡村教育实际相契合的乡土课程及教材，以此丰富教学内容，提升教学成效。

### （二）文化身份的重构

乡村小学教师既是乡村文化的守护者与传承者，也是乡村文化创新发展的推动者。他们需深入研究并梳理乡土文化精髓，将其有机融入教育教学活动中，以增强学生的文化认同感与乡土情感。同时，教师还应积极吸纳现代文明与知识，促进乡村文化与现代文明的融合，推动乡村文化的创新与发展进程。

### （三）社会身份的重构

乡村小学教师应积极投身乡村社会建设，充分发挥专业优势与社会影响力，为乡村社区的持续繁荣与发展贡献力量。为提升乡村小学教师在社会中的地位与影响力，应积极开展各类社会服务与公益活动，以塑造乡村教师的良好社会形象。

## 三、角色重构的实现途径

### （一）加强教育培训

为提升乡村小学教师的职业素养及教育教学技能，我们组织开展了多样化的培训与学习活动。旨在鼓励乡村小学教师更新教育理念，熟练掌握并运用现代教育技术与手段，以应对教育改革带来的新挑战，不断提升教师专业能力与教学水平。

### （二）完善评价体系

需建立一套科学、合理的教师评价机制，注重对教师教学过程、学生成长及社会贡献等多维度的综合评价。通过进一步完善评价体系，激励乡村小学教师积极参与角色重塑，促进教师整体素质与教学质量的全面提升。

### （三）加强政策支持

政府应增加对农村教育的资金投入与支持，为乡村小学教师创造更优越的工作环境与更具吸引力的薪酬待遇。同时，出台相关政策措施，激励并支持乡村小学教师在教育改革与创新实践中发挥积极作用，推动乡村教育事业的持续发展。

## 四、角色重构的意义与影响

乡村小学教师的角色重构，对于推动乡村教育的现代化进程、促进乡村社会的繁荣和发展具有深远意义。这一重构过程不仅关乎教师个体的专业发展，更关系到乡村教育体系的整体提升和乡村社会的长远发展。

首先，角色重构使乡村小学教师能够更好地适应新的教育环境和学生需求。随着社会的快速发展和教育改革的不断深入，乡村教育面临着前所未有的挑战和机遇。传统的教师角色已难以满足当前教育的多元化和个性化需求。因此，乡村小学教师需要从知识的传授者转变为学生学习过程的引导者和促进者。例如，在某乡村小学，教师们通过引入项目式学习、探究式学习等新型教学模式，激发学生的学习兴趣，培养他们的自主学习能力和创新思维。这种角色的转变，使教师能够更好地关注学生的个体差异，满足他们的多样化学习需求，从而提高教育教学的质量和效果。

其次，角色重构有助于提升乡村小学教师的社会地位和影响力。长期以来，乡村小学教师在社会地位和待遇方面相对较低，这在一定程度上影响了他们的职业认同感和工作积极性。通过角色重构，乡村小学教师可以展现出更多的专业素养和教育智慧，成为乡村社会的知识传播者和文化引领者。例如，一些乡村小学教师利用课余时间开展社区教育活动，为乡村居民提供科学文化知识和实用技能培训，增强了教师在乡村社会中的影响力和认可度。这种地位的提升，不仅有助于增强教师的职业荣誉感，还能吸引更多优秀人才投身乡村教育事业，为乡村教育的可持续发展提供有力的人才保障。

最后，角色重构是乡村教育可持续发展的必然要求。乡村教育是乡村社会发展的重要基石，而教师则是乡村教育的灵魂。通过角色重构，乡村小学教师可以更好地履行教书育人的职责，为乡村培养更多具有创新精神和实践能力的人才。这些人才将成为乡村社会发展的主力军，推动乡村经济、文化等各方面的进步。同时，角色重构还能促进乡村小学教师与乡村社会的深度融合，使他们更好地了解乡村社会的需求和期望，为乡村教育的发展提供更加精准的服务和支持。

# 第三节　乡村小学教师的专业特性

小学教育作为儿童启蒙的关键时期，要求教师具备特定的学科资质和专业能力，这源自其独特的专业属性。在这一阶段，小学教师以极大的耐心和爱心与孩子们交流，通过多样化的互动课程，引导孩子们向真、善、美的方向发展。相较高中教师和大学教师，小学教师在知识储备、个人气质、性格特质及应对策略等方面，展现出更为独特的专业特征。

随着基础教育研究的深入和实践的不断进步，关于小学教师专业特质的看法日趋多元。众多学者和专家一致认为，小学教师具有独特的专业属性，因此，培训方向和专业定位也应与之相契合。例如，有学者指出，小学教师在性格上更偏感性，倾向于人文主义，注重知识体系的完备性，并强调教育与教学中的技巧与艺术性，致力于培育孩子的思维方式，同时具备基于教育经验进行深入研究和反思的能力。

有专家提出，小学教师的性格特质应体现在以下五个方面：细心、耐心和热情并存；融合多学科的专业知识；具备出色的语言表达能力、课堂组织技巧及诊断学生学习难题的能力；思维方式有条不紊、逻辑清晰、流程顺畅；深入了解儿童身心成长模式的技能。此外，还有学者将小学教师的职业属性概括为三大特点：深厚的专业情感、丰富的专业知识和出色的专业技能。

尽管在表述上存在差异，但关于小学教师专业特质的分析存在一个普遍共识：作为具有专业发展潜力的个体，小学教师与其他教育层次的教师（如幼儿园教师、中学教师、大学教师等）存在显著差异。因此，为了更全面地探讨小学教师的专业特质，下面计划从专业情感、专业知识和专业能力这三个维度进行深入剖析。

## 一、具备关爱儿童和促进儿童发展的专业情意

专业情意是指教师对教育、教学的一种浓厚的感情，一般可从专业理想、专业情操、专业自我三方面衡量。

### （一）小学教师专业理想的灵魂

小学教师的专业理想，作为每位教师追求卓越教育和教学工作的终极愿望与目标，构成了推动其职业成长和全身心投入教育领域的核心驱动力。这一愿景不仅体现了教师对个人职业发展的期望，也彰显了教师对教育事业的热爱与奉献。

小学教师专业追求的核心理念在于对孩子的深切关心与对学生的全面关怀。这主要源于小学教师与 6~12 岁儿童之间的密切互动。在这一关键时期，孩子们的生活经历了从以玩耍为主的家庭环境（或幼儿园生活）向以学业为核心的学校生活的显著转变。在情感成长层面，儿童对家庭的深厚情感和归属感源自血缘关系及复杂的情感纽带。而小学教育的目标，则是通过师生间的互动，构建深厚的师生情感纽带，将基于生物血缘的情感延伸至更高层次的社会精神层面，涵盖理性、道德和审美等多重感受。

为实现这一目标，小学教师尤为需要通过眼神交流、面部表情和身体语言等细腻的方式，传递善意与爱意，从而在小学生、小学教师及学校之间建立起一种相互联结、彼此信任的关系。值得注意的是，小学教师对孩子的爱并非简单的母爱复制品，而是一种在教育环境和实践过程中逐渐孕育和发展的高级社会情感。这种爱基于对孩子个性的尊重和对每个孩子成长潜力的价值认同，它要求教师以平等、包容和理解的态度，关注每一个孩子的成长需求，助力他们在学业和人生道路上取得全面发展。

### （二）小学教师专业情操的核心

评判教师是否具备深厚的专业情操，核心在于考量教师对教与学的价值体验是否深刻，以及对此种教学体验所持的评价态度是否积极正面。对于小学教师而言，专业情操的深厚程度尤为关键，它要求教师深入理解小学教育的职责与使命，并引导学生学会尊重他人、承担应有的责任。这一专业情操的建立，必须奠基于小学教师对职业伦理的深度认同及其强烈的职业责任意识之上。

小学教师日常面对的是一群充满活力、处于成长旺盛期的小学生。这一阶段的学生发展呈现出主动性、多样性和可塑性强的特点，他们聪明伶俐、好奇心旺盛、天真烂漫、怀揣抱负，且具备良好的理解力。小学生无疑是教学活动的核心与焦点，小学教育旨在遵循学生身心发展的自然规律，在学校生活与日常实践中有效促进学生的全面成长。

鉴于此，小学教师必须深入探究并理解小学生的身心发展规律，准确把握小学教育的独特性质。在指导小学教育工作时，教师应将小学生的身心健康作为出发点和落脚点，唯有如此，方能胜任工作，成为一名优秀的小学教师。

教师的根本职责在于为社会培育所需的专业人才。然而，即便教育再出色，也需依托学生的自主选择与成长，最终实现学生的自我建构与发展。倘若教师未能深入研究和了解学生，那么无论其对教授的知识与技巧研究得多么透彻，都难以提供切实有效的教学方法，进而无法助力学生在学业上取得成功。

### （三）小学教师专业自我的保证

教师的专业自我是一种心理倾向，它促使教师思考、接纳并认同自己在教学工作中的表现。小学教师的专业自我效能感，是基于对小学教师价值观的深入洞察和对自己身份的坚定认同而形成的。正因为对小学教师的价值观有深入的理解和认同，小学教师才能形成自己独立思考的能力，积极地塑造和发展自己，真实地面对自己的生活环境，并深深地感受到自尊、自信和自我价值。

## 二、具有综合性的知识结构

从孩子的智力来看，小学阶段的孩子的思维还没有明显发展到一个较高的水平。小学阶段的孩子对这个世界的理解是综合的、较为整体的、生活化的。在孩子们生活的多元化世界里，教师有责任进行恰当的指导，这也意味着小学教师需要拥有一个全面的知识体系。

小学教师必须具备的一般知识标准，除了所教授的知识外，还必须满足通识教育的要求。在小学教育阶段，学生需要掌握各种学科的知识。因此，小学教师必须拥有全面的知识体系，深入理解小学的教育和教学哲学，熟悉学生的身心发展特性和模式，并对不同年龄段的学生有深入的了解。为了培养学生的感性认知，小学教师应该具有一定的人文社会知识；为了培养学生的美育发展，小学教师应该具有一定的艺术欣赏能力和表现艺术的能力。

此外，小学教师对知识结构的综合理解，可以随时帮助孩子在现实世界中找到符合自己的生活问题的解释，以及明确这一事实将会产生的影响。同时，小学教师可以将科学理论，灵活应用于学生的生活世界，并且引导学生逐渐培养学习和生活的能力。

## 三、形成自我反思的行动研究能力

教师有基于教育教学现场、直面教育实践问题解决的特征，我们将专业能力界定为具有自我反思性的行动研究能力。

小学教师应该进行的研究是：小学教师对自身教学与改进的自我反思和研究，着眼于有效地改进自身教学能力和自身研究能力。一方面，小学教师是小学儿童的教师，而不是小学某些学科的教授者。从这个意义上说，教育的主要作用是教人，而不是教书。虽然我们也知道各级教师都应该正确定位目标，但毫无疑问，教师对孩子道路的影响和重要性在一开始就变得尤为明显和重要。另一方面，从"教"的角度来看，即各级教师所从事的教学工作，教师必须掌握一定的学科知识，遵循儿童发展的特点。

小学教育的过程中，教师不仅要注意自己教授的知识内容，还要注意知识的呈现方式。这可以从小学教师的教学特点来解释。可以说，所有小学教师在日常教学生活中都面临着一个必须思考和研究的问题：如何将"理论知识"转变为"实践学习"，便于被小学生理解和接受。

因此，在小学教育过程中，小学教师所要求的研究能力不同于科研人员和大学教师的理论研究能力、学科研究能力。小学教师所开展的自我反思性的行动研究，是一种基于解决真实的、具体的教育困惑和难题，带有明显的自我反思特征的行动研究能力。

也可以说，小学教师的思考和研究之初，就是为了解决教学实践中的一些问题，提高他们的教学行为有效性，有利于实施适当而有效的教育。在教学实践中，教师要竭尽全力地发挥创造力和想象力，加强对研究问题的认识，研究学校的实际情况，研究学生的心理和行为差异。只有通过思考和研究，教师才能发现和反思自己的教学行为和学生的学习策略出现了什么问题，从而改变教师原有的学习观念和学习方法。只有通过思考和研究，教师才能知道如何纠正和改进现有的教育教学行为、方法，才能根据学生的身心发展规律和教学发展规律的变化，调整自己的课程，了解和根据学生的需求、兴趣、知识、困惑，最终促使教师自行尝试探索，自发了解自身真正的发展方向。

# 第六章　乡村振兴视域下乡村小学教师专业发展需求

## 第一节　乡村小学教师专业情感需求

### 一、对职业的热爱与认同

乡村小学的教师对其职业怀揣着炽热的情感与深切的认同感，这一情感与认同构成了他们专业情感需求的核心组成部分。这种热情并非仅仅体现在对教育活动的物质或资金投入上，而是更深层次地体现在他们对农村教育事业矢志不渝的追求之中。教师内心深处涌动着对乡村儿童的深厚情感与对乡村教育的热忱，是他们持续投身乡村教育工作的内在动力源泉。此外，教师对职业的深度认同，为他们的职业发展奠定了坚实的基石。这一认同不仅有助于教师形成稳固的职业信仰，还引导他们建立起一套符合乡村教育实际的行为规范。

### 二、归属感与责任感

归属感是教师与所在学校、社区以及乡村社会建立紧密联系的重要情感基础。乡村小学教师需要感受到自己是乡村社会的一员，能够积极参与乡村社会建设，为乡村教育的发展贡献自己的力量。这种归属感有助于增强教师的职业荣誉感和使命感，使他们更加珍惜和热爱自己的工作。同时，责任感也是教师专业情感需求的重要组成部分，它要求教师在工作中尽职尽责，为学生的成长和发展负责。

## 三、自我实现与成长

在教师的专业情感需求体系中，自我实现与个人成长被视为一个至关重要的高级阶段。对于乡村小学教师而言，职业生涯不仅是一个履行职责的过程，更是一个持续挑战自我、实现个人价值的历程。这具体体现在他们不断提高教学质量、积极参与教育领域的研究活动，以及努力发布学术研究成果等多个层面。

同时，教育工作者应享有持续的职业发展机会，如参与各类培训和进修课程，以不断提升自身专业能力和教育技巧。这种对自我实现和个人成长的强烈追求，不仅能有效激发教师的工作热情和创新能力，还为乡村教育事业的持续发展注入了强大的动力。

## 四、尊重与认可

在教师的专业情感需求中，尊重与认同占据着举足轻重的地位。对于农村小学教师而言，他们渴望得到学校、同事、学生和家长的尊敬与认同。这种尊重与认同不仅体现在物质层面的奖赏，更重要的是精神层面的肯定与激励。

获得尊重与认同有助于提升教师的职业自信和满足感，进而坚定他们投身乡村教育事业的决心和信念。因此，尊重与认同是教师专业情感需求中不可或缺的要素，对于维护教师的职业尊严和激发其工作热情具有重要意义。

## 五、乡土情怀

乡土情怀，作为一种对特定地区（如家乡或故乡）人际关系、文化遗产和生活习惯的深厚情感共鸣，是个体与地域之间情感纽带的体现。对于乡村小学的教师而言，乡土情感不仅是一个核心要素，更是其专业情感需求中独具特色的方面，深刻地影响着教师的职业态度、教学行为以及对学生和乡村社会的关心。

教师的乡土情感首先体现在对乡村土地的深厚眷恋上。这种眷恋不仅仅是对自然环境的喜爱，更是对乡村生活方式和节奏的认同与向往。例如，一位在乡村从教多年的教师，可能会对乡村的宁静、淳朴和人与自然和谐共处的环境产生深厚的情感依恋。这种依恋使教师更加珍惜乡村的教育资源，努力为乡村孩子提供更好的教育机会，让他们能够在熟悉的环境中成长并继承乡村的优秀传统。

其次，教师的乡土情感还体现在对乡村文化的敬重与传承上。乡村文化作为中华文化的重要组成部分，蕴含着丰富的历史信息和民族智慧。教师们深知，传承乡村文化不仅是保留历史记忆的需要，更是培养乡村孩子文化认同感和自信心的关键。因此，他们会在教学中融入乡村文化的元素，如讲述乡村的历史故事、传授传统的手工艺技能等，让孩子们在学习中感受到乡村文化的魅力，从而激发他们对家乡的热爱和对文化的尊重。

最后，教师的乡土情感还表现为对乡村社群的深切关怀与广泛喜爱。乡村社群作为乡村生活的主体，它的和谐与稳定是教师们关注的焦点。教师们会积极参与乡村社区的各项活动，如乡村庆典、公益活动等，与村民们建立深厚的友谊和信任关系。这种关怀与喜爱使教师更加了解乡村孩子的家庭背景和成长环境，从而在教学中更加注重因材施教，关注每一个孩子的成长和发展。

这种与乡村社会之间深厚的情感纽带，不仅构成了教师与乡村社会建立紧密联系的根基，也成了他们投身乡村教育事业的核心驱动力。教师们深知，自己的使命不仅仅是传授知识，更是要为乡村孩子的未来和发展负责。因此，他们会以高度的责任感和使命感投入教育工作中，努力提升自己的专业素养和教育能力，为乡村教育事业的发展贡献自己的力量。

# 第二节　乡村小学教师专业知识结构需求

小学教师是专业人员，含义之一在于只有具备一定专业知识的人员才能胜任这项工作，合理的专业知识结构是小学教师跻身教育行业的首要资格与条件。当今时代是一个知识化时代，小学教师所需要的知识构成是复杂的，只有当教师具有合理的专业知识构成才能顺利胜任小学教育行业不断发展的需要。

## 一、专业知识的内涵及其实践意义

现代生活是知识导航下的生活，知识是改变人的生存样态，提升生活品质的途径之一。对小学教师而言也是如此。脱离了专业知识的学习，他们的专业生活就可能徒有其名，失去应有的意义与功能。在当代，小学教师专业知识具有特定的内涵，对它的结构进行科学优化是培养优秀小学教师的通常思路与有效做法。

### （一）小学教师专业知识的内涵

教师专业知识到底是指教师工作中的哪些知识？小学教师专业知识的内核是哪些知

识？对于这些问题的理解与认识是引导小学教师专业发展的前提。这里，我们拟对小学教师专业知识的内涵问题做探究。

**1. 教师专业知识**

教师专业知识，即教师从事教育教学这一专门工作时所必需的，在一定范围内相对稳定的一系列、多层次、多样态的知识的总称。教师专业知识是促使教师把教育教学工作做到专业化水平的条件，教师专业知识的有无对于教师自身专业发展而言意义重大。当然，具备一定的专业知识只是教师胜任教师工作的必要条件，而非充分条件；具备一定的专业知识能够加速教师专业发展，促使教师专业迅速成熟，但不一定会带来教师专业成熟的发展成果。

**2. 小学教师专业知识**

小学教师作为专业人员，同样需要具备一定的专业知识才能胜任。所谓小学教师的专业知识，是小学教师胜任小学教育教学工作所需要的一系列专门、稳定、系统化的工作知识的总称。小学教师专业知识是由小学教师的工作内容、特点与方式决定的，在教育行业内尽管不一定具有通用性，但对小学教育工作而言却具有特效性与针对性。小学教师专业知识实际上包括两部分内容：一是教育行业中通用的专业知识；二是小学教师行业独有的专业知识。这两部分内容的叠加构成了小学教师专业知识的系统。

**3. 小学教师的核心专业知识**

当代社会是一个"知识爆炸"的时代，是"专业知识超量"的社会，故此，把握小学教师行业中必需的"核心知识"，降低教师在低效专业知识上投入的学习成本非常必要。一般情况下，小学教师专业知识一般特指狭义上的理解，即小学教师行业中的核心专业知识，它是小学教师工作知识体系中相对稳定、持续再生、教师必备、工作必需的那些教育知识，是教育实践者在教育理论修养与教育实践素养两个层面上不可或缺的知识构成。小学教师必备的核心专业知识学习是促使其专业发展的"高级营养品"，能够对小学教师发展产生事半功倍的学习效能，可以说是最有价值的小学教师专业知识。小学教师应该具备的核心专业知识具有以下几个鲜明特点与属性：

（1）必需性

小学教师的核心专业知识是促使小学教师专业发展的重要知识资源，是他们在专业发展中亟须的专业知识类型，能为小学教师成长提供充分的智力支持。

（2）阶段性

在不同教师成长阶段中，小学教师所需要的核心专业知识有所差异，例如，在任职前，小学教师最需要的是常识性教育知识；在发展初步阶段，小学教师最需要的是案例性知识；在发展关键阶段，小学教师最需要的是教学策略知识；在发展成熟阶段，小学教师最需要的是实践性知识与教育理论知识。

（3）层级性

小学教师专业知识一般呈圈层状分布，核心专业知识位于这一圈层的核心部位。从重要性程度来看，这些核心知识是有层级的，那些最前沿的核心专业知识处在教师专业知识的顶端，而那些通识性专业知识则位于该圈层的低端。教师应具备的专业教育知识包括公共核心专业知识与局域核心专业知识，而后者又包括行业核心专业知识（如小学教师核心专业知识）与不同教育阶段的核心专业知识（如小学低年段的教师核心专业知识）。

（4）主题性

小学教师的核心专业知识是由一根主线或一个主题贯穿起来的，即如何提高小学教师的教育教学实践效能或教学质量。可以说，教师的所有核心专业知识都是从不同的侧面对这一问题给出的答案。

（5）多数性

小学教师的核心专业知识具有多种效能，例如，它既能够促进小学教师专业道德的形成，也有助于小学教师教学方式的转变，甚至还有助于小学教师专业情感的净化与升华。而且，许多核心专业知识是在小学教师走向专业成熟的过程中不断生效的，这些专业知识逐步促进小学教师的专业发展进程。

（6）统领性

小学教师的核心专业知识其实就是小学教育领域中的横断教育知识，即所有小学教师需要、难以绕开的教育教学知识。这些知识统领着小学教师的所有其他专业知识形态，它们构成了小学教师专业知识体系的统摄者。

## （二）专业知识对小学教师专业发展的意义

小学教师为什么要学习一定的专业知识呢？专业知识是小学教师顺利胜任专业职位的基本资质要求，是他们干好小学教育教学工作的前提条件，是小学教师专业能力提升的坚强依托。具体而言，专业知识对小学教师专业发展的意义体现在如下四个方面。

### 1.专业知识是小学教师专业教育观念形成的源泉

小学教师要顺利开展教育教学工作，就必须具备一定的教育观念、教育意识，否则，教育工作的开展就毫无思路可言。换个角度来看，在毫无专业知识的情况下，即便小学教师开始了教育教学工作，那也只能算是一种经验复制而已。小学教师既可以从教育经验中提炼出教育观念，也可以从教育知识学习中获得一定教育观念，而后者理应是当代小学教师获取教育观念的主源。专业的教育知识是科学教育观念的前身，而教育观念又是教师的教育行动的前身。有了科学的专业知识，教师就可能形成科学的教育观念，借此，小学教师就能够矫正教育教学实践中形成的各种非科学认识，在专业知识、专业观念的引导下理性地认识教育世界，自觉改变自己的专业关注点，抓住小学教育教学的核心问题与关键问题，有针对性地施教。因此，小学教师习得大量专业知识是催生、改变其教育观念系统的重要途径。

## 2. 专业知识是小学教师专业能力形成的前提

专业知识是小学教师专业能力形成的前提，在专业知识习得的基础上培养职业能力是当代小学教师专业发展的一条捷径。无疑，知识与能力之间是相互转化、相互催生的关系，合理的知识结构、科学的知识教授方式有助于教师专业能力的形成。专业知识与教育情境结合的过程就是其被"活化"的过程，就是教师将知识与情境、自身相结合生成专业能力的过程。对小学教师而言，专业知识助推其专业能力生成的途径是多样化的，如专业知识借助于影响教师教学方式、教育情境判断等方式形成教师的专业能力；专业知识是教师专业智慧的结晶，专业知识的情景化再现本身就是一种专业能力；专业知识是教师分析教育问题、应对教育问题的认识资源，利用教育知识来顺利解决教育问题的过程正是教师专业能力形成的过程。应该说，不掌握一定的专业知识，小学教师要想形成相应的专业能力，难度非同一般。

## 3. 专业知识是小学教师专业情感升华的"润滑剂"

专业知识还有助于教师专业情感的形成与升华，堪称小学教师专业情感升华的"润滑剂"。显然，小学教师的专业情感是建基于科学的专业知识之上的，专业知识对教师专业情感起着一种诱导作用，例如，教师一旦明白了热爱学生的道理，就很容易产生热爱学生的专业情感；小学教师有关专业情感的知识能够自觉控制其对教育事业的情感生成方向，增强小学教师情感形成的理智性，从而克服教师情感的随波逐流；专业知识还是小学教师强化专业情感的信息材料，许多专业情感的形成都是在教育情境中自然发生的，而一旦小学教师认识到了这些专业情感产生的内在道理，了解了相关专业知识，他的这种情感就可能因此被强化，使教师专业情感的深刻性程度大大增强。因此，教师专业知识与专业情感之间存在着一种相互催生、相互强化的关联性。

### 4. 小学教师专业发展的实质是专业知识的增值与管理

小学教师专业发展的主题是专业知识的补偿或拓展，其他专业学习实践都是在这一基础上展开的；离开了教师专业知识习得与更新，教师专业发展实践就缺乏了专业内涵和专业水准。其实，小学教师专业发展有两条路径可循，即专业增权与专业增智，专业增权是通过国家、社会对小学教师专业自主权的授予来实现的；专业增智则是小学教师通过自身的专业学习来完成的。专业知识的丰富与习得是小学教师改变其专业发展方式的关键变量，是促使小学教师专业发展变轨的重要影响因子。小学教师专业发展的起因、机制、结果都离不开专业知识的吸收、运转，生产、拓展、优化、改进，在这一意义上，我们有理由认为：小学教师专业发展的实质就是专业知识的增值与管理。

### （三）小学教师专业发展与专业知识获得间的反哺关系

小学教师专业发展的成果不仅仅使他在专业上的成熟或成功，而且会促使他获得大量的实践性知识与理性教育认识、教育思想；反之，教师专业知识的习得与提炼又会改进小学教师的专业发展状态与品质，进而体现出专业知识引导教师专业发展的特殊功能。因此，小学教师的专业发展与其专业知识习得之间具有一种反哺互促关系，利用好这一教师专业发展规律，我们才可能动态地理解教师专业知识的功能。

### 1. 既要利用已有专业知识，又要自觉生产专业知识

小学教师在专业发展中如若单单求助于现成的专业发展知识，不仅可能会把教师发展带入死胡同，而且可能导致教师对这些专业知识理解的僵化，致使这些专业知识无法助推教师专业发展。因此，小学教师必须以生产、创造新专业知识的心态，即研究、求知的心态开展教师专业发展活动，努力实现专业发展与专业知识生产之间的双赢。小学教师专业发展的良性发展模式是：在专业发展实践中不断总结教育经验，凝练专业知识，实现专业发展的自觉与自由，超越具体专业发展进程的限制与制约。我们有理由认为：没有专业知识支撑的专业发展是盲目的、低效的，没有形成专业知识的教师专业发展过程是非反思性的，教师专业发展的理想状态是让教师带着专业知识自觉地、反思性地投入教师专业发展实践，努力提高自身的发展能力。

### 2. 专业知识来源：反思性实践与专业学习实践

小学教师专业发展有两大知识来源，一是借助反思自身的专业实践而形成的理性教育认识、专业知识与借助专业学习实践而获得的感性教育经验，即实践性教育知识；二是基于实践反思的自我学习、反思性学习与基于他人实践经验的专业知识学习、经验借

鉴式学习。在反思性实践中，教师获得的是个体性专业知识，而专业学习实践中教师获得的是公共性专业知识或他人间接经验。当然，外来习得的专业知识需要转化成为小学教师的个体性知识才可能生效，这是一个将专业知识适用于具体教育教学实践场景，使之具体化、实践化、个体化的过程。没有这一转化过程，小学教师即便在脑中储存了大量的专业知识，也只是死知识而已。教师专业发展的这两大知识来源恰恰说明了教师的专业发展与专业知识形成之间的动态循环关系。

**3. 专业发展与专业知识的生成和运用是同一个过程**

从存在形态上看，小学教师专业发展过程与现成专业知识的运用、实践性专业知识的生成是合二为一的过程，二者互为同体性，它们统一于同一个过程。二者在教师专业发展过程中实现了相互统一、互促共生，如果教师将二者割裂开，进行单项的强化或学习，反而不利于提高教师专业发展效能。可以说，专业知识运用、生成与教师专业发展是一体两面的关系，二者难以截然分开。专业知识的品质能提高教师专业发展的水准与质量，教师学习大量优质的核心专业知识有助于小学教师专业发展进程的优化；教师专业发展是教师突破自身专业知识框架的武器与契机，在实践中获得的新教育教学知识能促使小学教师突破既有知识结构的缺陷与僵化，由此催生他们在专业实践上的新突破。

## 二、小学教师专业知识的构成

优良、合理、丰富的教师专业知识结构是教师专业发展的基石，专业知识结构的缺陷极有可能成为教师专业发展的短板。小学教师专业知识的合理结构应该是怎样的？小学教师知识结构的特点有哪些？这些是我们开展小学教师培训、完善小学教师专业发展制度时需要首先考虑的问题。

针对教师专业知识结构的构成要素这一问题，国内外许多学者都做过大量的研究与探索，相关的研究成果较为丰富。本章罗列一些比较具有代表性的研究成果，供广大教师学习者参考。

### （一）林崇德的分类

北京师范大学林崇德教授关于教师专业知识的研究较具有代表性，堪称教师专业知识构成的经典研究成果。他持有的观点是，教师的专业知识体系由"五大核心要素"构成，分别是本体性知识、条件性知识、背景性知识、实践性知识以及工具性知识等。

#### 1. 本体性知识

即教师所教学科的知识，如小学语文教师必须懂得一定的儿童文学、现代汉语、文学史、诗歌等知识。

### 2. 条件性知识

教师在进行教育和教学实践时所需的教育学、心理学和学科教学方法的知识，构成了教师知识体系的独特部分。例如小学数学教师不仅要掌握一定的数学知识、算术知识，而且要掌握一定的小学教育学、儿童心理学、小学数学教学理论知识。

### 3. 背景性知识

即教师开展教育教学活动所必需的时代性知识，如社会知识、人文知识、自然科学知识等。

### 4. 实践性知识

即针对教育实践而言非常有用的经验性知识，这些知识的最大特点是情境依存性、个体性等。

### 5. 工具性知识

即教师在教育教学活动中必需的关于知识传授工具的知识，如多媒体、现代教育技术等。

## （二）舒尔曼的分类

美国学者舒尔曼对教师专业知识构成的研究堪称国外教师专业知识结构中的经典范例，该教师专业知识结构被国内外许多学者转引、借鉴、欣赏。显然，这一知识结构也适用于小学教师的知识结构。舒尔曼的观点是，教师的专业知识可以分为七大类：一般教学知识、关于学习者的知识、学科教学知识、教学内容知识、背景知识、关于课程的知识、教育目标知识。在所有的知识结构中，学科教学知识（简称 PCK）是教师专业知识体系的核心组成部分。

## （三）叶澜的分类

华东师范大学的叶澜教授在教师专业知识的分类领域提出了具有深远影响的观点。她采用了一种层次化的方法，系统而深入地解读了教师的专业知识结构，并将其精细地划分为三个不同的层次，每一层次都承载着教师专业发展的不同方面和要求。

第一层次，即底层结构，构成了教师专业知识的基础框架。这一层次主要包括教师必须掌握的当代科学和人文两个方面的基本知识。这些基本知识是教师认知世界、理解社会、与学生进行有效沟通的基础。同时，底层结构还要求教师具备工具性学科的坚实基础和熟练运用的技能、技巧。工具性学科，如语言、数学、信息技术等，是教师进行教学、科研和日常工作的重要工具，其熟练程度直接影响教师的工作效率和教学效果。

第二层次，在教师的专业知识体系中处于中间位置，强调教师需要掌握 1~2 个学科的特定知识和技巧。这一层次的知识是教师胜任教育任务的核心知识，也是教师专业化的重要体现。教师需要深入了解自己所教学科的知识体系、基本概念、原理和方法，能够准确地传授给学生，并引导学生进行深入学习和思考。同时，教师还需要掌握与所教学科相关的实践技能和技巧，如实验操作、案例分析等，以增强学生的实践能力和创新能力。

第三层次，即最高层次，主要涵盖了教师必须掌握的教育学科相关知识。这一层次的知识是教师进行教育教学活动时经常会使用的专业知识类型，对于提高教师的教学质量和教育效果具有重要意义。教育学科相关知识包括教育心理学、教育学原理、课程与教学论等，它们帮助教师深入了解教育对象的心理发展特点、教育教学活动的规律和方法，以及进行教育研究的专门技能。掌握这些知识，教师能够更好地理解学生、设计教学、评价学习，从而实现教育的目标和使命。

### （四）其他分类

当然，还有其他学者对教师专业知识结构也进行过阐述，如袁宝菊认为，教师专业知识的构成主要是：科学文化知识、学科专业知识、教育学理论知识、实践性知识和行动研究中的科学方法知识。❶

这一分类的主要特点是重视教师专业发展方面的知识，如行动研究中的科学方法知识；整个教师知识类型的"理论 — 实践"谱系更为清楚，从关联较远的科学文化知识到与教育实践关联较近的科学方法知识，教师专业知识的层级线路较为清晰，值得我们借鉴。

### （五）《小学教师专业发展标准》中的分类

毫无疑问，《小学教师专业发展标准》（以下简称《标准》）中提及的小学教师专业知识构成更具权威性，具有较强的普及意义。在《标准》中，小学教师专业知识体系被剖解为四个组成部分。

### 1. 小学生发展知识

本部分涉及的教师专业知识主要包括五个方面：

第一，法规知识是教师必须具备的专业素养之一。它涵盖了与小学生生存、成长和

---

❶ 袁宝菊：《教师专业发展的知识基础研究》，《平原大学学报》2005 年第 1 期.

保护密切相关的法律法规和政策规定。教师需要深入了解这些法律法规，确保在教育教学过程中能够依法行事，保护学生的合法权益，为学生的健康成长提供法律保障。

第二，学生的心理知识是教师专业知识体系中不可或缺的一部分。它涉及不同年龄段以及有特殊需求的小学生的身心发展特征和规律，要求教师掌握一系列保护和促进小学生身心健康发展的策略和方法。

第三，学习心理知识是教师必须掌握的另一重要领域。它关乎不同年龄段小学生的学习特性，以及如何培养小学生的良好行为模式。特别是在幼小衔接与小初过渡的关键阶段，教师需要深入了解学生的心理特质，掌握帮助他们平稳过渡的策略和方法。

第四，心理健康知识是教师专业知识体系中的重要组成部分。它特别关注如何为小学生提供青春期及性健康教育，要求教师掌握相关的知识与技巧。通过心理健康教育，教师能够帮助学生建立正确的性观念，增强学生的自我保护意识，促进学生的身心健康发展。

第五，关于学生的安全知识是教师必须具备的基本素养。它特指小学生的安全防护知识，以及如何预防和应对小学生可能遭遇的各种侵权和伤害行为。教师需要了解各种安全隐患和风险，掌握有效的预防和应对措施，以确保学生的安全不受威胁。同时，教师还需要加强学生的安全教育，提高学生的安全意识和自我保护能力。

### 2. 学科知识

本部分涉及的教师专业知识主要包括：

①相关学科知识，即适应小学综合性教学的要求，了解多学科方面的专业知识。

②本学科知识，即所教学科知识体系、基本思想与方法。

③学科延伸知识，即了解所教学科与社会实践的联系，以及与其他学科的联系等方面的知识。

### 3. 教育教学知识

本部分涉及的教师专业知识主要包括四个方面：

①教育理论知识，即小学教育教学方面的基本理论知识。

②德育理论知识，即有关小学生品行养成的特点和规律方面的知识。

③认知理论知识，即关于不同年龄小学生的认知规律方面的知识。

④课程标准知识，即有关所教学科的课程标准和教学知识。

### 4. 通识性知识

本部分涉及的教师专业知识主要包括四个方面：

①科学人文知识，即具有相应的自然科学和人文社会科学知识。

②国情知识，即有关中国教育基本情况方面的知识。

③艺术知识，即相应的艺术欣赏与表现知识。

④工具性知识，即具有适应教育内容、教学手段和方法现代化的信息技术知识。

## 三、小学教师专业知识结构的完善

动态性、发展性是小学教师专业知识结构的显著特点，这一特点要求小学教师要不断地完善、发展、优化自己的专业知识结构，方能保证自身专业发展进程的顺利推进。在本节中，我们将从小学教师专业知识结构的发展性特点出发来探讨如何促进其专业知识结构完善这一问题。

### （一）小学教师专业知识结构的发展特点

从动态的角度来看，小学教师专业知识结构的发展性具有多样化的内涵与表现，这些构成了小学教师专业知识结构的发展性特点。

#### 1. 兼容并蓄性

小学教师职业是一个涉及知识面较宽，实践性较强的专门性行业，因此，小学教育实践中可能涉及了几乎人类社会产生的各种知识形态、知识成果。小学教师专业知识结构的兼容并蓄性就是对这一专业属性的反映。兼容并蓄性在小学教师专业知识结构发展中具有以下三层含义：

首先，小学教师工作是一种知识密集型工作，教师必须具有丰富多样的知识才能够履行其工作职责。一个善于积累专业知识、拓展专业知识领域、对新知识充满好奇心态的小学教师才是一名优秀的小学教师。

其次，小学教师的专业知识结构具有多元性、综合性和复合性，教育工作需要一种具有复合性知识结构的教师，因此，小学教师必须积极吸纳新教育知识，善于将这些繁杂的知识类型及时吸纳进自己的专业知识构成中去，以期有力应对复杂多变的教育情境需求。

最后，小学教师只有对各种专业知识兼容并蓄，才可能形成一种相对完善的专业知识结构。仅仅求助于职前教师教育的知识积累，仅仅依靠个人经验基础，一个小学教师是难以适应多样化的教育变革要求的。小学教师只有"眼观六路、耳听八方"，才能够保证自己的专业知识结构与外界教育环境保持一致。

### 2. 动态关联性

小学教师的专业知识结构中，各种专业知识构成要素之间是相互沟通、密切关联的，它们既相互协作，又相互催生，共同服务于小学教师的专业发展进程。具体而言，小学教师的五类基本专业知识之间的关联方式是：以条件性知识为核心，将教师的其他四种知识类型关联起来，形成了知识间的复杂网络关系。也就是说，在小学教师专业知识发展中，本体性知识是条件性知识的基础，而工具性知识、实践性知识与背景性知识又是小学教师的条件性知识正常运转的外围条件。

在实际运作中，小学教师专业知识结构的完善是以帮助教师"学会教学"为中心，将教师的五种知识类型动态关联起来。所有教师知识类型存在的最终使命是服务于教师"学会教学"这一目的和过程，服务于教师的发展与成长。离开了"学会教学"这一实践目的，教师的知识结构可能会被肢解为零散的知识碎片，各种知识之间的联系由此会化为乌有，知识间的互促共生关系随之解体。实际上，教师专业知识构成之间形成的每一种关联都是相互沟通、互动的通道，是各种知识之间信息、智慧互通的渠道。

### 3. 立体开放性

小学教师专业知识结构的另一个关键特征是立体性与开放性，以立体性为基础的开放性是现代教师知识结构的应有品格。小学教师专业知识结构的开放性是一种"立体的开放"，即向各个维度，如知识的深度、广度与精度的全面开放，而非"平面的开放"。所谓"开放性"，是指教师的知识结构不是封闭的，它所包含的知识类型不是固定的、静态的，而是随着社会的发展和教育工作的需要而不断被加入新的内容，并在各个维度上不断深化，以此满足小学教育实践对教师专业发展的各种要求与素质期待。其实，教师的专业知识结构始终是因时代的变化而不断变化的，例如，在古代，教师知识结构中根本不可能有信息化教学媒体知识；而在当代，它已成为教师知识结构中不可缺少的元素。可以想象，在未来教师知识结构中，机器人辅助教学等知识极有可能会成为教师知识结构中的一个必备成分。

### 4. 发展不均衡性

在教师的专业发展过程中，知识体系的发展呈现出一种复杂而多变的非同步特性。教师所掌握的各种知识类型，在发展的速率、时长和速度上均存在显著差异，这种差异导致了知识体系内部各组成部分之间的非同步发展。研究表明，对于具有1~10年教龄的教师而言，其条件性知识和实践性知识呈现出明显的同步发展趋势。这一阶段，教师正处于职业生涯的初期，他们在教学实践中不断积累经验，同时也在不断学习和完善自己的条件性知识，即关于如何教、为何教的知识。这两类知识的同步发展，为教师的教学实践能力提供了坚实的理论基础，也是保证教师教学成功的重要因素之一。然而，当教师教龄达到10~20年时，虽然条件性知识和实践性知识总体上仍呈现出同向发展的趋势，但也开始出现了不同步的现象。

这一阶段，教师已经积累了一定的教学经验，他们的教学实践能力得到了显著提升，但对条件性知识的需求也变得更加多样化和深入化。因此，条件性知识和实践性知识的发展速度开始出现差异，但整体上仍保持着同向发展的态势。当教师教龄超过20年后，条件性知识和实践性知识的发展方向却出现了相反的变化。这一阶段，教师已经具备了丰富的教学经验和深厚的实践智慧，他们的实践性知识可能达到了一个相对稳定的水平，甚至开始出现某种程度的固化或保守倾向。而与此同时，随着教育理念的不断更新和教学方法的不断创新，条件性知识却在不断发展变化。这种反向发展的趋势，对教师的专业发展提出了新的挑战和要求。

此外，教师的其他知识水平也并非随着教龄的逐渐增加而同步上升。特别是教师的本质知识，即关于学科内容本身的知识，它的增长速度往往相当快。这是因为教师在职业生涯中始终需要不断更新和完善自己的学科知识体系，以适应教育发展的需要。然而，教师在实践知识方面的增长则依赖于一定程度的教育经验，并且这种增长速度相对较慢。实践知识的积累需要教师在长期的教学实践中不断摸索、总结和提炼，因此增长速度往往滞后于本质知识的增长。

### （二）小学教师专业知识结构优化的一般渠道

小学教师专业知识结构只有在不断优化中才能更加符合小学教育实践的多样化需要与多变性特点，知识结构优化是小学教师的必修功课之一。在当代教育实践中，小学教师专业知识结构优化的常见渠道是：学习、交流、实践、研究与反思。综合利用好这些渠道是小学教师专业知识结构不断趋于优化的出路。

#### 1. 学习

学习是人从外界吸取新信息、新经验、新技能的过程，专业学习是小学教师获取丰富专业知识的基础路径。在教育实践中，小学教师总会遇到新问题、新情境，总会遇到已有知识结构难以应对的问题。在这种情况下，小学教师必须借助学习活动处置这些实践难题，及时适应教育环境的需要。在教育实践中，教师既可以向教师同行学习，也可以向教育对象 —— 小学生学习，学习他们理解学习问题的方式、提高学习效能的经验；

教师既可以在课堂中学、在实践中学，还可以在生活中、在反思中学，不断弥补自身专业知识上的不足与缺陷；教师既可以创造条件进行自学，还可以主动向他人学习，尤其是向教育专家、优秀同事学习。应该说，教师学习的对象应该不拘一格，"学者无常师""知高即可为师"，这就是小学教师专业学习的开放性内涵。

### 2. 交流

教师专业知识结构优化的另一渠道是与学习对象，如优秀教师、教育专家共享各自拥有的专业知识，在交流中分享彼此的优势经验与专业灼见。在实践中，师生间的交流是一种无意识地学习，一种随意性学习，它能够在互动交流中产生"润物细无声"的学习效能。小学教师之间交流专业知识的形式有很多，例如举办研讨会、座谈会、"沙龙"，召开教学经验交流会，举办优秀教师联谊会等，这些活动形式能有力促进教师间优势经验的流转与分享。在现代社会，小学教师不仅可以面对面地开展专业知识交流，还可以在网上利用虚拟社区这一平台开展"空中交流"，如小学教师可以利用网上虚拟社区、QQ 和微信群、教育博客、中国教师网站等平台共享实践经验与研究成果，方便拓展自己的专业知识。

### 3. 实践

相对其他专业知识习得渠道而言，参与教育实践才是小学教师获取专业知识的常规舞台与根本渠道，基于教育实践的探索与反思是小学教师专业知识扩展的重要途径。课堂就是学堂，任职学校就是教师专业发展学校。鼓励小学教师走进实践，走进校园，走进中小学课堂，走进一线教师的教育生活中，利用好教育实践自身的专业发展功能，是小学教师专业知识结构优化的重要渠道。实践证明自己缺什么，就在实践中研究什么，就补充哪种知识和营养。这正是小学教师专业实践的专业知识生产职能。一旦教师在实践中发现自己知识结构的缺陷，他在实践及其反思中就可能自觉去生产这些知识内容，例如从教的相应实践性知识，扩充教育活动的情景性知识，理解教材内容的背景性知识等。可以说，教育实践是小学教师专业知识量的总库存，也是小学教师获取专业知识的储备库。

### 4. 研究

教学即研究，教师即研究者，这是当代教育理念的重要内容。第一种是边搞教学活动，边开展行动研究、课题研究，小学教师就能够创生出大量的专业知识，满足自己专业知识的现实需要。在教学实践中，小学教师开展研究活动的形式有很多，如参与各种课题研究，尤其是紧密结合教学实践开展的小课题研究，这是教师获取专业知识的最佳途径,它能够有效克服教师自己做研究与专门配合专家课题研究这两种研究方式的缺陷,帮助小学教师获得教育教学实践最需要的专业知识。第二种是校本研究,即"基于学校、为了学校"的研究活动,它是解决学校面临的共同教学难题与发展难题的有效手段。第三种是教师开展自主研究。借助这种研究方式,小学教师可以根据自己的知识需求,借助教学与研究相结合的方式,及时解决自己面对的专业发展问题,满足自身个性化的专业知识需求。

### 5. 反思

所谓反思,即教师在工作一段时间之后,回过头来思考自己的教育教学工作状况,从中发现自己的教育教学问题,积累成功的教育教学经验,提炼出实践需要的专业知识。其实,反思就是一种"元认知",是他们审视自己的学习活动,回顾自己的教学实习、实践,建构实践性知识的重要途径。因此,反思本身是小学教师获取自身亟须专业知识、优化自身知识结构的有效渠道之一。在实践中,小学教师值得反思的实践内容很多,如对自身知识结构的反思,探明自身专业知识结构优化的方向;对自身的教学实践进行反思,吸取自身实践中积累的专业知识;对自身的学习过程进行反思,吸取自身的教师专业发展知识,增强对自身专业发展全程的监控能力。

### (三)小学教师专业知识结构优化的统整原则

对小学教师而言,专业知识结构的优化不能修修补补、各自为政,而必须坚持统整的原则,确保优化的最终效能。所谓统整原则,是指小学教师在专业知识结构优化中应该按照整体统筹、局部整合、融会贯通的原则,努力提升其专业知识结构的整体效能,提高教师知识结构针对小学教育教学实践而言的适应性。

小学教师的专业知识结构统整原则包括以下内容。

### 1. 自我统整

在专业知识结构优化中,小学教师一定要坚持自我发展为本的原则,针对个人专业发展的缺陷与需要,及时确定知识结构优化的方向与重点,促进教师自身的专业自我优化与改善,提高教师专业发展的复合效能。为了体现这一原则,小学教师在知识结构优化中要强调三条原则:其一,以专业自我为核心,这是因为完善专业自我是教师知识结构优化的中心目标,教师的专业成熟主要体现为专业自我的成熟与完善;其二,以自我审视为入手点,因为教师只有及时开展自我审视,才能够发现自己的专业知识结构的优劣,明确自身专业知识结构优化的方向;其三,以自我调整为实践途径,这是因为针对实践需求的自我调整是教师专业知识结构优化的主要途径，它能够确保小学教师专业知识结构调整与实践需要之间的充分吻合。

### 2. 实践统整

教师知识结构优化中主要涉及两大内核，一是教师的专业自我这一中心，二是教育教学实践这一中心，小学教师专业知识结构的优化实际上是"双核驱动"式的。实践统整的原则实际上就是坚持以实践需要为主的教师知识结构优化思路，努力体现教师专业知识结构优化服务于教育实践需要的宗旨。小学教师是反思性实践者，实践反思是教师知识生产的重要渠道，它能够为小学教师生产出自身目前不具备的专业知识内容；实践是检测教师知识结构质量的标尺，它能够判定出教师专业结构的质量，为教师专业知识结构改进提供建议与思路；从教师专业知识结构优化的价值诉求来看，为创建优质教学而不断完善知识结构是教师改进知识结构的最终目的，坚持实践需要导向这一教师专业知识结构改进原则具有科学性。

### 3. 阶段统整

在知识结构优化中，小学教师要坚持统整原则，还应该做到阶段性统整，即为每一个职业发展阶段确定好知识结构统整的任务，确保各个阶段在顺次推进中达到教师专业发展的最终目的 —— 成为一名好教师。在不同专业发展阶段，小学教师专业知识结构统整的重点应该有所差异：职前准备阶段，小学教师的专业知识结构统整应该以教育理论知识与学科理论知识为主，努力形成合理的理论教育知识结构，满足教师未来持续发展的需要；在教师入职阶段，专业知识结构统整应该坚持以经验性知识为主，促使新任职小学教师从各个维度整合经验性教育知识，如班级管理经验、课堂教学经验、教学研究经验等，以求顺利完成入职任务；在职成熟阶段，小学教师专业知识结构统整应该坚持以创造性、案例性、策略性知识为主，促使教师收集和创造出优质、典范的教育教学案例，及时组织、整合教学创造方面的专业知识，为酝酿教师专业实践效能的历史性突破，助推教师专业上的超常规发展提供充分准备。

## 四、乡村小学教师的乡土文化知识

乡村小学教师的乡土文化知识在其专业发展中占据着重要地位。

### （一）乡土文化知识的定义与重要性

乡土文化，作为特定地域与民族所独有的文化瑰宝，涵盖了物质与精神两个层面。物质文化层面，诸如建筑风貌、交通方式、服饰特色及食品风味等，均凸显出地域的独特性与多样性；而精神文化层面，则涵盖了语言习俗、民间传说、宗教信仰、娱乐形式、音乐艺术等，这些文化元素共同构筑了乡土文化的深厚底蕴。

对于乡村小学教师而言，掌握丰富的乡土文化知识，是了解、传承并发展本地文化的基石。乡土文化知识不仅关乎教师个人的文化素养，更是教师在教育实践中不可或缺的重要资源。它对于培养学生的乡土情怀，增强学生对家乡的热爱与归属感，具有不可估量的价值。

在乡村小学教育的广阔舞台上，教师扮演着多重角色。他们不仅是知识的传递者，更是乡土文化的传承者与守护者。在课堂教学中，教师巧妙地将乡土文化知识融入教材内容，使学生在学习知识的同时，也能领略到家乡文化的魅力。课外活动则是另一重要阵地，教师通过组织丰富多样的文化活动，如乡土文化讲座、民间艺术展示、实地考察等，将乡土文化知识渗透到学生的日常生活中。

通过这些方式，教师不仅帮助学生更好地了解自己的家乡，还激发了学生对家乡的热爱与自豪感。学生们在感受家乡文化独特性的同时，也逐渐形成了对家乡的深厚情感与归属感。这种情感与归属感的培养，对于学生的全面发展具有重要意义，它不仅能够增强学生的文化自信，还能够激发他们的创造力与责任感，为家乡的未来发展贡献自己的力量。

### （二）乡村小学教师乡土文化知识的构成

乡土文化，作为特定地域与民族的精神纽带，其深厚底蕴与独特魅力源自多个方面的融合与交织。在小学教育中，乡土文化的传承与发展不仅关乎学生文化素养的提升，更是培养其家乡情怀与民族认同感的重要途径。

#### 1. 地理与历史知识

掌握当地的地理定位、地貌特征、气候属性以及历史发展等方面的信息，是理解和传承乡土文化的基础。教师可以通过课堂讲解、地图绘制、实地考察等方式，将这些知识融入教学之中。例如，在讲解家乡的地貌特征时，教师可以带领学生参观当地的山川湖泊，亲身体验自然的壮丽与神奇；在讲述家乡的历史发展时，教师可以利用地方志、历史遗迹等资源，让学生感受家乡的悠久历史与文化底蕴。

#### 2. 民俗与传统文化

民俗和传统文化是乡土文化不可或缺的一部分，它们承载着地域的独特风俗与民族的精神追求。教师可以通过组织民间传统节日庆祝活动、讲述民间故事和传说等方式，让学生深入了解当地的民俗和传统文化。例如，在春节期间，教师可以引导学生参与贴春联、放鞭炮、包饺子等传统习俗，让他们在实践中感受节日的喜庆与温馨；在讲述民间故事和传说时，教师可以结合当地的历史遗迹和自然景观，让学生仿佛置身于故事之中，领略家乡的神奇与魅力。

### 3. 方言与民间艺术

方言是乡土文化的独特标识，而民间艺术则是乡土文化的生动展现。教师可以通过教授当地方言、组织民间艺术展示和创作活动等方式，让学生深入了解并传承这些文化瑰宝。例如，在教授当地方言时，教师可以结合日常生活中的常用词汇和短语，让学生在轻松愉快的氛围中学习方言；在组织民间艺术展示和创作活动时，教师可以邀请民间艺人进校园，向学生展示剪纸、泥塑、刺绣等艺术形式的魅力，并引导学生亲手尝试创作，让他们在实践中感受民间艺术的韵味与乐趣。

### 4. 乡土名人与事迹

深入了解当地著名人物的生平、英勇事迹以及他们为家乡和国家所做的贡献，是唤起学生模范意识的重要途径。教师可以通过讲述乡土名人的故事、组织学生参观名人故居或纪念馆等方式，让学生感受名人的风采与精神。例如，在讲述当地英雄人物的英勇事迹时，教师可以结合历史事件和背景，让学生了解英雄人物在关键时刻所展现出的勇气和担当；在组织学生参观名人故居或纪念馆时，教师可以引导学生仔细观察名人的遗物和照片，让他们更加直观地感受名人的生平与成就。

### （三）乡土文化知识在教学中的应用

乡土文化作为特定地域与民族的文化基石，蕴含着丰富的历史信息与独特的文化韵味。在小学教育中，将乡土文化融入课堂教学、课外活动以及家庭与学校的合作中，不仅能够提升学生的文化素养，还能激发他们对家乡的热爱与认同感。

### 1. 融入课堂教学

在语文、历史和地理等学科的教学中，融入乡土文化的相关知识，可以使课堂内容更加生动有趣，同时增强学生的实践应用能力。

在语文课上，教师可以选取当地民间故事、传说或乡土文学作品作为阅读材料，引导学生分析文本中的语言特色、人物形象和文化内涵。例如，讲解一篇关于家乡英雄人物的传说，不仅能让学生了解英雄事迹，还能让他们领略到家乡文化的独特魅力。通过这样的教学，不仅能提高学生阅读理解能力，还能加深他们对乡土文化的认识。

在历史课上，教师可以结合当地的历史事件和人物，讲述家乡的历史发展脉络。以某地区为例，教师可以详细介绍当地在古代丝绸之路上的重要地位，以及由此产生的文化交流和经济繁荣。通过具体的历史案例，学生能更加直观地感受到历史与现实的联系，增强历史学习的实用性和趣味性。

在地理课上，教师可以利用当地的地理特征，讲解地貌形成、气候变化等自然知识。例如，组织一次校园周边的地理考察活动，让学生亲身体验家乡的山川湖泊、河流走向，结合课本知识，深入理解地理现象的背后原因。这种教学方式不仅能提高学生的地理学习兴趣，还能培养他们观察自然、探索未知的能力。

## 2. 开展课外活动

课外活动是乡土文化传承的重要途径。通过组织参观历史遗址、博物馆、艺术馆等活动，以及举办乡土文化主题的班会和手抄报比赛，学生能在实际操作中更好地学习和体验乡土文化。

以参观历史遗址为例，学校可以定期组织师生前往当地的历史遗迹，如古城墙、古庙宇等，进行现场教学。在讲解员的引导下，学生不仅能了解到遗址的历史背景和文化价值，还能亲身感受到历史的厚重与沧桑。这样的活动不仅能拓宽学生的视野，还能激发他们对家乡历史的兴趣和探索欲。

此外，举办乡土文化主题的班会也是一种有效的传承方式。教师可以引导学生围绕家乡的文化特色、风俗习惯等主题进行讨论和交流，鼓励学生分享自己的所见所闻和感受。通过班会的互动，学生能更加深入地了解家乡的文化，增强对家乡的认同感和归属感。

手抄报比赛则是另一种寓教于乐的活动形式。教师可以设定一个与乡土文化相关的主题，如"家乡的传统节日""家乡的名胜古迹"等，要求学生制作手抄报。在制作过程中，学生需要搜集资料、设计版面、绘制图画等，这不仅能锻炼他们的动手能力和创造力，还能让他们在制作过程中更加深入地了解家乡的文化。

## 3. 家校合作

家庭是乡土文化传承的重要阵地。学校应与家长保持紧密的沟通与合作，共同推进乡土文化的教育活动。

例如，学校可以邀请家长在课堂上分享当地的历史和民间故事。家长作为乡土文化的亲历者和传承者，他们的讲述往往更加生动、真实，能够引起学生的共鸣和兴趣。通过家长的分享，学生不仅能了解到更多关于家乡的文化知识，还能感受到家庭对乡土文化的重视和传承。

此外，学校还可以与家长共同组织一些乡土文化的实践活动。如利用节假日或周末时间，组织亲子游活动，参观家乡的风景名胜、历史遗迹等；或者鼓励家长与孩子一起制作乡土特色的手工艺品、传统美食等。通过这些实践活动，家长和孩子不仅能增进亲子关系，还能共同体验和传承乡土文化。

# 第三节　乡村小学教师专业能力发展需求

## 一、提升教师形象需求

### （一）健全与改善教师培养机制

首先，提升教师公众形象的核心在于加强教师的职业成长路径。有关机构应确立科学的教师发展框架与标准，而培训机构则需秉持"师德为先、学生为本、能力为重、终身学习"的原则，制定小学教师的人才培育与发展方案。

其次，需对教育培训体系及实际教学流程进行精细化优化。教学培训与教学实践是普通学生向教师角色转变并发挥效能的关键步骤，尤其是教学实践环节，它是对学生教学实践技能进行全面锤炼及教学能力评估的重要过程。为此，应搭建一个多元化的平台，使学生在不同领域深入实践，丰富教育经验，为日后的教育职业生涯奠定坚实基础。

最后，务必强调教师继续教育的重要性。伴随教学改革的持续深入，相关政府部门及教育机构应为教师提供更多元化的进修、培训与学习机会，以推动教师专业素养与技能的不断提升，确保教师技能能够与时俱进，实现持续更新与升级。

### （二）建立合理的形象评价制度

为提升并优化小学教师的形象，学校应着重构建及实施一套更为科学、合理的教师形象评价体系，并深入探究该评价体系在引导、激励及调节各方面所发挥的作用机制。

评价体系的具体实施可融合教师自评、同行互评、领导评价以及学生与家长反馈等多维度方法。在日常管理实践中，学校管理层应采纳多元化的激励策略，涵盖经济奖励、目标设定激励、精神鼓舞及组织层面激励等。通过合理运用这些激励措施，可以有效点燃教师的工作热忱，促使教师以更加积极主动、负责任的态度投身教学工作，进而确保教学目标的顺利实现，并同步提升教师的社会形象。

### （三）家长为子女树立正确的情感导向

无可争议的是，家庭在孩子的发展和教育过程中起到了至关重要的作用，孩子在家中度过的时间远超过他们在学校的时光。因此，经过长时间的相处后，家庭成员的价值观和行为方式，都会对孩子有着微妙而持久的影响。因此，树立良好的教师形象不仅取决于教师自身的努力，也离不开家庭影响因素，树立良好的教师形象需要认真负责的家庭支持。

家长应该明白，良好的师生关系对孩子的成长是非常有益的，作为家长，应及时与学校和老师沟通，全面、真实地了解孩子所处的环境，认真了解学校和授课教师的基本情况，并配合学校的工作，确保家长在孩子面前表现出正确地对待老师的态度，同时，对老师的工作给予配合和支持。家长在学校工作中的支持与配合，不仅可以促进孩子的健康成长，也可以塑造好老师的形象。

### （四）教师提升自身综合素质

教师提升自身综合素质的途径主要包括以下四点：

#### 1. 教师要丰富和拓展自己的知识

小学教师需不断拓宽知识边界，持续开展学习活动。教师知识体系不仅限于所教学科内容，还应涵盖课堂管理技巧、儿童心理学原理及多样化教学方法。伴随多媒体信息技术在小学教育中的普及，教师亦需紧跟时代潮流，主动掌握并熟练运用现代信息技术，具备基本的计算机操作能力。

#### 2. 教师要提高自身的心理素质

在教学过程中，小学教师应从单一的知识传授者转变为培养学生知识、技能、情感、态度及价值观的全面引导者，促进学生由被动学习向教师引导下的自主学习转变，或引导学生走向合作学习的道路。尤为重要的是，教师应接受深入的心理健康教育，以其在课堂中的潜移默化影响，对学生产生深远且积极的影响。为此，教师应明确自身角色定位，保持积极心态，与同事建立良好关系，营造和谐工作氛围，确保工作与休息的均衡，避免职业倦怠。

面对日益激烈的社会竞争及学生日益增长的未来期望，学生承受着不应有的学习压力，心理健康问题日益成为教育者与家长关注的焦点。因此，教育者应为学生提供及时、全面的心理健康指导，确保学生心理方向的正确性。

### 3. 教师要树立现代教学理念

在教学过程中，小学教师应紧密结合时代特征与素质教育改革要求，以学生为中心，激发学生学习热情，尊重并倾听学生观点，满足学生成长需求，拉近师生距离，努力成为学生心中的良师益友。在教育教学活动中，教师应高度重视并认可学生提出的独到见解，以谦逊态度接纳学生反馈与建议。

### 4. 教师要注重提高个人品德素质

小学教师应将教育事业视为崇高使命，而非仅为谋生手段。面对年幼学生，教师应具备充分的耐心、细心与爱心，根据学生个性特点解决问题，发掘学生优点，促进学生全面发展。在职业生涯与学习过程中，教师应与其他教师，尤其是优秀教师深入交流，进行自我反思，营造优质教学氛围，为学生提供健康成长环境。此外，教师还应加强道德自律与自我反思意识，持续学习法律法规及相关政策，增强守法意识。

## 二、担当教学责任需求

在学校教育的全程中，确保学生福祉既是学校的首要任务，也是教师的基本职责所在。

教师的职责远超乎常规工作范畴，他们不仅掌握着关键的教学工具，其言论、思维方式及追求的理想亦对学生发展产生深远影响。学生作为学校的核心群体，利益应被置于首位。作为教育者与管理者的教师，在教育教学过程中，负有充分尊重学生并持续关注其成长与发展的不可推卸之责。

教学不仅是教师传授知识的过程，也是学生学习的过程，它是一种双方共担责任、具有独特性质的合作活动。在当前教学活动中，教学责任占据核心地位。国内学者已从多角度对教师教学职责进行研究，并取得丰富成果。本研究核心内容涵盖：教师教学责任观念、教学责任事件成因及预防策略、"有效教学"背景下教师教学职责、教育工作者教学职责、高等教育机构教师教学自主权，以及对高校教学责任失范的深入剖析。

纵观当前教学责任研究现状，研究焦点多集中于教育者及大学教师教学职责，研究对象以幼儿园教师及大学教师为主。然而，需明确认识到，小学教育与青少年儿童成长紧密相连，小学教师在教学中的责任同样是不容忽视的教育研究议题。因此，下文将基于前人研究，深入探讨小学教师在教学中的职责与角色。

### （一）小学教师教学责任的概念界定

#### 1. 教学责任的内涵

教师，被誉为"塑造人类心灵的匠师"，承担着为国家培育栋梁之才的历史重任。要无愧于"人类灵魂工程师"的崇高赞誉，每位教师都需对教育教学任务保持高度敬畏之心，切实履行自身职责。

教师职业的本质在于责任感，这是教师的核心职业特征。深入理解教学责任，是成为教师的必备条件。因此，在教育实践活动中，教师首要的任务是明确并认领自己所肩负的教学职责。

那么，教学责任具体是指什么呢？教学责任可以定义为：教师在开展教育教学活动和参与教学管理的全过程中必须承担的事情，也就是一旦教育教学活动中出现问题，或出现不良影响事件，教师所要承担的后果。

#### 2. 小学教师教学责任的主要内容

著名教育家陶行知先生曾明确指出："教育实乃社会重塑之过程，而教师则为此变革之引领者。教师之引导，决定着青年之未来，亦影响着民族乃至人类之命运。" ❶因此，小学教师不仅需具备扎实的专业知识与技能，还应拥有相应的教育与教学能力。此等能力之灵活运用，是确保课堂教学成效、保障教育活动顺利进行之关键。

教师教学过程中的核心目标，在于全面提升教学质量，培育能为构建和谐社会贡献力量的优秀人才。此外，小学教师所肩负的教育职责，具有独特性质，与其他社会职责及不同层级学校教育任务相区分，主要体现在两大方面。

（1）教学活动方面

在小学教育阶段，教师承担着传授与学生年龄阶段相适宜的科学文化知识之核心职责，此乃其教育活动之根本。

首先，教育工作者需通过多元化的教育教学活动，助力小学生塑造健全的人格特质，并确保其掌握基础知识与技能。教师之角色，非仅限于知识之传递者，更在于培育学生的思维品质与道德修养。故在教育教学活动开展之初，即应将"教学"与"教育"二者有机融合，以达成知识传授与道德教育的双重目标，实现二者之均衡。

其次，小学教师需着重培养学生的良好学习态度，此乃小学教育教学之核心议题。小学时期，是学生身心快速成长的关键阶段，教育者应重视在此阶段培育学生形成积极向上的学习态度和习惯。尤其对于小学高年级学生而言，其心理发展正处于由幼稚向成

---

❶ 刘雨：《小学教师生存状态及其专业发展研究》，吉林人民出版社，2019，第 147 页．

熟过渡之时期，此时培养学生的良好习惯，不仅能取得显著成效，更为学生适应即将到来的青春期生活奠定坚实基础。

最后，对学生的关怀与爱护至关重要。于小学教师而言，爱护学生乃进行教学活动之基本道德准则。若无爱，教育则无从谈起，爱乃教育之核心所在。对学生的爱，是教师特有的职业情感，是维持与发展良好师生关系的基础，亦是完成教育教学任务的关键因素。学生作为课堂活动的中心，教师所组织的每一课程活动均应围绕此中心展开，旨在引导学生产生积极情感体验，获取知识，最终学会知识并构建自身知识体系。小学阶段的学生，通常表现出强烈好奇心、旺盛活力与丰富想象力，因此教师需根据学生个体差异进行个性化教学。鉴于学生在此阶段所展现的独特性质，为达成上述目标，教师在教育教学活动中，必须以学生的深厚情感为基石，缺乏对学生的关爱，即意味着缺乏对教育教学的热忱。

（2）教学管理方面

小学教师的教学职责不仅体现在教育与教学过程中，还深深植根于管理职责之中。

小学教师所教授的课程内容与其授课方式紧密相连，因此，课前的充分准备对于确保授课质量至关重要。然而，要圆满完成这一任务实属不易。教师在按照预定计划完成教学任务后，还需评估教学成果是否达成预期目标。在实际的教育教学实践中，学生对课堂内容的认知可能与课程预设及教师的展示存在差异。同时，课堂教学过程中往往会出现诸多意料之外的情况。因此，小学教师在完成教学任务的同时，还需强化课堂教学管理的能力。

课堂教学管理能力主要涵盖以下三个核心方面：

一是培养小学生的注意力集中能力。学生的注意力集中程度在极大程度上影响着听课效果。学生的注意力集中与课程内容、课堂活动的吸引力和趣味性，以及教师的教学速度、难度等要素息息相关。小学生正处于好奇心旺盛但自我管理能力较弱的阶段，注意力难以集中较为普遍。因此，小学教师应重视如何有效引导学生集中注意力，以提升教学效果。当学生因负面情绪导致注意力分散并干扰教学活动时，教师需掌握引导学生转移注意力的方法，并运用合适策略化解学生的负面情绪。例如，设计吸引人的课题或实施生动有趣的学习任务，均能有效吸引学生的注意力。

二是课堂时间的管理。在当前的教育教学环境中，教师若要提高课堂教学的时间效率，应尽量减少人为浪费时间的情况，并确保所有教学任务能在课堂内完成。因此，如何合理分配教学时间、提高每单位时间的使用效益，以及如何提升课堂时间的使用效率，均取决于教师是否重视教学时间观念。在规划教学时段时，教师还需确保传递恰当的信息量。对小学生而言，课堂压力不应过大，信息量过多可能导致学生难以承受，进而使教学效果急剧下降；反之，信息量过少则可能使教学活动缺乏紧凑性，导致课堂教学时间的不必要浪费。

三是课堂活动的组织和管理。教学环境由一系列合适的课堂活动构成，包括学生调查活动、小组讨论和巩固复习等。在教学过程中，每个活动都需经过精心策划和组织，教师需耐心指导，并及时评价学生的课堂表现。

### （二）小学教师教学责任冲突及其表现形式

#### 1. 教学责任冲突的概念

责任冲突这一概念的本质在于责任主体在责任选择过程中所面临的内在矛盾境遇。具体而言，在特定情境下，责任主体可能会陷入两难的抉择之中，无论选择何种行动，都可能引发责任主体的不适或反感。此类选择往往意味着只能满足一项责任要求，而同时违背其他一项或多项责任的规定。

人际间的责任矛盾往往难以避免。因为在社会结构中，个体的身份具有多元性，他们需要在社会中扮演多重角色，而每个角色都承载着特定的职责。当多种角色身份交织在一起时，若个体试图完美履行每个角色的职责，责任的冲突便应运而生。

责任的冲突并不与个体的自主选择相悖。相反，冲突的出现正是基于个体拥有自主选择的权利。责任冲突的存在，至少表明责任主体在两个或更多的行动计划之间具有选择的可能性。若责任主体别无选择，只能采取唯一行动，则责任冲突无从谈起。

责任冲突反映了一种矛盾的心理状态。唯有在责任发生冲突时，个体才需要进行责任决策，而不同的责任观念代表着不同的利益诉求。因此，责任之间的冲突主要源自不同价值观之间的冲突与碰撞。责任冲突如同一把双刃剑，它既是责任主体自我完善过程中不可或缺的一环，同时也为责任主体在进行责任评估时带来了挑战。进一步而言，教师在教学职责上的冲突，往往源自社会成员对教师角色存在的不同期望和要求，这些差异最终会引发教师内心的矛盾和冲突。

#### 2. 小学教师教学责任冲突的表现形式

从上文可知，小学教师的教学责任冲突主要包括角色冲突和利益冲突两个方面，具体表现如下。

（1）角色冲突

随着社会的不断进步，教师角色日益受到广泛关注。尽管角色间存在的合理矛盾与冲突为教师的学习进程和个人成长提供了动力，但同时，这些冲突也可能削弱教师的工作热情，甚至对其身心健康造成负面影响，进而动摇教师职业所带来的幸福感和稳定性，导致部分教师的角色认同感发生动摇。

随着学校职责的持续演变，现代教育对教师的期望日益增多。教师的角色已从单一的知识传递者逐渐拓展为学生学习的组织者、引导者、评价者，学生行为的管理者，学生人际关系的协调者，以及学生心理健康的辅导者等多重角色。在这一角色转变过程中，各种责任上的冲突不可避免地涌现出来。

（2）利益冲突

在社会大背景下，不同的角色和身份承载着各异的利益诉求。例如，小学教师在学校教育中追求教学成效与个人价值实现，学生在学习过程中期望获取知识、享受校园生活与追求个人兴趣，学校通过教师的教学方式期望提升教学质量与声誉，家长在学校教育中期望孩子获得全面发展与未来成功，国家则从家庭教育和学校教育中期望培养出社会主义事业的合格建设者和接班人。

小学教师在授课时，期望通过教学努力赢得学生的认可，并期望学生能够专心听讲、取得优异成绩。然而，当教师的预期未能实现时，将在教师内心引发责任矛盾。同样，小学生在学校环境中也期望获得知识、与同学嬉戏、学习所爱之事。但现实中的学校教育可能无法满足他们的全部期望，如过早的起床时间、繁重的课业负担以及占据闲暇时间的兴趣班等，这些都可能让学生觉得自身权益受到侵害，从而引发责任上的矛盾。

此外，学校和家长对孩子的高期望也给教师带来了巨大压力。学校期望学生为学校赢得荣誉，要求教师全力以赴提升教学水平、提高升学率；家长则渴望孩子在学校掌握更多专业知识与技能，取得优异的学业成绩，未来能进入心仪的大学。社会则期望教师能够培养出高素质的专业人才，成为社会主义事业的合格建设者和忠实追随者。

综上所述，这些各异的利益诉求和期望无疑会在小学教师内心激发出深层的冲突和矛盾。在不同的利益选择中，都可能存在利益矛盾，而当这些利益冲突发生时，责任的冲突也不可避免。因此，教学过程中出现的责任矛盾，根源在于不同利益群体之间的冲突与博弈。

### （三）小学教师教学责任的实现途径

小学教师教学责任的实现，需要从多种维度进行参考，主要从以下三个方面进行阐述。

#### 1. 教育部门建立健全的教师评价体系

教师评价的核心目的，在于准确界定教师工作所展现的真实价值或潜在价值，其根本在于促进教师的职业生涯发展，并优化教学效果。在我国素质教育深入实施的进程中，教师评价体系的改革已取得了显著进展。鉴于国际教育领域的迅猛发展以及我国基础教育改革的不断深化，对教师评价体系进行持续的改革与完善，不仅成为提升教育质量的迫切需求，也构成了推动教师专业发展不可或缺的重要条件。

因此，当前改革的重点在于，从长远视角出发，全面优化和完善教师的评价机制。此轮改革主要聚焦于以下三个核心维度：

第一，强调评价主体的多元化。评价主体是那些具备教师评价相关专业知识和技术能力，并能实际参与教师评价活动的个体或集体。为确保教师评价工作的全面性和客观性，评价主体的构成应趋于多样化。具体而言，教师评价应涵盖教师自我评价、学生评价、同行评价、校长评价以及教育相关部门评价等多个层面。

第二，重视评价内容的多元性。在教师评价过程中，除关注教师的专业素质外，还应全面考量他们的专业技能和成就，从多个维度进行综合评价。这一做法有助于更全面地反映教师的工作表现和实际贡献。

第三，强调评价流程的科学性和合理性。教师评价过程应公开透明，并严格遵循既定的评价准则逐步实施。这是确保教师获得相对公平评价的关键所在。为此，需建立科学合理的评价流程，确保评价结果的客观性和公正性。

在具体改革方案中，一项至关重要的任务是全面改革教师管理体制。学校应赋予教师充分的教学决策权，并通过优化组织结构、完善激励机制以及强化监督机制等措施，确保和提升教师的教学水平。此外，为提升教师评价准则的科学性和有效性，学校可考虑将教师的课堂研究成果与实际教学表现相结合，进行全面、综合的评价。

#### 2. 学校加强教师教学责任培养与督导

（1）注重教师教学责任观的建设

教师在教学活动中所肩负的职责是多维度的，主要包括对学生的教导职责、教学管理职责以及教师个人的持续学习职责。这些职责共同构成了教师教学责任观的核心内容，核心要义在于对学生的全面成长与发展承担全面责任。这一观念深植于教育与教学活动的本质之中，是教学活动不可或缺的一部分。

此外，小学教师还承担着终身学习的义务。这意味着他们必须不断更新自己的知识结构，吸收新知识、新思维，以适应教育发展的需要。持续推进小学教师的教学责任观念建设与发展，不仅有助于提升其教学能力，还能提高其专业素养，帮助他们树立正确的教学责任观念。

在此过程中，小学教师的终身学习观念显得尤为重要。终身学习不仅能够提升教师的内在素质，还能拓宽其知识视野，进而提升教学质量。因此，我们必须高度重视小学教师的终身学习职责，将其视为构建小学教师教学责任观的基础条件，确保教师能够不断适应教育改革与发展的需求。

（2）建立科学有效的监督机制

为确保小学教师的课堂活动能够正常进行并持续发展，构建一个科学且高效的监控体系至关重要。这一体系的构建应围绕以下几个方面展开：

首先，政府应发挥主导作用，出台具体政策指导，确保学校运作和教师教学活动的信息公开与透明。通过公开监控，使整个社会都能对学校的运作和教师的教学活动进行有效监督，增强教育的公信力和透明度。

其次，应建立区域性的监督责任机制，明确各部门的职责分工，并对被监督对象进行定期检查。通过明确的职责划分和持续的监督检查，确保监控工作的高效运行，及时发现并纠正问题。

再次，有必要成立专门的教育监督机构，并允许第三方参与监督活动。这一机构应具备独立的监督权力，能够对违法行为进行长期追责。参与的第三方可包括学术协会成员、学生家长等，他们可以从不同角度提供监督意见，增强监督的全面性和客观性。

最后，学校应进一步完善教学质量的监控评估体系及操作流程。教学决策是承担教学职责的基础，而优化教学质量的监控和评估机制则是确保小学教师能够有效履行教学职责的重要制度保障。通过科学合理的监控评估体系，可以及时发现教学活动中存在的问题，为教学改进提供有力支持。

### 3. 教师自身专业素质的提高

（1）提高小学教师的专业素质

全方位地推动素质教育，不仅是贯彻党的教育政策的重要举措，也是培养21世纪全面发展人才的关键路径，更是教育改革和发展不可逆转的必然趋势。为了摆脱传统刻板、固定和模式化的教学模式，我们必须实现从单一应试教育模式向全面、综合的素质教育模式的转变。在这一转变过程中，教师作为核心力量，扮演着至关重要的角色。他们不仅承担着传授知识、教授技能和解答疑惑的重任，而且与小学生日常互动频繁，是能够在时间和空间上与学生进行有效沟通和互动的主体。

教师的职业素养是衡量他们教育教学能力的重要标准，主要涵盖专业知识、专业技能和专业情感三大领域。专业知识要求教师具备广博且深入的科学与文化背景，以及扎实的教育与教学经验；专业技能则包括教育教学、课堂管理、教育研究、语言沟通以及对学生深入了解等多方面的能力；专业情感则涉及教师的职业愿景、性格特质、职业感知以及专业情感投入。教师的职业素养直接影响学生的整体素质，因此，提升小学教师的专业素养显得尤为重要。

那么，如何有效提升教师的专业素养呢？首先，教育工作者需持续优化和丰富自身的知识结构。通过学历教育和专业培训，教师可以系统地学习学科知识、教学应用知识和通识知识，同时，教师也应具备自我学习的意识，不断更新和拓展自己的知识储备。

其次，提升专业技术能力是提升教师专业素养的关键环节。在教学实践中，教师需要不断积累和提升教育能力、教学能力和课堂管理能力等专业技能。通过积极的教育和教学实践活动，教师可以锻炼和提升自己的专业技术能力，确保教学品质的持续提升，这也是教师职业成长的重要途径。

再次，教师应积极参与课堂听课和评课活动。听课和评课是一个不断学习和反思的过程，通过观察和分析其他教师的教学实践，教师可以汲取他人经验，认识自身不足，从而提升自己的教学质量，丰富教学手段，增强课堂教学效果。如果教师们都能全身心投入听课和评课活动，那么这将极大地促进学校整体教学质量的提升。

最后，教育工作者应热心从事教育和教学方面的研究活动。随着教育领域的不断进步和拓展，对小学教师的培训和研究日益受到重视。高度重视教育研究工作不仅有助于提升教师的个人素质，更关键的是，它能推动教育行业的快速发展。因此，教学和科研能力已成为教师专业发展不可或缺的组成部分。教师应积极参与教育研究活动，不断探索教育教学的新理念、新方法，为素质教育的全面实施贡献自己的力量。

（2）提高小学教师的教学责任感

教师职业以独特的性质，要求教师在日常教学活动中展现出强烈的责任心，这种责任心贯穿其整个教育生涯，不仅体现在面对问题或困境时的担当，更在日常教学的细微之处得以彰显。尤其在小学教育阶段，教师责任心的强弱对学生的成长影响尤为深远。教师不仅需关注学生对书本知识的掌握，更应重视学生培养良好的学习和生活习惯，确保学生身心健康全面发展。那么，如何增强教师的责任心呢？

首先，教育工作者需对教育事业充满热情。教师应将教育和教学视为一种神圣的职业，而非仅仅是一项任务。教师需凭借深厚的专业知识和才智，致力于实现教育使命，通过教育成就获得自尊心和成就感，从而不断强化教学责任感。这种对教育事业的热爱和投入，是教师责任心的重要源泉。

其次，全方位提升教师的职业道德水平至关重要。在教学过程中，教师承担着传授知识和培养学生的重任。由于教育对象的多样性，教学活动呈现出创新、示范、持久、有规律和复杂等特质，社会对教师群体持有高标准、全方位的评价。因此，教师需具备高尚的职业道德，包括对教育事业的热情、对教育的热爱以及个人的职业操守。教师应不断提升自我，完善师德，以稳定的情感和真挚的关心赢得学生的尊重，胜任教育和培养学生的职责。

最后，教师应学会反思和自我反思。教师应通过言辞和行为明确表达对学生的期望和要求，同时对自己的职责保持高度警觉。一个缺乏责任感的人，往往难以对自己的行为和言论负责，也难以评估工作效果。因此，教师需要不断进行自我深刻反思，学习自我审视的方法。只有掌握反思与自我反思的能力，教师才能识别自身的不足，并据此优化教育教学流程。

教师职业之所以充满强烈的责任心，关键在于这种责任感使教师能够在平凡的讲台上展现出无尽的爱心和激情。教师的责任心不仅是衡量职业道德和工作效能的关键因素，也是优秀教师必备的基础素质。教师应勇于担起学生教育的首要职责，以高度的责任心为学生的成长和发展保驾护航。

## 三、履行心理契约需求

对于小学教师的心理契约及其发展的研究，主要从两个核心维度进行深入探讨：其一为当前心理契约理论的研究进展概述，其二为小学教师心理契约的进一步发展与实践路径。近年来，学术界对大学年轻教师的成长与培训给予了诸多关注，相较之下，小学年轻教师的成长与培训问题却显得相对被忽视。鉴于此，为了更有效地促进小学年轻教师的全面发展与培养，我们亟须深入剖析并满足其心理契约的内在需求。随着社会的不断进步以及家庭对教育需求的日益提升，具有较高教育背景的小学教师群体逐渐展现出其独特的心理契约需求。心理契约作为教师与学校之间隐含的、非正式的相互期望与承诺，对于教师的职业满意度、忠诚度及工作绩效具有深远影响。因此，构建并维护一种健康的心理契约关系，对于学校而言，不仅能有效吸引并保留优秀人才，还能激发教师的内在动力，推动学校的全面进步与发展。

## （一）心理契约概述

### 1.心理契约的概念

1960年，阿基里斯首次提出了心理契约的理论框架，他指出，在劳动与资本的关系中，除了正式的劳动合同所规定的条款外，还存在着一种双方显而易见的预期和默契，这种非正式的、隐含的相互期望深刻地塑造着劳动者的职业态度和行为模式。自阿基里斯提出这一理论以来，心理契约的概念已经历经了五十余年的发展与演变。

起初，心理契约被简单地描述为员工与组织单位间的一种互动关系，它揭示了双方在非正式层面上的相互期望和承诺。然而，随着时间的推移，这一概念逐渐演变成一个普遍存在于各个领域的专业术语，其内涵和外延都得到了极大的拓展。

在广义上，心理契约被看作是合同双方（即雇主与雇员）个人期望的集合。这一定义主要阐述了双方之间的相互关系，强调了心理契约作为连接雇主与雇员心理纽带的角色。从相对的角度来看，紧凑的心理契约更多地突出了个体的主观体验，即员工对于组织对其工作成果的期待，以及他们对组织所做出的各种承诺的强烈愿望。这种愿望使员工意识到自己与组织之间存在的责任和义务，但这种责任和义务并不总是能被组织的每一个层次所感知，它在某种程度上仅仅是员工个人的情感体验和认知。

此外，心理契约并没有明确的直接表现形式，它更像是一种通过多种途径向缔约双方提出的默认协议或隐含理解。这种潜在的协定是基于双方之间的互相理解和信任来明确各自的职责和利益，体现了心理契约的灵活性和适应性。

从另一个视角来看，心理契约理论充当着组织单位与员工之间长期合作的精神桥梁。具有强烈的心理暗示性质，是一种潜在的相互承诺和约定。这种承诺和约定虽然不像正式合同那样具有法律约束力，但它却以一种主观契约的形式存在着，对双方的行为和态度产生深远的影响。

### 2.心理契约的维度

在国内外学术界，心理契约维度的划分一直是一个热点研究领域，然而，至今尚未形成一个统一的理论体系。众多学者持续对心理契约的各个维度进行深入探究，并对其进行了分类，进而提出了二维和三维的结构理论，以揭示心理契约的复杂性和多样性。

学者们普遍认为，尽管心理契约具有高度的个性化和特异性，但仍可以根据契约中的焦点、时间范围、稳定性、覆盖范围和明确性等多个方面的差异来进行区分。在二维结构理论中，心理契约被划分为交易型契约和关系型契约两大类。交易型心理契约主要追求物质和外部需求的满足，雇员的职责清晰明确；而关系型心理契约则侧重于社会情感的自我满足，员工的职责相对模糊，更多地依赖于双方的信任和默契。

随着研究的深入，一些学者在二维结构理论的基础上，提出了三维结构理论，以更全面地揭示心理契约的内在结构。三维结构理论认为，心理契约由三个主要维度组成：交易契约维度、关系契约维度和团队成员契约维度（或发展契约维度，根据不同学者的表述）。交易契约维度主要涉及组织为员工提供的经济和物质利益，员工则负责完成基础的工作职责；关系契约维度强调组织和员工对双方未来长期稳定关系的高度关注，以促进双方的共同发展；团队成员契约维度（或发展契约维度）则侧重于员工与组织之间对人际关系的重视，以及员工对职业发展机会和空间的期望。

在教师职业领域，学者们也对教师的心理契约进行了深入研究。他们将教师作为研究的焦点，通过深度调查和研究，提出了各自独特的观点和见解。例如，国外学者罗西欧与国内研究者林丽华等普遍认为，教师的心理契约可以从关系型心理契约、保障型心理契约以及发展型心理契约三个方面来理解。关系型心理契约基于社会情感交换，建立在双方的信任和诚实基础上，涉及教师对学校的归属感、人际交往的和谐、对学校对教师个体的关心和尊重，以及对个人成长的期待；保障型心理契约是指组织为员工提供的全方位保护措施，包括经济保障和制度保障，教师期望学校能提供稳定的薪资和良好的工作环境；发展型心理契约则意味着员工可以获得更广阔的职业前景和学习机会，教师期望学校能提供职业发展的机会和空间，以充分展现自己的优势和潜力。

此外，还存在其他形式的三维心理结构理论，其中关系型心理契约和发展型心理契约与前文提及的相似，而交易型心理契约则强调员工（教师）更注重短期或具体的经济利益，要求工作量和报酬相匹配，以激发工作积极性。

**3. 心理契约的特点**

（1）模糊性

心理契约是人们内心深处的一种心理期望，这种期望仅仅局限于个体的想象中，它是一种难以用言语表达、难以理解的内在渴望，而在实际生活中，它是不存在的。简单来说，心理契约是指双方对彼此的期望和认知，随着个人人际关系、组织政策、领导层、个人心态的变化而不断变化。从这里可以看出，心理契约的内涵和外延存在相当大的模糊性，心理契约所涵盖的内容也非常复杂。

（2）隐藏性

心理契约是一种隐含的、非正式书面的契约，在一定程度上影响和规范组织员工的行为，主要是双方的一种内心感受和理解。由于教师对自己与学校的关系有自己独特的经历和看法，并往往伴有一种情感体验，这种心理特征在一定程度上会或多或少地引起教师对其与学校的心理契约的理解变化。因此，学校必须与教师本人及时、持续地沟通。

作为一种虚构的合同形式，心理契约不仅涉及正式合同中包含的合同条款，还包括员工希望自己得到的待遇的方方面面。当教师与学校之间的心理契约达到更高的一致性时，他们对学校的满意程度也会增加，离开学校的意向也会降低。当然，作为一个学术机构，学校能否提高教学质量固然重要，但是否有好的师资才是一切教育活动的源泉。因此，心理契约是教师与学校间的一种存在，它在教师与学校之间的交流中起到了互惠互利的作用。

（3）双向建构性

心理契约作为学校与教师之间建立的一种隐含而复杂的关系，其内涵不仅涵盖了教师对自己在学校中的权利、义务以及职业发展前景的期望和预知，同时也包含了学校对教师在教学、育人、责任承担等方面的期望和预知。这一概念深刻地体现了心理契约的双向性特征，即它既是教师对学校的期待，也是学校对教师的期望的集合体。

当教师和学校双方都能更加深入地认识到心理契约的这种双向特性时，他们之间的沟通将会变得更加顺畅和有效。双方会在持续的互动和调整中，不断明确和细化各自的期望，从而达到更好的契合和协作。这种基于心理契约的双向构建，不仅有助于激发年轻教师的斗志和创造力，使他们更加积极地投入教学工作中，还能推动学校在多个方面实现进步和成长。

## （二）心理契约对小学青年教师发展的意义

心理契约虽然是一种内隐的、未书面化的、非正式的契约，但它在很大程度上影响着教师的教学行为。良好的心理契约可以使教师更好地发挥主观能动性，避免学校与教师之间由于"信息不对等"而带来的工作效率低下等问题。就目前形势来说，教师与学校的人事关系已经从以往的终身制的人事关系转变成以聘任制为核心的用人制度。一个学校的好坏最关键的是教师的好坏，而青年教师作为学校最重要的资源和学校发展的中流砥柱，如果学校仅仅是以经济契约的形式来维持与他们之间的关系是明显不行的并且远远不够。与经济契约相比，心理契约更能维持双方的关系。

大量研究数据显示，随着教师职业期待的逐渐上升与薪资水平的持续下降，教师的离职倾向呈现出明显的上升趋势。这一趋势在年轻中学教师群体中尤为显著，他们面临着更为繁重的职业责任和学术负担，因此更有可能成为职业疲惫的高风险群体。相比之下，大学和小学教师在职业疲惫方面的表现则相对较轻。此外，生活和家庭的经济压力也是导致教师职业倦怠风险增加的一个重要因素。在此背景下，学校和教育管理者是否能够深入了解教师的实际需求和期望，并进行高效的人力资源管理，以充分激发教师的主观能动性，成为亟待解决的问题。这要求学校和教育管理者必须经过深思熟虑，并积极采取相关措施来应对这些挑战。

在管理教师人力资源的过程中，除了正式的合同关系外，稳固的心理契约也显得尤为重要。心理契约是教师与学校之间基于相互期望和标准而形成的一种隐含而复杂的关系。遵循这一准则，我们需要深入探讨教师与学校间的期待与标准，以确保双方能够达成共识并建立起稳固的心理契约。

教师与学校之间形成稳固的心理契约，不仅有助于提升教师对学校工作的满意度和忠诚度，还能显著促进年轻教师心理健康的改善。对于刚步入职场的年轻教师而言，制定心理契约尤为重要，因为它能够为他们提供一个明确的发展方向和期望框架，帮助他们更好地适应职业环境并实现个人成长。

然而，教师心理契约的构建和其在各个阶段的调整都是一个高度复杂的动态过程。这要求教师和学校都需要持续地进行深入思考，不断调整和完善心理契约的内容。实际上，当教师对学校的各种设施、教学质量以及职业发展机会感到满意时，他们离开学校的可能性就会降低，同时他们在学校的工作时长和投入也会相应增加。

心理契约对小学青年教师发展有以下三点意义。

### 1. 促进小学青年教师专业化发展

教师，作为学生学习的楷模与引路人，其专业能力的高低直接关联着教学质量及学生的学术表现。学校的教学质量，在很大程度上取决于教师队伍的专业素养。因此，推动教师专业能力提升，自然成为学校发展的核心任务与首要目标。

在心理契约理论的引领下，我们依据需求层次理论，深入探讨了如何建立健康的心理契约，以促进小学年轻教师更高水平的成长。小学年轻教师群体，作为知识储备丰富、发展潜力巨大的集体，其心理与物质需求的满足，以及物质生活的保障，是学校必须高度重视的方面。

然而，我们必须认识到，小学年轻教师的职业素养和技能尚处于教育的初级阶段。

在这一关键时期，若缺乏有力的专业指导培养他们的创造力与自主性，将可能对他们的职业发展造成严重影响。因此，学校必须深刻理解并满足年轻教师的基本需求，这是激发他们更高层次需求的前提与基础。

构建健康的心理契约，需要学校与教师双方的共同努力。学校应主动关注年轻教师的职业成长问题，为他们提供必要的支持与帮助。而健全的心理契约，则为小学年轻教师的职业成长提供了有力的助力与保障。

在推进心理契约的过程中，学校应高度重视年轻教师的职业发展需求，为他们提供提升其职业能力的机遇和平台。这不仅有助于年轻教师实现个人价值与职业成长，更能推动学校整体教学质量的提升与持续发展。

**2. 加强小学青年教师的职业认同感**

一个健康的心理契约，对于小学年轻教师而言，是获得职业归属感的重要途径。这一群体正处于职业生涯的起步阶段，面临着诸多挑战与困境。社会对他们的知识水平和专业素养设定了高标准，然而，若他们未能得到公平对待，且未来前景不明朗，则势必会承受职业与经济的双重压力。这种压力状态下，小学年轻教师很难对教师职业形成积极的认知，进而难以培养出强烈的职业认同感。

职业认同感是小学年轻教师在职业生涯中，对自身职业价值、角色定位及职业前景的深刻体验与认知。缺乏强烈的职业归属感，教师便难以全身心地投入工作，也难以持续地进行自我反思与完善。因此，建立稳固的心理契约，对于小学年轻教师了解学校和教师职业、形成积极的职业认同具有至关重要的作用。

心理契约，虽非正规的合同形式，也无明确的书面声明，但它基于高度信任的基础，能够显著增强小学年轻教师对学校的依赖感和归属感。健全的心理契约在塑造教师自我认同的过程中，发挥着前所未有的重要作用。它不仅是教师工作态度和工作效率的关键因素，更是教师职业发展的内在动力。

当心理契约得以积极构建并有效实现时，它能有力地推动教学活动顺利进行，激发教师的工作热情和创新精神。相反，消极的心理契约则会削弱小学年轻教师的工作积极性，甚至可能触发恶性循环，带来严重的负面影响。因此，心理契约作为书面合同的关键补充和阐释，对于小学年轻教师的职业态度和工作效能具有深远影响。

鉴于小学年轻教师独特的个性特点和职业发展需求，学校必须高度重视他们的心理契约建设。通过构建健康的心理契约，增强他们对教育职业的归属感，进而促进他们的职业成长和发展。

### 3.增强小学青年教师的发展动力

小学年轻教师作为教师职业发展的中坚力量，不仅对学校的教育质量产生着深远影响，更与学校的未来发展方向紧密相连。这一群体通常具备深厚的学识基础、高学历背景以及远大的职业志向，因此，学校有责任给予他们充分的尊重，并积极助力他们实现个人价值。

处于职业生涯初始阶段的小学年轻教师，对于个人成就的追求往往较为强烈，他们更容易受到经济利益、社会地位等外部因素的吸引。在此背景下，学校若仅依赖雇佣合同、劳务合同等有形契约维系与教师的关系，显然不足以满足年轻教师的深层次需求。

相较于有形合同，心理契约在留住教师、激发其工作热情方面发挥着更为关键的作用。心理契约是基于双方深入心理交流和共同认知而形成的一种隐形契约，它关乎教师的职业认同感、归属感以及工作满意度。学校应高度重视小学年轻教师的心理契约问题，通过与他们进行坦诚沟通、了解他们的职业期望和发展需求，进而达成心理层面的共识和契约。

为了确保小学年轻教师能够全心全意地为学校做出贡献，学校需与他们建立长久而稳固的心理合作关系。这种关系的构建，不仅要求学校提供优质的教育资源、良好的工作环境以及公平的晋升机制，还需要学校关注教师的个人成长和职业发展，为他们提供充分的成长空间和发展机会。

### （三）构建良好的心理契约：小学青年教师发展策略

如果一所学校想要更好地生存和发展，就必须建立一支高素质的教师队伍，而要建立这样一支高素质的教师队伍，就必须依赖对青年教师的大力培养。

基于对心理契约的深入探讨，我们可以认为学校和教师的发展主要基于心理契约的理论，因此有必要进一步优化小学教师的成长策略。在小学年轻教师的自我成长旅程中，他们主要关心的是是否能够了解并实践自己的价值观，以及如何提升自己的专业技巧。针对小学青年教师而言，建构良好的心理契约，主要通过以下五个策略：

### 1.明确办学理念

一方面，学校是教书育人的圣地，必须有明确的办学使命，只有在强有力的办学使命的支持下，教育教学工作才能有条不紊地进行下去。另一方面，小学青年教师也很关注和重视学校的办学理念、办学宗旨等是否与自身的价值观相契合，只有在契合的情况下，才能通过不懈的努力实现自己的事业在学校发展和进步的同时，有更高水平的发展。

因此，必要时学校应摒弃传统的管理方式，结合小学青年教师群体的特点，支持和激励小学青年教师在工作中实现自我。发挥小学青年教师的主观能动性，充分发挥其潜力，帮助小学青年教师以最佳的方式实现专业发展。同时，学校应采取适当措施，宣传学校的办学理念和办学宗旨，以一种潜移默化的方式鼓励小学青年教师自愿、自觉地将自己融入学校。

### 2. 建立与完善青年教师专业发展机制

受心理契约理论的启发，我们认识到，在构建并不断优化青年教师的专业发展体系时，需深入理解其多元需求。交易激励模型揭示，小学青年教师除基本的生理需求外，还追求个人价值的实现。这一认识提示我们，通过实施精准的激励策略，可以有效促进青年教师在专业技能与知识储备上的成长，进而增强其对学校的贡献力。

作为学校管理者，应秉持一种综合性的奖励理念，将物质奖励与精神奖励有机融合，以全面满足青年教师的自我实现需求。此过程的关键在于确保奖励机制的个性化与差异化实施，即根据每位青年教师的独特性格、职业发展阶段及个人目标，量身定制激励方案，从而最大化激励效果。

长远来看，构建和优化青年教师专业发展机制对于其职业生涯的持续发展具有决定性意义。提升专业素养不仅能增强教师的教学能力，还能激发教师参与教学活动的积极性与创造性。因此，学校应致力于为青年教师提供更多元化的成长平台与专业发展机会，助力其在教育领域中不断精进。

### 3. 树立以青年教师为本的管理理念

确立以青年教师为核心的管理理念，是学校践行人本主义管理思想的核心体现。这要求学校充分尊重每位年轻教师的人格尊严，对其在教育教学领域所取得的每一项成就给予及时、公正的认可与表彰。通过此举，不仅能增强青年教师的归属感与认同感，还能有效激发其工作热情，进而留住并吸引更多优秀人才。

小学青年教师作为知识密集型群体，普遍具有较强的自信心、自尊心及荣誉感。因此，学校应采纳一种以青年教师为中心的管理哲学，通过建立心理契约，深化青年教师与学校之间的信任与合作关系。具体而言，学校可通过提供如海外留学、专业培训等发展机会，不仅满足青年教师的职业成长需求，更以实际行动彰显对其个人价值的重视与认可。

#### 4. 构建和谐的青年教师团队氛围

只有积极向上的校园文化，才能培养一群积极向上的青年教师。在学校营造积极、团结、和谐的氛围，需要从内部做起，让积极和谐的氛围充满校园的每一个角落。构建和谐的青年教师团队氛围的具体措施有：一是要多渠道加强师德修养，增强自身实力；二是要多角度提高教师专业水平；三是要营造多层次的教师发展环境。

想要营造一支青年教师队伍的和谐氛围，就需要从校园环境入手。在良好的氛围中，青年教师将拥有共同的价值观和信念，为校园贡献力量。

#### 5. 加强青年教师的自我管理

年轻教师不仅是学校活力的源泉，更是塑造和维护学校精神风貌的重要支撑。学校的运营质量及教育成效，很大程度上取决于教师队伍的整体素质，尤其是年轻教师的专业能力与职业精神。年轻教师以创新的思维、饱满的热情和潜在的发展能力，成为推动学校持续进步的关键力量。

心理契约，作为学校与年轻教师之间隐形的、基于相互理解和期望的心理交流纽带，在学校管理中扮演着至关重要的角色。它不仅是连接个体与组织情感的桥梁，也是促进双方合作与共赢的基础。心理契约的建立和维护，有助于增强年轻教师对学校的认同感、归属感和责任感。

## 四、转换教师角色需求

### （一）提出问题

基础教育改革的核心目标，旨在全面贯彻落实党的教育政策，通过对基础教育的课程结构、内容以及体系进行深度调整和革新，构建一个与素质教育标准相契合的基础教育课程体系。这一目标体现了国家对基础教育发展的战略定位与长远规划，是提升国民整体素质、促进教育公平与质量的重要举措。在小学课程改革中，"致力于每一个学生的全面发展"作为核心思想，深刻揭示了社会进步对教育的新期望。这一教育观念不仅强调了教育的本质属性，即促进人的全面发展，也展现了教育在个体成长和社会发展中的核心价值。

它要求教育不仅要传授知识，更要培养学生的综合素质，包括道德品质、创新能力、实践能力等，以适应未来社会的需求。这一教育观念正引领着教育活动的全面革新。在课程实施过程中，它强调以学生为中心，关注学生的个体差异，注重激发学生的兴趣和潜能，促进学生的身心健康及整体教育品质的提升。这种转变不仅是对传统教育模式的挑战，更是对教育理念和实践的深刻变革。教师作为站在教育前沿的实践者，是实现这一核心教育理念的决定性因素。教师的教学观念、教学方法和教学手段直接影响着教育改革的成效。因此，教师必须更新自己的教学观念，从传统的知识传授者转变为学生学习的引导者和合作者，加强学生的主观能动性，鼓励学生的探索和创新。

## （二）转变教师需求的策略

### 1. 教师不断完善自我

#### （1）小学教师要树立正确的教育教学理念

一个人的观点体系是其行动的基石，而教学理念则在整个教学流程中扮演着至关重要的导向角色。为了确保新课程改革的顺利推进，教师必须不断吸纳新的思维方式，并适时调整既有的教育观念。小学教师的教育观念不仅深刻影响其教学方式，还对其学术进步和个人成长具有决定性意义。因此，要实现小学教师角色的根本转型，核心在于解放思想，全面革新教育观念。

在新课程改革的背景下，教师迅速更新教育观念成为最为关键的步骤，特别是教师要确立以学生成长为中心的现代教育理念。这一理念是新课程标准所强调的核心，也是教育者应遵循的行动指南。只有当小学教师真正树立起"以学生成长为中心"的教育观念，他们才能将其有效融入教育教学活动中，进而构建一个民主、科学且尊重个体的现代教育体系。

小学教师在教学过程中，应深刻理解学生是学习活动的主体，尊重学生的个性差异，珍视他们的学习体验，关注其需求，并倾听他们的声音。在教学实践中，教师应从"知识与能力、过程与方法、情感态度与价值观"这三个维度出发，全面促进学生的智力发展和人格成长。

在传统教育理念中，教师的角色主要是知识的传授者。然而，在新课程改革的背景下，教师的角色已经发生了转变，他们不仅是知识的传递者，更是学生学习的促进者和心理健康的守护者。小学教师肩负着教育和培养学生的重任，关注学生的思想和道德建设，这是学校教育的核心所在。在当前的教学需求下，仅仅传授基础知识已远远不够。因此，小学教师在学生的成长过程中，应更加重视其心理健康和思想道德的培养。

为了实现这一目标，教师应实施有针对性的教育项目，旨在使学生在学习过程中深刻认识到思想品德在个人生活和成长中的核心地位。在实际教学过程中，"以学生成长和发展为核心"的教育理念得到了有效实施。教师积极发掘和利用课堂内外的教育资源，为学生提供更多的学习机会。通过多样化的实践活动，增强学生的知识应用意识，培养学生人文素养，并全面提升学生的能力。

针对学生的具体需求，教师应灵活选择和推荐与学生学习相匹配的阅读材料，以激发学生的学习兴趣，培养其人文素养和道德情操，进一步拓宽其知识视野。同时，教师可根据课堂教学的实际需求，适当创设教学情境，以激发学生的学习热情。为了激发学生的学习积极性和好奇心，教师可采用多种教学方法。

此外，基于合作探究的教学方法在新教学大纲中被视为一种重要的教学策略。在课堂上，学生可根据实际情况分成小组，分享学习心得或探讨学习疑惑。若在课堂上未能得到满意解答，学生可在课后继续进行探索性学习，广泛搜集资料，并在小组内展开讨论和学习。这种正向循环不仅能激发学生的学习热情和探索欲望，还有助于培养他们的团队合作、探究和创新能力。

（2）小学教师在教育教学行为上要有所转变

在教学实践活动中，教师所采纳的教学行为模式构成了评估其角色转型成功与否的关键维度。首先，推动传统教育及教学方法的革新至关重要。新一轮课程改革着重强调"全面促进学生发展"及"因材施教"的原则。鉴于每位学生的独特性及显著差异，课程改革指导下，我们应致力于选取与学生个性相契合的教学策略。其中，"讲授与合作、探究相结合"的教学模式，即"教与学相结合"与"合作学习"的融合，更能适应学生的个体差异，潜移默化地培育其团队精神与创新意识。然而，当前众多教师仍倾向于采用传统的"讲授式"教学法。为满足小学课程改革的新标准，教师的授课策略势必要做出调整。传统的单向"讲授式"教学，即教师讲授、学生学习、缺乏互动与反馈的"填鸭式"模式，已无法满足新课程的需求。

其次，采用现代教育与教学方式同样重要。随着时代的不断进步与信息技术的飞速发展，教育与教学方法日益丰富多样。在当前的教学环境中，各类多媒体设备随处可见。多媒体在教育教学过程中扮演着愈发重要的角色，它能有效吸引学生的注意力，为课堂教学增添活力与乐趣。教师应充分利用多媒体工具辅助授课，为学生营造一个积极的学习氛围。

最后，小学教师需强化课前备课技能。备课能力是教师的基本素养，而高质量的备课教案则是优质课程的起点。出色的备课技巧是教师实际操作能力的显著标志。因此，在备课过程中，教师应根据课程内容及学生特点，精心设计教学方案，确保课程设计合理。课程内容的多样性与丰富性不仅能吸引学生，激发其学习热情，还能在新课程开始前，引导学生预习，整理相关资料，以丰富课程内容。通过这些措施，教师能够更好地适应新课程改革的要求，促进学生的全面发展。

（3）小学教师需要提高自身综合素质

要实现教师角色的成功转型，教师需具备与之相匹配的专业技能和综合素养。面对教育发展的新趋势，小学教师应保持积极的心态，通过深入研究新课程改革的议题，识别自身不足，并持续自我完善，以增强在新课程改革中的主动性与适应性。教师的综合素质是决定新课程改革未来走向的关键因素。

教师为了提升专业素养，必须不断拓展知识储备，深化专业领域，并系统研读相关书籍与文献。教师在学习和成长过程中，应致力于成为具备高水平知识、丰富知识结构、高尚文化修养及前沿教学策略的高质量教育者。具体而言，小学教师需从以下几个方面进行努力：

首先，小学教师需要构建一个坚实的知识体系。随着时代的进步，课程内容不断更新，要求教师通过多种途径持续学习，及时更新和完善知识体系。这一知识体系已超越传统的"学科知识＋教育学知识"框架，更注重展现"多层次知识结构"的特点。只有深入学习多层次知识结构，教师才能满足教育持续深化和变化的需求，灵活掌握教育教学规律，提升教育活动的质量和效益。

其次，小学教师需要激发科研热情。尽管教学任务繁重，但教师在积累足够知识储备后，强化科研意识并持续激发科研热情变得尤为关键。科学研究有助于教师识别自身短板，进行自我审查与补充，不断提升能力。通过持续研究与探索，小学教师对学科的理解达到新高度，思维方式也得以进步。他们能够根据学校和班级特点编写校本教材，创新教学手段，为教育教学的持续有效发展提供有利条件。

最后，小学教师需要培养团队合作精神。在现代社会中，合作被视为提升工作效能的重要手段。面对教育和教学的挑战，仅凭教师个人努力难以胜任，需全体教师齐心协力。因此，小学教师在教育教学活动中应不断培养团队合作精神，加强与其他教师的沟通与交流，形成默契，创造有益的合作环境。通过团队合作，教师可以共享资源、相互支持，共同应对教育挑战，提升教学质量。

**2. 学校应给予小学教师多方支持**

学校是教师组织开展教育教学活动的场所。学校需要在多个方面营造有利的环境，以便教师和学生能在一个高质量的氛围中进行教学活动。

（1）完善小学教师培训和专业发展机制

小学教师不仅是基础教育的关键执行者，更是新课程改革标准的直接实践者。为确保小学教师能够有效实施这一教育改革准则，学校需构建完善的教师培训与职业成长机制。实施针对性的教师培训与进修方案至关重要，学校应依据小学教师的实际情况，精心设计多样化的教育培训活动，如知识讲座、教学技能竞赛等，以激发教师对新课程改革标准的学习热情与积极性。同时，学校应建立周期性教育培训评价机制，依据教育部评估准则及学校办学特色，定期组织教师培训与评价活动，表彰优秀教师，为表现欠佳者提供必要的心理支持与指导。

（2）创建个性化的评价标准

在制定评估准则时，学校应参照教育部相关标准，结合小学教师实际需求，制定个性化评价标准。新课程改革作为一项复杂的社会系统工程，明确的考核标准有助于减轻教师心理负担，帮助他们在课程改革中准确定位，勇于面对挑战。一方面，优化教学成果评估标准。学校应在教育部评估准则指导下，针对小学教师特点，对其备课、课堂教学、课后反思等教学环节进行全面评估，及时表彰优秀教学行为，树立教学典范。另一方面，强化小学教师技能全面评估。学校不仅应优化教学评估，还应注重教师整体素质评估，如科研论文数量与质量、课堂教学方法创新等，以提升教师个人素质，促进教师专业发展。同时，教师在指导学生过程中展现的出色指导能力，也是评估其综合素质的重要指标，有助于深化家校联系，推动学生在科学与健康环境中成长。

（3）创造良好的工作环境

在推进新课程改革过程中，学校需采取多种措施，减轻小学教师精神负担，营造积极、和谐的工作氛围。一方面，加强学校基础设施建设。完善的基础设施是优质教育和学习环境的基石，为多种教学活动提供坚实物质支持。学校应增加对教学工具、体育设施的资金投入，不仅有助于学生全面发展，也确保小学教师在有效教学的同时，保持强健体魄。另一方面，强化学校精神文明建设。校园文化是学校精神的核心体现，严谨的教学风格、勤奋的学习氛围、统一的教学方法及充满活力的学校文化，有助于师生共同进步。高质量的校园文化精神为构建和谐校园环境提供思想基础。为此，学校可不定期组织各类活动，如校园文化节等，以推动校园精神文明建设，营造积极向上的职场氛围。

**3. 国家对小学教师角色转变的支持**

百年蓝图始于教育，这句话体现了教育对一个国家的重要性。国家的宏观政策和微观指导，是学校办学、教师教学、学生学习的重要风向标。因此，国家在设计宏观政策和微观指导时，要因地制宜，因为只有这样，新课程改革才能被更好地贯彻落实。

（1）国家制定和完善教育评价标准

教育评价标准是新课程改革过程中检验教师角色转变的试金石，它可以衡量教师角色转变的实际情况。

①建立教育评价标准。国家在设计各个教育制度时，要充分考虑地区之间存在差异，充分考虑各种因素。在做好科学的调研工作后，应根据当地具体情况，制定符合国情的评价标准。一个好的评价标准是一个准确的衡量尺度，可以为不同地方、不同学校的教师定位、调整和提高提供良好的蓝本。

②教育评价标准的执行情况。教育评价标准的出台，为不同地区的学校制定个性化评价标准提供了指导。各地区和各学校制定适合当地学校的评价标准后，即可对小学教师进行综合评价。在科学客观的评价标准的衡量下，小学教师应当充分认识自身优势和存在的不足，及时检查和补缺，促进个体全面健康发展。

（2）加大新课改宣传力度

为落实新课改要求，需要多方合作开展教育宣传工作，让小学教师充分认识到新课改对教师角色转变的重要性。

①各地教育部门加强教育宣传。新课改的宣传要由各地教育部门牵头。各学校根据学校运营的实际情况进行不定期的宣传和教育，加深小学教师对新课程改革的认识。

②多渠道进行宣传。通过多种形式的宣传，让小学教师能够将新课程改革的相关内容内化为教书育人的动力。

（3）加大对教育的财政投入

在推动教师角色转型的进程中，国家需采取综合策略，既注重基础设施的建设，又强调激励机制的构建，以全面促进小学教师角色的顺利转变，这必然要求加大对教育领域的财政投入力度。

①加大对基础教育设施的经济支持是不可或缺的一环。现代化教学设备的引入，不仅能够显著提升课堂教学的效率与质量，还为传统教学模式与行为的革新提供了坚实的物质基础。因此，国家有责任增加财政拨款，用于改善和优化小学的教学设施，从而为教师角色的转型营造一个更加有利和高效的教学环境。

②构建物质与精神并重的激励体系，对于激发小学教师的工作热情、促进其角色转型具有至关重要的作用。为此，国家教育管理部门应联合财政部门，设立专项奖励基金，以表彰在教育教学工作中表现突出的小学教师。这些杰出教师将被授予"先进教育工作

者"等荣誉称号，不仅获得精神上的肯定与尊重，还能得到相应的物质奖励。这一举措旨在通过正向激励，激发小学教师在角色转变过程中的积极性与主动性，加速角色转型的进程，并进一步提升教师队伍的整体素质与专业能力。

## 五、数字素养能力需求

### （一）数字素养能力的现状

尽管农村小学的教师群体已普遍认识到数字技术在教育实践中所蕴含的巨大潜力，但在将其转化为实际教学应用的过程中，却面临着一系列挑战。具体而言，尽管不少教师对多媒体教学软件及在线教育资源展现出了浓厚的兴趣，然而，由于他们在技术操作层面尚不熟练，且缺乏系统性的有效指导，导致这些先进的教学工具在日常教学活动中的实际利用率偏低。

在数字资源的创作与管理层面，乡村小学教师的表现普遍不够理想。以课件制作为例，诸多教师因缺乏专业的设计技能及软件操作能力，所制作的课件在形式上显得单一，内容上则较为乏味，难以有效激发学生的学习兴趣和积极性。此外，在资源管理方面，乡村小学往往缺乏专职的数字资源管理人员，这一现状直接导致了资源分类的混乱无序以及资源共享的诸多困难。

更深层次地，乡村小学教师的教学理念仍深受传统模式的影响。众多教师倾向于沿用"一支粉笔、一块黑板"的传统教学方式，对数字化教学持相对保守的态度。他们担忧数字化教学的引入可能会削弱教师在课堂中的权威性，或者仅仅将数字化教学视为一种"表面装饰"，因而对其在提升教学效果方面的实际作用持怀疑态度。

### （二）数字素养能力的重要性

随着数字化时代的蓬勃兴起，教育领域正经历着一场前所未有的深刻变革。乡村小学的教师是乡村教育的中坚力量，提升他们的数字素养对于推动乡村教育的数字化转型及实现教育现代化具有至关重要的意义。

数字化技术的广泛应用，为教育领域带来了颠覆性的改变。多媒体教学软件和在线教育资源的引入，使得教师能够以前所未有的方式全面、生动地呈现教学材料，极大地激发了学生的学习兴趣和热情。同时，数字技术还赋予了教学个性化的特性，能够根据学生的个体差异和学习进度，量身定制教学计划，从而满足学生的独特需求，促进他们的全面发展。

因此，提高乡村小学教师的数字素养水平，对于提升教学质量和成果具有举足轻重的作用。数字素养的提升不仅能帮助教师在教学实践中取得更加优异的成绩，还能促进他们在专业领域的持续成长和进步。通过参加数字化教学培训、交流研讨等活动，教师可以不断更新自己的知识结构和技能体系，拓宽视野，增强专业素养和教学能力，从而更好地适应数字化时代的教育需求，为乡村教育的现代化发展贡献自己的力量。

### （三）提升数字素养能力的路径

#### 1. 更新教学观念以提升数字化能力

为了提高乡村小学教师的数字化能力，首要任务在于引导他们更新教学观念。通过定期举办专题讲座和教学观摩活动，教师可以更深入地理解数字化教学的优势与价值，从而明确其在学生成长过程中的关键作用。这些活动旨在促使教师认识到，数字化教学不仅能丰富教学手段，还能激发学生的学习兴趣，提升教学效果。同时，我们鼓励教师主动探索数字化教学方法，通过实践操作亲身体验数字技术给教育带来的变革，进而形成积极的数字化教学理念。

#### 2. 加大数字化资源的投资与管理

农村小学应增加对数字化资源的资金投入，并建立健全的数字化资源管理体系。这包括采购高质量的数字教育资源、构建数字化教学平台、创建数字化图书馆等多个方面。这些措施可以为教师提供丰富多样的数字化教学工具和资源。同时，鼓励教师积极参与数字化资源的开发和管理，通过他们的实践经验和反馈，不断优化资源配置，提高资源使用的效率和成效。

#### 3. 系统规划并实施培训课程

系统化和体系化的培训是提高教师数字素养的关键途径。农村小学应定期组织数字化教育培训，邀请行业专家为教师授课并提供指导。培训内容应涵盖数字技术的基本概念、数字资源的获取与使用、数字化教学的设计与执行等多个方面。此外，还应为教师提供持续的技术援助和资源支持，帮助他们在实际教学活动中解决可能遇到的问题和挑战，确保他们能够将所学知识和技能有效应用于教学实践中。

#### 4. 推动教学方法的创新与实践

农村小学应激励教师积极探索和研究数字化教育的创新方式和策略，如在线课堂、远程教育以及智能化教学方法等。通过组织教学比赛和观摩活动，可以激发教师的创新思维和创造力，鼓励他们尝试新的教学模式和方法。同时，应为教师提供必要的援助和保障,如技术支持、经费补贴等,帮助他们克服在实际教学活动中可能遇到的困难和障碍。

**5. 培育教师在数字社会的责任感**

农村小学应加强对教师在数字社会中的责任和角色的培训与教育,确保他们在数字化教学过程中有明确的职责和角色定位。通过举办专题讲座和案例分享活动,教师可以更深入地了解数字技术在教育领域的隐患和挑战,如信息安全、隐私保护等问题。从而增强他们的数字安全意识和法律意识。同时,鼓励教师积极参与数字伦理的建设和讨论,共同推动数字化教学向更健康、更可持续的方向发展。

# 第四节 乡村小学教师身心素质发展需求

在数智时代与当前乡村教育的背景下,乡村小学教师的身心素质发展需求显得尤为重要。身心素质作为教师专业发展的基础,直接关系到教师的教学质量、工作效率以及个人职业幸福感。

## 一、身体素质发展需求

### (一)强健的体魄

农村小学的教师所处的教育环境是相当复杂的,他们经常需要肩负更多的教育职责和行政任务。因此,强健的身体是他们面对繁重任务和维持持续活力的关键。教育工作者应当重视体育锻炼,以增强身体素质和提升体能。

### (二)良好的生活习惯

健康的生活习惯,如合理饮食、充足睡眠、规律作息等,对于保持身体素质至关重要。乡村小学教师应培养并坚持这些良好的生活习惯,以维持最佳的工作状态。

## 二、心理素质发展需求

### (一)心理调适能力

面对乡村教育中的诸多挑战,如生源质量不佳、家长重视程度不足、教育资源有限等,乡村小学教师需要具备强大的心理调适能力,这包括积极应对压力、保持乐观心态、有效管理情绪等。

### （二）自我认同感与职业荣誉感

在乡村教育环境中，教师应增强自我认同感，认识到自己的工作对于乡村孩子成长的重要性，从而激发职业荣誉感。这有助于教师在面对困难时保持坚定的信念和积极的态度。

### （三）持续学习与成长的心态

数智时代的到来为乡村教育带来了新的机遇和挑战。乡村小学教师需要保持持续学习和成长的心态，不断提升自己的专业素养和教学能力，以适应时代的变化。

## 三、数智时代下的特殊要求

### （一）数字素养的进一步提升

在数智时代的大背景下，教育工作者面临着前所未有的挑战与机遇。为了更好地运用数字资源开展教学活动，教师必须具备一定程度的信息技术和数据分析技能。这不仅是对教师专业知识的拓展要求，也意味着他们在心理和身体素质上需做出相应调整，以适应这一新型教学模式和工作环境的变化。数字素养的提升，不仅关乎技术层面的掌握，更涉及教师如何在新环境中保持高效的教学状态，以及如何调整自身心态以积极面对数字化教学带来的新挑战。

### （二）增强心理适应能力以应对教育改革

数智时代的到来，引发了教育领域的深刻改革。这一变革对教师而言，既带来了教学方式的革新，也可能带来一定程度的心理负担和适应性问题。面对技术的快速发展和教学模式的转变，农村小学的教师需要增强自身的心理适应能力，学会积极应对技术进步所带来的各种挑战。这要求教师不仅要具备接受新事物的心态，还要有应对变化、调整自我、持续学习的能力，以确保在数字化教学环境中保持稳定的心理状态，从而有效地履行教学职责，促进学生的全面发展。

# 第七章 乡村振兴视域下乡村小学留守儿童教育能力发展

## 第一节 留守儿童教育概述

### 一、留守儿童教育理念

#### （一）留守儿童教育问题概述

##### 1. 留守儿童的基本状况

目前主要有两种类型：

（1）隔代监护

当前，留守儿童的监护方式中，隔代监护是一种较为普遍的现象，即由爷爷、奶奶或外公、外婆承担监护职责。此方式往往能让外出的父母感到相对安心，然而在儿童的成长过程中，却伴随着一系列难以克服的问题。

首先，隔代监护中，由于监护者与被监护者之间存在深厚的血缘和亲缘关系，监护者往往倾向于采用过度宠爱的教育方式。在物质和生活层面，他们给予儿童过多的满足和宽容，而在精神和道德层面，则相对缺乏必要的约束和指导。这种教育方式可能导致儿童在成长过程中出现行为失范、价值观扭曲等问题。

其次，祖辈与孙辈之间年龄差异显著，导致他们在观点和看法上存在较大分歧，形成明显的"代沟"。这种代际差异使双方难以进行有效的沟通，祖辈往往基于自己的成长经验来教导和期望孙辈，而孙辈则热衷于追随最新潮流，追求刺激与创新，对祖辈的保守思维和教育方式难以认同。

最后，老年人由于年龄较大、精力不足以及健康状况不佳等因素，加之部分老人需要同时照看多名留守儿童，实在力不从心。这种状况表明，祖父母在承担监护和教育责任方面存在明显困难。

（2）上代监护

另一种监护方式是由父母的同辈亲属，如叔、伯、姑、姨、舅等，或其他人进行监护。在这种监护方式下，由于监护目标并非自己的孩子，监护人在教育过程中可能会表现出犹豫和不敢严格管教的态度。

因此，这种同辈亲属监护往往倾向于采用物质满足和放任的教育方法。这种方式可能导致儿童形成任性的心理和行为模式，他们可能会因为缺乏必要的约束和指导而变得自私、不守规矩。对于那些特别敏感的孩子而言，他们可能会产生一种依赖他人的情感，这种情感可能导致他们形成懦弱、孤僻和内向的性格特征。由此可见，同辈亲属监护方式在儿童成长过程中同样存在诸多潜在问题。

**2. 留守儿童教育存在的问题**

（1）学习状况

当前，多数留守儿童的学习成绩表现不佳，这一现状的背后隐藏着深层次的原因。留守儿童在留守期间，通常与年事已高的祖父母、外祖父母或其他家庭成员共同生活。这些监护人由于文化水平相对较低，往往缺乏辅导孩子学习的能力，且在抚养过程中过于重视生活照料而忽视了教育的重要性。因此，留守儿童在学习过程中缺乏有效的监督和指导，难以形成自觉性和纪律性，也未能养成良好的学习习惯，更多时候处于被动学习的状态。这种教育环境的缺失，严重制约了留守儿童学习能力的提升和学业成绩的进步。

（2）心理情感不健全

留守儿童在心理和情感方面存在明显的缺陷。由于长时间与父母分离，他们在日常生活中难以得到父母的关爱和支持。当面临问题和困境时，留守儿童很难从父母那里获得及时有效的情感帮助和指引。这种情感交流的缺失，导致他们在学习和生活中所犯的错误难以得到及时的纠正和指导。随着时间的推移，这些心理和情感上的缺失逐渐累积，可能引发留守儿童出现明显的心理和行为问题，如焦虑、抑郁、孤僻等。

（3）道德行为差

在教育和监管不足的背景下，留守儿童的道德行为表现也呈现出不佳的状况。他们往往难以区分对错，不能正确地看待问题，容易受到社会不良现象的影响，并可能养成一些不良的行为习惯。撒谎、说粗话、不遵守纪律以及偷窃同学物品等行为在留守儿童中时有发生。这些不良行为不仅影响了留守儿童的个人形象，也对他们的未来发展和社会融入造成了不利影响。

（4）打工父母的一些观念存在负面影响

部分打工父母持有的某些观念对留守儿童产生了不利的影响。一些父母认为自己辛勤工作赚的钱比受过教育的人还要多，从而在心中培养了一种"读书无用"的观念。这种观念导致他们对子女没有明确的期望，而是采取顺其自然的态度，使得"能读书上学就读，读不好去打工也能赚钱"的观念在儿童思想中普遍存在。此外，对于收入微薄的打工父母来说，他们可能对自己的命运感到不满，经常抱怨命运，对子女的生活缺乏关心和责任感。这种消极的态度和情感负担不仅给留守儿童的幼小心灵带来了沉重的压力，也严重妨碍了他们的正常学习和健康成长。

**3. 留守儿童教育的基本策略**

（1）要求家长努力承担起教子之责

当前，众多农民家长在教育子女方面存在认知偏差，错误地将教育责任完全归咎于学校，认为自身仅需承担经济支持的角色，即"后勤部长"的职能，而子女的学业成就则主要依赖于学校、教师及孩子自身的努力。此种观念忽视了家庭教育的重要性，亟须得到纠正。

家长应树立"子不教，父之过"的教育理念，明确认识到教育孩子是自身不可推卸的责任，且家长的文化水平并不构成教育子女的障碍。即便身处异地打工，家长也应肩负起教育孩子的重任，与学校、社会形成合力，共同促进孩子的全面发展。

为确保留守儿童家庭教育的有效性，家长应主动与孩子的教师及班主任建立密切联系，加强沟通，说明自身实际情况，了解孩子的成长变化，并共同探讨教育策略。同时，家长还应加强与孩子临时监护人的沟通，及时了解孩子在学业、品行及身体健康方面的状况，通过多种途径为孩子提供学习和生活指导，并要求监护人确保孩子有足够的学习时间，严格要求孩子，加强监督。

此外，家长应采取多种沟通手段，如电话、视频等，缩短与孩子的沟通间隔，全面了解孩子的日常生活、教育状况及心理状态，表达对孩子的关爱和期望，以增进亲子关系，促进孩子全面发展。每个孩子都如同一块未经雕琢的"翡翠"，只要内心充满父母的关爱，就能激发出积极向上的动力，更好地学习和成长。

（2）加强管理，施以爱心

留守儿童的教育问题是一项长期而艰巨的任务，需持续投入努力。学校应为留守儿童建立详细的个人档案，包括姓名、年龄、道德品质、行为习惯、兴趣爱好、智力水平、性格特点、学习动力、学习态度、学习能力、学习策略以及与临时监护人和外出务工父母的交流情况等信息。

同时，档案还应记录临时监护人的基本信息，如姓名、年龄、受教育程度、性格特点及教育方式等，以评估其教育能力。对于留守儿童的父母，档案应涵盖其基本信息，如姓名、年龄、教育背景、工作单位、职业、经济状况、对孩子的期望及与孩子的沟通联系情况等。

建议父母与孩子保持定期电话沟通，根据孩子在校内外表现，鼓励家长进行"电话教育"，以弥补亲子分离的缺失。教育应以爱为核心，与留守儿童建立友谊，给予他们关心、呵护和照顾。在安全保障方面保持警觉，在日常生活中提供援助，从心理角度仔细观察并与各方有效沟通，在学习过程中给予耐心指导。

## （二）留守儿童教育问题凸显

留守儿童，指的是父母中一方或双方因工作原因迁移至其他地方，而孩子则留在户籍地，无法与父母共同生活，需依赖其他家庭成员或委托方进行照料，且处于义务教育阶段的 17 岁及以下青少年。当前，留守儿童的教育问题已成为我国面临的一项严峻社会挑战，亟需家庭、学校、政府及社会各界协同合作，构建全面的社会服务体系应对此问题。

尽管父母外出务工在一定程度上改善了家庭经济状况，为留守儿童提供了更多接受教育的机会，且部分儿童在父母缺席的情况下展现出更强的坚韧性、自理能力和学习热情，但留守生活方式更多地导致了他们在教育方面的不足。留守儿童因长时间或短时间内失去直接监护人，在缺少父母关爱的环境中成长，实际上生活在"单亲家庭"或"隔代家庭"中。这种长期的情感缺失和心理不平衡导致许多留守儿童面临心理健康挑战，如厌世、自我封闭、反社会情绪、内心空虚、自卑、胆小及缺乏精神支持等。由于家庭生活和教育体系的不足，部分留守儿童可能频繁逃课、参与打斗，更严重者可能违纪违法，对社会产生负面影响。

留守儿童所面临的教育挑战日益加剧，农村留守儿童的教育难题已演变为农村人口流失的隐患，不仅影响个体发展，还可能对社会稳定和发展造成长远影响。因此，必须高度重视留守儿童的教育问题，采取有效措施加以解决。

**1. 造成留守儿童教育欠佳的原因**

（1）家庭教育的缺失

家庭教育作为个体生命初期的启蒙教育，对个体的健康发展具有至关重要的影响。然而，留守儿童在家庭教育方面却面临着全面且有效的支持缺失。由于长时间与父母分离，家庭教育的责任从父母转移到了其他照顾者身上，其中多为祖父母或其他亲属。这种转变导致了家庭教育功能的弱化。

祖父母等老年照顾者往往对孙辈过度宠爱，对孩子的请求几乎有求必应，且不愿对孩子的不良行为进行严格管教。同时，农村老年群体受教育程度普遍较低，缺乏前沿的教育观念和科学的教学方法，对少年儿童的心理特质和成长模式了解不足。加之年老体衰，他们在身体和智力上都难以有效承担起对孙子孙女的家庭教育责任。

对于住在亲戚家中的留守儿童而言，家庭教育的影响更为微弱。由于亲戚无法像父母那样对孩子进行约束，孩子在亲戚家中难以产生归属感，容易感到依赖他人，并与亲戚家年纪相近的孩子产生冲突。

（2）外出务工父母对留守儿童的补偿方式及其负面影响

许多外出务工的父母因深感内疚，往往对孩子的每一个请求都给予无条件的回应，试图用金钱补偿在教育方面的缺失。他们认为物质上的富足即"幸福"，因此常常给孩子提供大量的零用钱。然而，这个年龄段的儿童生理和心理都尚不成熟，容易受到外界不良现象的影响，过多的零用钱往往会加剧他们的不良习惯。

这种缺乏监护权和不正常的补偿方式可能对孩子的个性成长、社交能力和道德发展产生不利影响。孩子可能会变得任性、自私、缺乏责任感，甚至在社交中出现障碍，难以与他人建立良好的人际关系。

（3）学校教育对留守儿童的支持不足

农村地区基础教育的教师资源相对不足，除了智育教师外，德育、美育等教师数量也相对较少。大部分教师同时担任多个职务，专门的行政工作人员较少，很少有专职的心理或生活指导教师。因此，学校只能推行大众化的教育模式，无法为留守儿童提供更多的关心和照顾。

留守儿童由于家庭背景的限制，在学校表现往往不够积极，性格孤僻，学业成绩不佳。这使得他们难以获得老师和同学的关心和帮助，甚至可能成为学校和老师排斥的目标。这种排斥和忽视进一步加剧了留守儿童的孤立感和自卑感。

（4）务工观念转变及对社会教育观念的冲击

随着越来越多农民选择进城务工，他们的工作和生活习惯发生了改变，价值观也随之转变。部分父母开始认为打工是一条致富途径，甚至认为早些工作早些赚钱更为明智。这种观念在一定程度上影响了他们对孩子教育的重视程度。

部分父母在假期将孩子带到身边，使孩子从小接触外面的繁华世界。然而，这种接触也可能导致孩子对学习失去热情，认为不去学校可以节省大量资金或赚更多钱。这种观念可能会对孩子的身心健康产生严重的负面影响。

（5）城乡二元结构对留守儿童教育的影响

我国城乡二元结构长期存在，导致城乡之间发展极度不平衡，教育方面也不例外。国家在教育投资方面明显偏向于支持城市教育体系，农村学校在教师资质和硬件设施方面与城市学校相比显得相对落后。

尽管农村教育在经历了几轮普九建设和农村教育管理体制的改革后取得了显著进步，但单方面的改革仍未能彻底解决农村义务教育资金不足和结构不平衡的问题。农村税收改革后，教育附加费被废除，进一步导致农村基础教育的资金大幅度缩减。

留守儿童仍然处于一个相对困难的教育环境中。许多地区学校普遍存在建筑状况不佳、教学设备简陋、合格教师短缺等问题。近年来，"教育产业化"思潮导致大量农村杰出教师流向城市，农村学校的教学品质持续下滑。

**2. 破解留守儿童教育难题的切入点**

留守儿童的教育状况已逐步凸显为一个紧迫的社会议题，其解决之道需从制度环境优化与农村教育环境提升两大方向着手。

制度环境的优化是确保留守儿童能够随父母进城接受教育的关键。户籍制度的改革势在必行，其目标在于逐步缩小城乡差异，使留守儿童不再受限于户籍束缚而留守家中。具体而言，应废除不合理的户籍政策，解除对进城务工农民工子女的入学限制，加速推进我国义务教育制度的改革，以构建一个城乡、地区间公平的国民义务教育体系。在此方面，上海"户籍制"向"居住地制度"的转变提供了有益参考。该制度以流入地政府管理为主，全日制公立学校为主导，确保农民工子女在居住满一定时间后，享有与城市子女同等的教育和入学机会。地方政府，尤其是教育部门，应加强对流动儿童学校的管理和监督，定期进行审查，对违规收费的学校进行严查和处罚，以消除城市学校对流动儿童的不公平待遇。

同时，政府应加大对农民工子女学校的支持和扶持力度。依据《中华人民共和国教育法》及第五次人口普查标准，中央应当合理制定对各级地方政府义务教育经费的支出，地方政府则需将农民工子女教育经费纳入预算，对农民工子女学校提供场地、建校资金、教师支持等，以解决城市学校容纳能力不足的问题。

改进农村环境，为留守儿童提供更优质的教育是另一重要方向。国家和政府应更加重视农村教育，执行支农政策，增加对农村中小学的资金投入和建设力度。农村教育机构需紧密合作，共同为留守儿童创造更好的教育条件。在教育实践中，应针对留守儿童在学习、生活、心理和思维方面的需求，通过学校教育弥补家庭教育的不足。完善农村学生个人档案，为留守儿童建立专门档案，记录父母外出务工情况、工作地点及联系方式等，以便学校给予特别关注和监护。

学校应努力完善寄宿制度，将留守儿童集中安置在学校住宿设施中，配备专职生活教育教师，既防止家庭老人过度宠爱，又提供科学的生活建议。同时，配备专业心理辅导老师，帮助留守儿童解决生理和心理问题，使他们感受到关心和尊重，指导他们渡过人生关键阶段。学校还应定期与留守儿童父母沟通联系，汇报孩子情况，鼓励家长关心孩子成长。此外，学校应教育和动员全体学生，团结和支持留守学生，营造有利于他们健康成长的校园环境和氛围。

为构建和优化农村社区对留守儿童的教育和监护机制，村委会可牵头，联合中华全国妇女联合会（简称全国妇联）、工会、学校和派出所等力量，利用党政机关富余人员、中小学退休教师和青年志愿者等资源，共同构建农村中小学生健康发展的教育和监护体系。该体系应负责观察留守儿童的生活、学习和成长状况，及时发现问题并解决，通知法定监护人，督促监护人对孩子进行适当教育和指导，并定期督促外出务工家长了解孩子情况。

同时，应定期为老年人提供免费培训课程，帮助他们建立科学教育观念，掌握科学教育方法，更好地承担教育孙子孙女的责任。对于外出务工的父母，他们应精心选择监护人，在思维和行为上给予子女足够重视，尽量频繁回家探望孩子，关注孩子学业、生活和心理状态。当父母不在家时，可通过电话、书信等方式与孩子进行情感沟通，让孩子感受到父母的关爱。此外，父母还需与孩子的班主任和监护人保持持续沟通，共同探讨教育策略和方法，确保孩子在健康心理和社会环境中成长。

父母还应改变用金钱补偿内疚的观念，更加重视与孩子之间的情感和心理交流。除了提供必要的学习环境外，应避免过度物质满足，以免为孩子不正当行为提供滋生条件，使孩子无法抵抗外界诱惑而走上错路。

为留守儿童创造一个充满关爱的社会氛围是家庭、教育机构和政府不可推卸的责任。社会各层面应给予足够关注，从多个角度和方向采取适当策略，构建真正有效的制度，确保留守儿童得到全面、健康和完整的教育，使他们与同龄伙伴一样健康快乐地成长，并进一步帮助外出务工人员更好地为我国现代化进程服务。

**3. 留守儿童的教育问题不容忽视**

随着我国经济体制的深入发展和转型，农村地区，尤其是贫困山区，出现了大量青壮年劳动力外出务工的现象，这直接导致了农村地区空巢老人和留守儿童群体的形成。留守儿童不仅需承担教育任务，还常需从事繁重的农事劳动，其教育问题已成为社会关注的焦点，亟须高度重视。

（1）农村留守儿童教育问题的重要性与紧迫性

留守儿童因与父母距离遥远，缺乏家庭监护和教育，心理和生理发展及教育面临诸多挑战。若留守儿童无法接受高质量教育和关爱，未来不仅堪忧，且可能成为问题儿童、少年甚至问题公民，对农村及整个社会的和谐稳定构成负面影响。

农民工外出务工的核心原因是经济困难，而留守儿童的教育问题已成为其担忧的焦点。留守儿童的学业表现、生理发展、心理健康和生活质量均可能对其职业生涯和日常生活产生影响。因此，留守儿童教育的"归宿"问题关乎农村可持续发展。

尽管留守儿童在当前农村社会中属于弱势群体，但他们无疑是未来小康社会建设和经济社会发展的核心力量。关注留守儿童即关心农村的未来发展，为留守儿童提供优质教育和健康成长环境将有助于推动新农村和小康社会的全面建设和进步。

教育均衡发展的核心理念是确保基础教育资源在不同地域、城市与农村、不同学校及不同群体间得到均衡分配。为留守儿童提供平等的教育机会和持续发展的可能性，是基础教育平衡发展的必要条件。

（2）农村留守儿童教育面临的挑战

尽管我国已实施"两免一补"政策，但经济困难学生仍面临生活费用问题，可能导致辍学。留守儿童处于成长发展期，行事冲动、缺乏理性思考，心理矛盾可能导致心理问题，增加辍学风险。

农村学校布局调整导致留守儿童上学路程较远，监护人缺乏安全保护意识，未成年人防范能力不足，安全事故时有发生。

父母外出打工导致监护权转移至祖辈或其他亲戚，这些监护人因年龄、能力等原因无法为留守儿童提供基本生活照料，反而需要他们照顾，形成逆向监护，增加留守儿童负担，影响学业。

部分父母只关注满足孩子物质需求，忽视管理、限制和指导。应试教育模式忽视道德、品格、修养和人文精神教育，易导致问题儿童的产生。偏远贫困山区政府资金支持不足、设备落后、教师资源不足，难以对大量留守儿童进行有效管理，易导致心理问题。

（3）解决农村留守儿童教育问题的对策

农村学校在留守儿童教育中起着至关重要的作用。学校应构建和完善标准化住宿体系，配备专职保育员，组织文体活动，培养孩子们的兴趣、爱好和高尚道德品质。同时，创建留守儿童详细档案，促进学校、家长和监护人有效沟通和合作。

建立和完善相关部门、学校和社会的合作机制，确保各部门履行职责。家庭、学校、政府及相关部门应认真履行职责，确保留守儿童在成长和学习各环节得到优质教育，实现家庭、学校和社会的共同参与和管理。

联合农村退休教师、干部及爱心人士，成为代理父母和寄宿学校管理者，为外出家长提供帮助。建立和完善相关法律法规，引入法律援助机制，确保留守儿童在遭受非法侵害时得到法律守护和适当赔偿。

增加对农村学校的资金援助，尤其是留守儿童比例较高的地区和学校，确保农村学校具备充足经济实力进行教育和管理，满足寄宿学生基本生活需求。

为解决留守儿童跟随务工父母进城读书问题，需改革社会治理制度，完善社会保障制度，消除城市学校对农民工子女的歧视性收费，改革户籍管理政策，确保农民工子女得到与务工地学生相同待遇。

加强对学校附近环境的整治工作，禁止不健康的黑网吧和游戏厅营业，降低精神污染风险，为留守儿童健康成长创造良好环境。

## （三）农村留守儿童教育存在的问题和对策

### 1. 农村留守儿童教育存在的问题

随着农业产业结构的调整与城市化进程的加速，农村人口众多与土地资源有限的矛盾日益凸显，导致农村富余劳动力不断增多。大量农村人口选择离开土地，涌入城市，寻求务工生活与发展机遇。这一大规模的农村人口流动，打破了长久以来稳定的家庭结构，使得父母与孩子长时间分离，农村地区因此出现了大量留守儿童。留守儿童作为一个独特的社会群体，他们的教育状况不仅关乎个体发展，更直接关系到国家和民族的未来，已成为社会各界密切关注的议题。

留守儿童父母的外出打工，虽在一定程度上改善了家庭经济状况，为子女提供了更多教育机会和空间，但从宏观视角来看，家庭成员尤其是父母的长期缺席，导致留守儿童在学业、日常生活、情感和教育等多方面面临严重问题。具体问题主要体现在以下几个方面：

（1）亲情关怀缺失

由于家庭成员的频繁缺席，留守儿童缺乏应有的亲情关怀。数据显示，超过半数的农村留守儿童无法与父母中的任何一方共同居住。长期处于不完整的家庭环境中，留守儿童无法像其他孩子那样得到父母的关爱和照顾。家庭隔离使得许多留守儿童与父母关系疏远，部分孩子对父母的称呼变得生疏，甚至怀有深深的怨恨。这种亲情关怀的缺失，是留守儿童面临各种问题的直接触发因素。

（2）心理问题凸显

留守儿童由于缺乏情感和心理支持，以及与父母沟通交流的机会不足，往往表现出情感冷淡、行为孤立、持有悲观和消极态度。他们不擅长表达自己的情感，存在不同程度的性格和心理问题。部分儿童可能感到自卑、软弱、多疑和敏感；另一些则可能性格古怪、易怒和叛逆；还有部分儿童可能陷入忧郁、焦虑和自我放弃的状态。长期下去，这些儿童将难以建立健康的自我价值观，极端情况下甚至可能出现自杀倾向。

（3）学习热情减退

由于缺乏家庭的有效监督和学校教育的不足，留守儿童面临学习上的挑战。他们在课堂上违纪、撒谎逃学、少参与集体活动等现象频发，大大降低了对学校和学习的兴趣。部分留守儿童甚至对学校和学习产生抵触情绪，学业成绩明显下降，辍学情况也较为严重。

（4）道德觉悟偏低

由于家庭教育的缺失，留守儿童在情感方面缺乏足够关注，同时在行为模式和价值观上也难以获得父母的指导和支持。这导致他们在道德教育和纪律约束方面存在缺失，容易偏离主流道德观念。部分留守儿童表现出自我中心、自私、好逸恶劳、挥霍无度等不良习惯；甚至沾染吸烟、过度饮酒、斗殴等不良行为；违法和违纪行为频发，其中一些甚至走上犯罪道路。

（5）安全隐患频发

留守儿童年纪尚轻，且父母不在身边，缺乏适当的约束和监督，使得他们的人身安全难以得到充分保护。在日常生活中，部分留守儿童因疾病未能得到及时医疗照顾。同时，留守儿童溺水、触电和斗殴等意外伤害和死亡事件频发。此外，留守儿童还成为犯罪分子的主要目标，尤其是留守女童面临更高的受害风险。

**2. 农村留守儿童教育问题的原因分析**

农村留守儿童的教育问题，不仅是社会转型的直接产物，也是农村劳动力流动过程中涌现出的一系列复杂议题的集中体现。这一问题与我国经济社会发展的宏观环境以及农村基础教育面临的挑战紧密相连，既受制于制度性因素，又受到政策性因素的深刻影响。学校教育、家庭教育及社会教育均是重要的影响因素，而我们所面临的问题既具有普遍性，又兼具特殊性，亟需深入的分析和研究。

（1）社会因素层面

农村留守儿童的教育问题，根源在于政策性障碍。农村剩余劳动力向城市的迁移，是工业化、城市化和现代化进程的必然结果。然而，我国长期存在的城乡二元制模式，却成为农村劳动力大规模迁移的主要阻碍，同时也构成了农村留守儿童教育难题的政策性壁垒。城乡二元制结构导致的城乡隔离户籍制度，不仅人为划定了城市居民和农村居民的界限，还加剧了城乡二元经济结构的分化。城乡之间的巨大鸿沟和障碍，严重制约了人们的自由流动和个人发展，也对城乡教育产生了深远影响。中考和高考的户籍地考试制度等一系列限制性政策，使得农村进城务工人员无法长时间携带子女在身边，孩子们只能在户籍地接受教育和生活。同时，部分地方政府在对待进城务工人员子女教育问题上，缺乏充分认识和相应政策支持。一些地方政府部门未为外出务工家庭提供专门资料，也未对农村留守儿童进行详细统计，更无明确政策解决这些问题，导致地方政府在教育方面的责任被忽视。

（2）家庭因素层面

一个人的健康成长，在很大程度上依赖于健全且高效的家庭教育。然而，由于农村留守儿童的父母长时间不在家，家庭教育的主要责任已从父母转移到其他抚养者身上，其中多为年老的祖父母、外祖父母等长辈，还有一部分是其他亲戚。这些老年人通常年龄较大，身体健康状况不佳，受教育程度也相对较低。他们对孙辈过度宠爱，而其他家庭成员可能因留守儿童非亲生子女而对他们放任不管，导致对留守儿童的管理和监督不力，甚至完全不加干预。另外，当留守儿童住在亲戚家时，他们难以感受到家的温暖，且与亲戚家年龄相近的孩子之间可能出现冲突。这种过度宠爱和放纵的家庭氛围，使留守儿童几乎处于无约束和无限制的生活环境中，无疑加剧了他们的自私、任性、霸道和以自我为中心的极端性格。

此外，家长的观念偏见也是影响留守儿童教育状况的关键因素。许多家长认为，与其让孩子接受教育，不如让他们尽早打工赚钱，这种思维方式降低了对孩子学习的期望，对孩子的学业进展产生了负面影响。有些外出父母因无法长时间照看和陪伴孩子，更倾向于通过物质补偿来弥补，导致孩子零用钱增加。这一年龄段的儿童在生理和心理上尚未完全成熟，易受外部不良影响，过多的零用钱可能进一步加剧他们的不良习惯。这种监护权的缺失和不正常的补偿方式，都可能对孩子的个性成长、道德进步和个人社会化进程产生不利影响。

（3）学校因素层面

在众多农村地区，中小学的办学环境相对落后，教育设备简陋，教师队伍不够强大，合格教师资源短缺。在一些农村中小学，除负责教授文化课程的智育教师外，思想品德教育、美术、音乐、英语和体育等领域的教师资源匮乏。这些学校几乎无专职的心理健康教育教师和生活指导教师，因此无法为学生，特别是留守学生，提供更加周到的关怀和照料。同时，由于农村地区教师承受过大的教学压力，许多教师很少有机会与学生进行课外互动和深入的心灵交流。这种缺乏针对性和个性化的管理与教育方式，在很大程度上妨碍了留守儿童的健康发展。农村学校需要加强师资队伍建设，完善教育设施，丰富课程内容，以更好地满足留守儿童的教育需求，促进他们的全面发展。

**3. 解决农村留守儿童教育问题的基本对策**

农村留守儿童的教育问题，是在中国特定历史背景下由多重因素交织引发的社会现象，它构成了社会转型过程中家庭、学校、政府和社会需共同分担的成本与代价。要有效解决这一问题，不仅需依托政策、法律和法规的全面支持与保护，更需激发每个人的深切关心，形成家庭、教育机构和整个社会共同承担的责任体系。

（1）完善法律政策，强化保护措施

为切实保障农村留守儿童的权益，我们必须严格执行《中华人民共和国宪法》《中华人民共和国教育法》《中华人民共和国义务教育法》《中华人民共和国未成年人保护法》及《中华人民共和国预防未成年人犯罪法》等相关法律法规。通过加大法律执行力度，确保留守儿童享有与其他儿童同等的教育、健康成长、保护和参与的权利。同时，应充分利用社会协调机构和法制服务机构的功能，加强对未成年人的法治教育和自我保护教育，依法保护留守儿童的合法权益，为他们营造一个健康成长的良好法律环境。

（2）强化政府责任，发挥主导作用

各级政府应坚定秉持科学发展观，全面考虑城乡发展，实施有力策略促进农村的经济和社会进步，逐步缩小城乡经济差异。应高度重视农业、农村和农民问题，增加对农业的支持，竭力提高农民收入。从资金、技术、人才等多方面大力支持农村和落后地区的经济发展，加速农村基础设施建设，改善农村投资环境，增加农村剩余劳动力的就业机会，缩小地区间经济发展水平和义务教育质量的差异。

为促进城乡居民合理流动，应加速户籍制度改革，打破二元分割体制，逐步削弱或取消与户籍相关的城乡隔离制度，拆除就业、医疗、住房、教育等方面的制度壁垒。政府应将农村留守儿童工作纳入经济社会发展计划，视为推动城乡进步和实现社会和谐的关键环节，充分发挥主导作用，确保留守儿童在学业、亲情和安全方面得到充分保障。同时，应进一步增强对农村教育的资金支持，优化农村办学环境，纠正教育资源分配不均现象，努力促进城乡义务教育均衡发展，确保农村留守儿童能公平获得高质量的教育资源和服务。

（3）加大学校教育力度，发挥学校核心作用

学校应站在培育社会主义建设者和未来领导者的高度，全面贯彻党的教育方针，坚定确立以学校教育和人才培养为核心的教育观念。学校应在教育和培养学生的过程中发挥关键领导作用，实现"全心全意为学生"的目标。应加强和优化未成年人思想道德教育，特别注重培养他们坚定的政治观念、优秀的思想道德、健全的心理状态和正确的法律纪律观念，促进留守儿童德智体美劳全面发展。深化孝敬父母和尊重师长的教育活动，开展做人做事的基本原则和文明行为习惯的养成教育。

同时，应加强对教师的培训，积极推进师德建设，从思想政治和业务能力等多方面提升教师整体素质。大力推进校园文化建设，组织各种充满人文关怀的集体活动，如参观、访问和公益劳动等，并举办各种文娱和体育活动，营造和谐的校园文化环境。学校应定期与留守儿童父母或监护人沟通，有针对性地进行教育和管理活动。为提升教育者或监护人的教育水平，可开设家长学校，组织监护人学习培训课程或专题讲座。构建全员参与、师生共同参与的留守儿童管理机制，尝试实施班主任责任制度，负责对留守儿童在学习、生活和心理方面提供指导。学校应为留守儿童建立详细档案，全面了解他们的实际情况，为他们提供有针对性的教育方案。

（4）加强家庭教育，营造温暖氛围

家庭是孩子的首个教室，父母是他们的首位教育者。父母应认识到家庭教育的重要性，妥善平衡生产与子女教育的关系，不能为短暂利益牺牲孩子的发展。家长应深入了解孩子的日常生活和心理、智力、情感变化，对他们进行适时教育和引导，真正承担起教育孩子的责任和义务。确立正确的家庭教育理念、亲子观和育人观，学习和掌握科学

的教子理念和方法。采用科学的激励和鼓励方法,将心灵鼓舞与家庭关心相融合,让留守儿童体验到深厚的父母之爱和家庭情感。

(5)共同管理监督,营造积极环境

农村留守儿童教育问题是学校、家庭和整个社会的集体责任,需得到全社会的深度关心和重视。应广泛调动社会资源和力量,激发留守儿童教育工作的积极性和主动性,建立共同管理、共同参与的工作机制,创造有利于留守儿童健康成长的社会环境和氛围。通过电视、电影和网络等多种宣传工具,呼吁全社会更加关注、关心和支持留守儿童,鼓励全社会积极参与到留守儿童的帮扶和教育工作中来。完善留守儿童的计划免疫和健康管理,将农村基础教育发展纳入新农村建设计划。

积极推动农村和城市职业技术教育发展,为农村年纪较大的留守儿童提供更多职业技术教育机会。加大教育监护网络建设力度,确保留守儿童父母、农村社区、村委会和派出所等机构承担更多监护职责,为农村中小学生打造健康成长的教育和监护环境。充分利用全国妇联组织的独特功能,大力推进关心留守儿童的活动,为留守儿童提供更多关爱。鼓励留守母亲参与文化教育、安全教育和心理健康教育,有效肩负起抚养和教育留守子女的重任。

共青团应组织留守儿童参与团队活动,培育他们的先进模范。组织城乡留守儿童进行手拉手、献爱心等交流活动,加深友谊并促进共同成长。妇工委和关工委应充分利用优势,积极参与留守儿童教育,组织并实施各种形式的援助活动。社会各界应采用多种策略和方法,如春蕾计划、希望工程、民政救助等,探索农村留守儿童的社会教育方法和路径。实施代理妈妈制度、开设"四老"学校、建立亲情电话服务、创建留守儿童活动中心等多种方式,从多角度、多层次、多渠道支持农村留守儿童,为他们创造一个全社会关心、照顾和支持的优质环境,助力他们健康成长,为培育更多高质量的社会建设者和未来领导者做出贡献。

(四)对留守儿童教育问题的建议与对策

1. 父母关爱,营造平等、和谐的家庭教育环境

孩子的首要教育者是父母。在所有情感纽带中,父母对子女所展现的深切关爱无疑是最为宝贵的。即便父母身处异地,无法时刻陪伴在孩子身边,他们依然能够通过多种途径关怀与照料子女,切实履行监护职责。有效的沟通,作为传递关爱与关怀的最优途径,其重要性不言而喻。

对于身处不同地点的父母而言，他们可通过两种主要方式与子女进行交流。其一为直接沟通方式，即利用现代通信工具，如电话、电脑等，实现与子女的即时交流。若条件允许，更可借助计算机网络这一平台，更为深入地了解子女的学习状况及思维动态。其二为间接沟通方式，可建立如"空中通道"般的沟通机制，学校教师定期向家长汇报留守儿童的成长与进步情况，而家长则需及时向学校反馈相关信息。

此外，父母在提供经济支持时应持谨慎态度，不宜过度满足子女的物质需求，而应对他们的消费行为进行合理规划与有效监控。否则，子女可能会因赌博、网络沉迷或资源浪费等不良行为而陷入风险之中。

在选择家中负责照看孩子的监护人时，父母更需谨慎行事，切勿将子女托付给那些言行不一、游手好闲或迷信愚昧之人。同时，父母还需树立正确的家庭教育理念，掌握科学的家庭教育方法，以不断提升自身科学教育子女的能力。

**2. 学校关心，营造温暖、活泼的学校教育环境**

外出务工的农民工因客观条件限制，无法直接给予孩子足够的关心和爱护，这一责任缺口自然需要由学校的教师来承担。

首先，教师的角色定位亟须转变。为满足留守儿童特殊的情感与教育需求，教育者必须拓宽职责范畴。教师不仅要承担传统的教学任务，更要将关心和照料留守儿童纳入职责之中。他们需转变为集教育、监护与培养于一体的复合型教师，像父母一样在思想、道德、生活及行为习惯等多方面给予留守儿童全面的关怀与指导。教育工作者应主动为留守儿童提供情感支持，通过师生间的关爱与同学间的情谊，弥补他们因父母长期外出而缺失的家庭温暖，有效填补情感空白。及时的心理交流与疏导对于预防留守儿童产生逆反情绪至关重要，同时，我们还应教会他们如何调节情绪，在实践中锻炼意志，努力营造如家庭般和睦的师生关系。

其次，教育观念需与时俱进。传统教育观念和方式在应对留守儿童问题时显得力不从心，因此，我们必须更新教育观念，选择符合留守儿童年龄和心理特点的教育策略。具体而言，一是要坚守以留守儿童为中心的人本理念，时刻关注他们的成长需求；二是要实施赏识教育，既要给予留守儿童表扬和激励，更要善于发掘他们的优点和特长，在批评中也不忘认可他们的价值；三是要秉持服务导向的教育观念，通过热情周到的服务感染他们，在服务过程中实现教育目的；四是要采用愉悦的教育方法，为留守儿童营造一个快乐、温馨的学习和生活环境，让学校成为他们的欢乐之家；五是要树立和谐的教育观念，确保教师与学生、学生与学生之间建立和谐平等的关系，共同营造和谐的教氛围。

最后，学校的职能需进一步扩充。农村中小学的教育功能应适应留守儿童的教育需求而进行调整和完善。我们应采纳新的教育观念，努力构建家庭与学校紧密结合的新型寄宿学校模式。学校不仅要强化其教学功能，更要重视日常生活和服务功能的建设，将留守儿童的学习、生活、衣食住行等各个方面有机结合起来，打造一个现代化的综合型学校。针对留守儿童面临的"失家"困境，学校应成为他们"稳定的家"，为他们提供家的温暖和归属感，确保他们在学校中能够健康成长、全面发展。

### 3. 社会关注，营造安全、健康的社会教育环境

为了加强留守儿童关爱保护并健全完善留守儿童教育，学校、家庭与社会三者之间的紧密合作与共同管理显得尤为重要，这是取得显著成效的关键所在。一个安全、健康的社会环境对于留守儿童的身心健康与成长具有至关重要的影响作用。

留守儿童因缺乏父母直接而有力的监督，往往更容易受到社会上不良行为的诱惑。加之他们自制力相对较弱，很容易养成诸多不良习惯，甚至有可能走上违法犯罪的道路。因此，必须高度重视并采取有效措施加以防范。

农村各级政府应将留守儿童的教育问题纳入精神文明建设的核心议程之中，给予足够的重视和关注。具体而言，可以广泛开展文明家庭、优秀家庭成员等评选活动，通过树立身边生动、鲜活的优秀人物和事例，为留守儿童树立榜样和模范。

这些榜样和模范的力量是巨大的，它们可以引导留守儿童树立正确的价值观和人生观，激励他们积极向上、健康成长。同时，通过持续开展此类活动，还可以不断为孩子们营造一个健康、向上的家庭环境和社会氛围，为他们的全面成长和发展提供有力保障。

### 4. 自律自强，强化自我教育的习惯和能力

家庭、学校及社会教育的根本宗旨，在于充分利用外部环境的多元影响，对留守儿童进行全面培育与塑造，使其成长为对社会具有积极贡献的人才。外部环境对教育活动施加着多维度的影响，而留守儿童的自我教育在其成长历程中扮演着至关重要的角色，成为他们思维与行为发展的核心内在要素。自我教育不仅有助于留守儿童更好地内化社会角色，还能有效缓解心理冲突，促进心理健康发展。

留守儿童的自我教育不仅是教育活动的直接产物，更是推动后续教育活动深入进行的内在动力。因此，广大家长、教育工作者，尤其是班主任，应高度重视并有针对性地培养留守儿童的自我教育观念。通过传授有效的自我教育方法，提升自我管理与自我调节能力，从而引导他们在日常学习与生活中逐渐形成自我教育的良好习惯。

家庭、学校与社会构成了留守儿童教育的三大支柱，三者相辅相成，缺一不可。其中，家庭教育是基础，为留守儿童的成长提供最初的滋养与引导；学校教育则发挥主导作用，通过系统的知识传授与能力培养，为留守儿童的全面发展奠定坚实基础；社会教育作为补充和延续，为留守儿童提供更为广阔的成长空间与实践机会。

为了实现最佳的教育成果，家庭、学校与社会教育需相互协作、和谐发展。而自我教育作为解决留守儿童教育难题的根本途径与终极目标，重要性不容忽视。为确保家庭、学校和社会教育的真正成效，必须充分激发留守儿童的自我教育潜能，使他们在内外部环境的共同作用下，健康成长，最终成为对社会有益的人才。

## 二、留守儿童教育原则

### （一）概述

原则，可界定为经由长期实践验证而确立的合理性现象，它构成了我们言语行为与实践活动的法律依据或行为准则。在教育领域，教育原则被视为指导教育活动开展的基本原理与法则，是教育工作必须遵循的根本要求。

留守儿童教育原则，特指在针对留守儿童这一特殊群体开展教育活动时，必须严格遵守的基础性准则与规范。留守儿童因父母长期不在身边，普遍面临着亲情关怀缺失、生活环境欠佳、学习动力不足、思想压力较大以及心理倾向不当等一系列问题。

为有效推进留守儿童的教育工作，我们务必依据留守儿童的身心成长规律、个性特征、道德发展轨迹以及教育的总体目标与具体要求，遵循一系列针对留守儿童教育的核心原则。这些原则应成为我们制定教育策略、实施教育措施、评估教育效果的根本依据，以确保留守儿童能够在全面、健康、和谐的环境中茁壮成长。

### （二）留守儿童教育原则具体内容

#### 1. 思想性原则

思想性原则，在留守儿童教育中，意指教育活动需紧跟时代步伐，以习近平新时代中国特色社会主义思想为原则，强调思想教育的优先性，坚持正面引导，旨在培养留守儿童树立远大理想，最终将他们塑造成为有理想、有道德、有文化、有纪律的社会主义建设合格公民。这一原则不仅是留守儿童教育的方向标，也是其灵魂所在，确保了教育活动的时代性和目的性。

### 2. 科学性原则

科学性原则，被视为留守儿童教育必须遵循的核心原则之一，是教育成功实施的基石与先决条件。在留守儿童的教育实践中，应科学运用教育方法和手段，通过加强教育引导，提升留守儿童的思想认识水平，净化他们的心灵世界，进而促进其全面发展与健康成长。科学性原则要求教育活动遵循教育规律，注重实证研究与科学分析，确保教育措施的有效性和针对性。

### 3. 艺术性原则

艺术性原则在教育中的重要性，由美国斯坦福大学教授埃斯纳在其著作《教育思想》中明确提出："教育本质上是一门艺术。"这一观点揭示了艺术性原则作为教育原则的核心组成部分的地位。教育不仅关乎方法与技巧，更在于其独特性和内容上的艺术性。对于留守儿童的教育而言，艺术性原则尤为关键。教育者需掌握并运用艺术性的教育原则，为留守儿童提供最优的教育方法、策略、工具和手段。通过艺术性的教育方式，解决教育过程中存在的不均衡问题，实现教育的最优化目标，让留守儿童在教育的艺术熏陶中茁壮成长。

### 4. 针对性原则

留守儿童的教育工作责任重大，任务艰巨，内容繁杂，且涉及多个维度，因此不能采取"一刀切"的教育模式。针对留守儿童的个性特征、气质类型、兴趣爱好、智力水平，以及他们的家庭背景、年龄阶段、学业状况和日常生活等多个方面，教育实践必须展现出高度的针对性。留守儿童群体内部存在着多样化的情境，如父母双方或单方外出务工、父母离异、寄养于他人家庭等，这些情况均要求教育者在实践中进行细致考量，并采取差异化的教育策略。只有精准识别每个留守儿童的具体问题，并针对性地加以解决，才能确保教育目标的准确定位，从而实现事半功倍的教育效果。

### 5. 灵活性原则

留守儿童的教育过程需遵循灵活性原则。这一原则强调，在教育实践中，应根据不同留守儿童的具体情况，灵活调整教育方案，而非仅仅依赖统一的教育方法。教育工作者需具备根据教育内容、目标群体和教育环境的变化，灵活运用各种教育手段的能力，并擅长以创造性的方式应对各种突发情况。通过灵活性的教育策略，可以更好地适应留守儿童多样化的需求，提高教育的针对性和有效性。

### 6. 公平性原则

由于留守儿童的父母不在身边，他们的某些合法权益可能更容易受到侵害，无法得到充分保障。因此，负责留守儿童教育的工作人员肩负着执行公平教育政策的重要使命，应依法维护留守儿童的合法权益，确保他们在教育过程中能够享受到公平公正的待遇。坚持公平性原则，不仅是对留守儿童基本权利的尊重，也是实现教育公平、促进社会和谐的重要体现。

### 7. 整体性原则

从宏观视角审视，任何系统唯有在建立紧密联系并形成统一结构时，方能真正展现其整体功能。留守儿童作为在校学生群体的重要组成部分，其教育状况对学校的整体发展具有直接影响。因此，必须将留守儿童的教育纳入学校的全面规划之中，进行全方位考虑、统一安排，并确保教育工作的有机融合。在实施留守儿童教育时，既要认识到他们作为一个独特群体的存在，也要意识到他们本质上仍是普通学生的一员。在教育方式上，应实行特殊教育措施，同时保持与一般学生一致的要求，避免对他们的要求过于宽松或随意，以确保教育工作的系统性和整体性。

### 8. 主体性原则

主体性原则强调，在留守儿童的教育过程中，教师应激励儿童运用科学和文化知识促进自我教育和成长。留守儿童不仅是教育工作的目标群体，更是教育成效的具体体现者。教育工作者应将每个留守儿童视为具有独特个性的生命个体，认识到他们是自我生命的主导者，并承认他们拥有犯错的合法权利。在教育实践中，教师应采取多样化教育手段，激发儿童内在潜能，引导他们进行自我体验、自我感知、自我探索和自我完善。通过他人帮助、互助和自助等多种方式，构建全面的留守儿童教育模式体系，以实现教育的理想目标，充分体现儿童的主体性。

### 9. 协调性原则

留守儿童不仅是学校中的学生，更是社会变迁中的特殊时代群体。因此，他们的教育问题更需要得到全社会的密切关注和全面支持。在实施留守儿童教育的过程中，学校应在党委和政府的指导下，协调各方关系，充分利用社会上的积极因素，加强学校、家庭、社会教育的一致性，形成整体合力，共同推进留守儿童的教育工作。通过协调性原则的应用，可以提高教育的整体效果，为留守儿童的全面发展创造更加有利的环境和条件。

### 10. 规范性原则

规范性原则强调，学校在加强留守儿童教育的过程中，应建立健全的规章制度，以培育留守儿童的良好行为习惯和学风，形成学校的教育特色。这一原则确保所有教育工作依法进行、有章可循，各环节相互配合、井然有序。通过规范性的管理，学校能够为留守儿童营造一个稳定、有序的学习环境，促进他们的全面发展，同时提升学校的教育质量和管理水平。

### 11. 渐进性原则

渐进性原则指出，个人的进步并非一蹴而就，而是一个逐步前进的过程。在留守儿童的教育工作中，教育工作者必须遵循这一原则，避免急功近利的心态。教师应保持对留守儿童的期望，同时允许他们在教育过程中进行反复学习和实践。教育是一个需要耐心等待的过程，教师应积极引导，耐心等待留守儿童的成长和进步，帮助他们逐步克服困难，实现自我提升。

### 12. 关爱性原则

关爱性原则是留守儿童教育的根本原则。缺乏关爱，教育便无从谈起。关爱性原则意味着在教育留守儿童的过程中，除了提供知识教育外，还应给予他们更多的关心和关爱。关爱并非怜悯或同情，而是一种崇高而美好的道德品质。对于留守儿童的关爱，应融合父母和教师的关爱之情，既展现慈母的细腻之爱，又体现严师的严格之爱。这种关爱是广泛的，面向所有留守儿童；同时，它又是具体的，根据不同学生的独特性格，以各种不同的方式和形式来表达。

## 三、留守儿童教育的过程、方法、方式

### （一）留守儿童教育的主要过程

留守儿童的教育是一个漫长、复杂、重复且充满挑战的任务，从客观上看，它是一个不断循环的过程。这一工作流程是一个有目标、有计划、反复指导留守儿童在生活实践中学习科学发展观的过程，旨在培养他们树立远大理想，坚定学习信念，增强适应能力，提高学习水平，以及增强他们的安全自护和生活自理能力。

### 1. 主要教育过程的四个阶段

（1）启发留守儿童觉悟

提升留守儿童的自我意识觉醒，核心在于增强他们对自身所处环境、历史地位及历史责任的认识与理解。这要求教育者不仅传授知识，更要培养他们的远大理想，确保其行为与家庭期望及时代需求相契合。通过教育引导，鼓励留守儿童积极努力学习，促进其健康成长，使他们在思想上形成对自身未来的清晰规划和坚定信念，从而在实践中展现出符合时代要求的积极行为。

（2）激发留守儿童情感

情感作为态度的重要组成部分，与态度中的内向感受和意向高度协调一致，构成了一种复杂且稳定的生理层面的态度评估与体验。情感具有感染性，对留守儿童而言，情感能够深刻影响他们的行为，激发内心深处的强大动力。因此，唤起留守儿童的情感共鸣是教育的关键。这要求教育者通过实践活动，让留守儿童在亲身体验中感受最直观、最生动、最丰富和最深沉的情感。这种深刻的情感体验不仅影响个体，还可能对其他留守儿童产生示范效应，促使他们展现出真挚、尊敬、理解、关心和信任的态度，从而激发群体内的真挚情感共鸣。

（3）锻炼留守儿童意志

意志力为留守儿童提供了控制或调整其行为的精神动力，主要体现在行为的启动与阻止两个层面。一方面，意志力激励留守儿童战胜挑战，为实现目标持续努力；另一方面，它阻止与预定目标不一致的愿望和行为。这两个方面紧密相连，相互制衡。具有坚定意志力的留守儿童，一旦确定行动方向，便能持之以恒，直至达到预定目标，表现出较快的思想提升和道德修养提升，且反复行为较少。相反，意志不坚定的留守儿童在面对困境时往往难以坚持。因此，在留守儿童的教育过程中，培养意志力与坚韧品质至关重要，这是他们面对未来挑战的重要精神支柱。

（4）培养留守儿童习惯

习惯是由长时间行为形成的习惯性思考方式，对留守儿童而言，意味着他们主动遵循特定准则或标准，无需他人催促、监控或审查。权威专家指出，孩子的未来很大程度上取决于他们的习惯。习惯的影响深远，一旦形成，将不自觉地引导个体前进，良好习惯对一生有益。儿童时期是养成习惯的最佳时机，早期教育投入小，效果显著，后期教育则需更大努力。培养良好习惯采用加法策略，战胜不良习惯则采用减法策略。经验表明，习惯在很大程度上决定了个体的成败，对一生产生深远影响。因此，每位教师都应致力于培育学生的良好行为习惯。

启发觉悟、激发情感、锻炼意志、培养习惯是留守儿童教育的一般过程，也是提高教育效果的有效方法。这四个方面在教育实践中密切相关，常常同步产生影响。在引导留守儿童觉醒的过程中，应重视培育他们的情感与决心；在加强思想教育、建立健康思想和道德观念的同时，应持续巩固和反复培训，使其逐渐成为日常习惯。鉴于留守儿童在个人和家庭背景上的差异，他们在认知、情感、决心和习惯等方面的成长存在不均衡性，因此，应针对其独特性进行个性化教育，以促进其全面发展。

### 2. 个别留守儿童教育的工作过程

（1）确定对象

要找典型性的较为落后的留守儿童作为对象，加强教育转化，可以带动影响一大片留守儿童。

（2）掌握现状

通过认真调查了解，详细掌握留守儿童各方面的表现。

（3）分析原因

用同本人谈心、组织有关人员座谈、进行家访等方法，进行因果分析，从本人、家庭、社会、班级等方面弄清其问题思想产生的主要根源。

（4）制定措施

在弄清问题思想产生的主、客观原因的基础上，制定详细的帮扶措施。

（5）组织落实

要组织动员各方面力量进行帮扶工作，启发引导留守儿童思想觉悟，克服不良言行，争取进步。

（6）检验效果

学校、班级、老师要经常和其接触，了解情况，检查效果。通过检查，使其有个比较正确的自我认识，坚定前进的信心，明确努力的方向。

（7）巩固提高

留守儿童教育工作是一项长期性、反复性的工作。因此，要特别注意做好巩固提高工作。加强对个别留守儿童的教育，不断鼓励他们相信自己能进步、会进步，坚定信念，不断努力，巩固提高自己已取得的成绩。

## （二）留守儿童教育的主要方法

教育方法应当明确以目标为导向，因为缺乏合适的教育手段将无法实现预定的教育目标。同样，针对留守儿童的教育任务，若缺乏恰当的教育策略，也难以达成预期成效。

### 1. 以理服人，说服教育法

说服教育是思想教育的核心手段，在留守儿童教育过程中必须持续采用。逻辑说服意味着通过展示事实、阐述道理、耐心劝导，激发教育对象的认同感。对于存在问题的留守儿童，不能仅依靠权威或夸张言辞进行压制，而应避免体罚和不当标签，以爱心引导、耐心诱导和觉悟启发为主。否则，可能引发留守儿童反感情绪，加剧矛盾，导致不可预知的后果。说服教育需目标明确，针对留守儿童实际情况施展，注重民主讨论、真实话语、逻辑推理和语言趣味性。

### 2.树立榜样，典型示范法

列宁曾指出，榜样的影响是无穷的。榜样作为生动、鲜明、具体的形象，极易吸引留守儿童注意，引发思想共鸣，促使他们自觉学习、对照和模仿。榜样具有强烈的说服力、感染力和号召力，对留守儿童教育而言，树立模范人物是重要且高效的策略。应识别并培育模范，利用其杰出行为教导其他留守儿童，并广泛推广宣传模范经验。例如，组织评选优秀留守儿童活动，鼓励全体留守儿童向榜样学习，实现共同进步。

### 3.以身作则，言传身教法

留守儿童教育不仅需口头传授，更需教育者身体力行。教育者应言行一致，成为学生楷模，严格要求自身行为影响留守儿童。当教师教导与实际行动相符时，能赢得学生敬意，显著提升教育效果。

### 4.培养习惯，养成教育法

思维和行动经多次重复可能形成习惯性行为模式，习惯是教育培养的结果。养成教育的核心目标是帮助留守儿童养成良好行为模式，包括提供正确行为指导、培养良好习惯及语言和思维习惯。它源自看似微不足道的小事件，却蕴含改变命运的巨大能量。养成教育旨在塑造留守儿童成功人格，通过组织定期有意义的教育活动，逐步培养他们的良好品质和行为习惯，克服错误思维和行为模式。

具体包括组织社会实践和义务劳动，培养劳动观念和艰苦奋斗精神；进行法律和纪律教育，严格遵守学校规定和制度，培养组织纪律性；根据道德标准进行养成教育，学习"社会主义荣辱观"，以高尚道德标准引导留守儿童思维和行为；在养成教育中，需维持严格标准，持续督查检查。留守儿童行为习惯培养是持续反复的旅程，需严格督导检查，激发自我意识，确保获得满意教育成果。

### 5.启发觉悟，自我教育法

教育领域有句格言："无自我教育，则真正教育无从谈起。"苏霍姆林斯基也指出，真正的教育实质上是自我教育。自我教育指留守儿童通过自我认知、要求、调控、评价和努力实现自我成长。留守儿童教育核心目标是确保他们积极、健康、全方位成长，若缺乏自我教育则难以实现该目标。自我教育旨在激发自我意识，培养自信、自强、自立和自尊等品质。教育者应协助留守儿童建立清晰道德观念，分辨真假、善恶、美丑，追求真善美，反对假恶丑。

需培育自我认知、监控和评价能力，使他们确认并坚守正确思维和行为，勇于纠正错误；采取批评和自我批评手段，增强思想道德意识和主动性；通过多种方式进行自我教育，如自主学习、阅读、撰写思想日记等。在教育实践中，需培养学生自我教育技能，包括自我分析、设计、控制、努力等，坚定自我教育意志，具备面对曲折的心理准备和承受痛苦的技能，培育自我教育自信和毅力。

### 6. 奖惩结合，表扬批评法

表扬与批评在塑造留守儿童正确思维方面起指导性作用。赞赏、奖赏或确认某行为有助于保持并稳固该行为观念；批评、处罚或否定某行为则导致指导该行为的意愿减弱和消失。因此，给予表扬、奖赏以及批评和处罚对留守儿童教育是必要且高效的手段。采用表扬和批评方法时，需注意，主要以表扬和奖励为主，辅之以批评和惩罚。表扬和奖励作为积极激励手段，旨在激励留守儿童展示长处和优势；批评和惩罚作为逆向激励手段，旨在阻止错误行为发展。

不恰当的批评和惩罚可能激发自我保护意识，产生不利影响。赞美应恰到好处，批评也要恰到好处。给予适当奖励，对于惩罚则需谨慎执行，严格遵守原则，确保公平和准确。把握有利时机，适时进行奖励或惩罚。称赞应及时，批评需精确。选择场合要小心，采用恰当方式。无论是表扬、批评、奖励还是惩罚，都需要考虑具体场合。表扬和奖励范围应广泛，批评和惩罚范围应相对较小。某些批评可通过单独对话进行，会议中批评应针对具体事件而非具体人物，宣布处罚范围也需适当，特别注意场合和方法。

### 7. 资助贫困，温暖爱心法

因经济困境导致的生活窘迫被称为贫困，表现为社会物质生活的匮乏，是物质生活与精神生活的综合体现。家庭经济困难导致农民外出务工，子女留在家中继续学业。留守儿童学习情况常受家庭经济状况影响。对于经济困难的留守儿童，应向民政部门、慈善组织和有爱心人士寻求帮助，建立留守儿童基金，资助贫困留守儿童，改善他们的物质和精神生活，给予心灵温暖，避免辍学。

### 8. 建家筑巢，共享其乐法

计划投入资金新建留守儿童之家，配备休息室、娱乐室、阅览室等设施，为留守儿童提供集学习、休息和娱乐于一体的环境，让他们自由活动，锻炼身体，陶冶情操；体验家庭便捷，沉浸在愉悦心情中。致力于创建留守儿童温馨之家，构筑家庭教育新模式，确保他们在温馨家庭环境中健康成长。

### 9. 帮扶结对，托管教育法

"托管"指外出务工父母将孩子托付给监护人，由监护人负责照看留守儿童日常饮食和生活起居。在学校环境中，呼吁党员教师和学校领导与留守学生建立"结对子"关系，帮助贫困家庭。教师应视他们为自己的孩子和兄弟姐妹，带回家中，从家务、日常小事到学习，全方位培养他们的良好习惯，与他们沟通谈心，鼓励他们坚定克服困难的决心，鼓足开拓美好生活的勇气，照顾他们日常起居，关心和辅导学习，履行托管教育职责，承担托管义务。

### 10. 生日聚会，快乐教育法

快乐是人们精神层面上的喜悦和满足，当需求得到满足时，会在生理和心理上展现出快乐反应。留守儿童与父母相隔甚远，日常生活艰难，甚至难以庆祝生日。老师可在班会或其他时间组织全班同学为留守儿童庆祝生日，举办简单生日聚会，唱生日快乐歌，让他感受周围人的关爱，对老师更加感激、崇拜、敬仰，其教育效果显而易见。

### 11. 电话联系，快速沟通法

电话作为通信设备，能通过电信号进行话音双向传递。伴随现代科学技术不断进步，电话通信已成为人们日常生活中不可或缺的一部分。当留守儿童父母不在身边时，电话可缩短家长和老师之间的距离，使他们更容易与老师取得联系，实现快速沟通和及时交流，减少解决问题所需时间，不仅有助于留守儿童教育，也能让家长在外出时更加放心。

### （三）留守儿童教育的主要方式

留守儿童教育工作不仅要有科学的方法，而且要采取相适应的方式。方式是方法的延伸和具体化，是留守儿童教育的具体途径。参考思想政治教育工作的做法，可采取报告、座谈、谈心、书面、宣传表演、竞赛评比、家访、参观等方式开展留守儿童教育工作。

### 1. 正面教育，采取报告的方式

这是思想政治教育工作的一种传统方式，也是留守儿童教育的一种很好的形式。利用做报告，从正面宣传、引导、教育留守儿童，启发他们的觉悟，提高他们的思想认识，调动他们学习的积极性，鼓励他们不断努力，争取进步。

在运用报告形式时，要注意做到以下几点：

①观点要正确；

②要有针对性；

③要有事实根据；

④要讲究艺术性。

### 2. 开展讨论，采取座谈的方式

这种方式是在学校组织下，针对留守儿童某一时期出现的问题，把他们召集起来，广开言路，进行讨论座谈，使留守儿童可以提高认识、明辨事理，从而揭开他们的思想疙瘩，找到解决问题的方法。

### 3. 个别交流，采取谈心的方式

留守儿童和普通学生一样，有表现好的，也有表现不好的。针对不同留守儿童出现的情况，采取个别谈心的方式，该方式交流方便，沟通迅速，容易使留守儿童理解、接受教育，达到有效解决问题的目的。

### 4. 文字教育，采取书面的方式

这是留守儿童教育的最基本的方式。学校可以利用留守儿童之家，办好图书室，开放阅览室，组织留守儿童读书读报，写读书笔记，强化教育；班级可以通过办黑板报、手抄报等加强留守儿童教育；留守儿童可以通过撰写日记，反思每天言行，提高思想认识；也可和父母通信，加强联系，交流思想。

### 5. 形象教育，采取感染的方式

形象化教育不是靠说教，而是运用文学和艺术的感染力达到教育效果。学校要充分利用留守儿童之家，播放电影、电视，用最直观的方式进行教育；组织舞蹈、绘画兴趣小组，培养留守儿童欣赏能力。使留守儿童从欣赏艺术的形式美到重视艺术的内容美，从注重外表美到注重心灵美，从保持个人美到保持集体美。

### 6. 评比竞赛，采取激励的方式

评比竞赛是利用留守儿童的上进心理和互相竞争的心理开展教育工作，以保证留守儿童教育工作有效开展。学校可以组织评比十佳留守儿童、评选留守儿童进步之星，激发和鼓励留守儿童振奋精神，积极上进；可以组织留守儿童书画、演讲、演唱比赛，展示才华，增进团结，相互教育，共同进步。

### 7. 主动联系，家访的方式

学校教育需要家庭教育有机配合，才能取得最佳教育效果。留守儿童父母不在家，可以和监护人主动联系，进行家访，了解情况，实施针对性教育。

### 8. 参观访问，实践的方式

这是留守儿童直观教育的一种比较生动具体的方式。学校可以组织留守儿童参观革命历史纪念馆，祭扫烈士陵墓等，学习先烈精神，了解历史，强化爱国教育；也可组织留守儿童到敬老院，帮助老人做有益之事，也可组织留守儿童走向社会，调查了解本地发展情况，开展实践活动，增强实践能力。

## 四、留守儿童教育策略

自 20 世纪 80 年代以来，我国经济增长速率显著加速，伴随着这一经济转型过程，城市经济的二元结构特征日益凸显。在此背景下，农村剩余劳动力大量向城市流动成为一股显著趋势。由于多重因素的交织影响，众多外出务工人员的子女选择留守在家乡，由此催生了一个特殊的儿童群体——留守儿童。全国妇联发布的统计数据显示，我国留守儿童数量已高达 6693 万，且这一数字仍呈上升趋势。

留守儿童往往因父母长期不在身边而缺乏必要的关爱与呵护，家庭教育因此显得不足或不完善。这种家庭环境的缺失，可能对他们的思维方式、性格塑造以及心理健康产生深远影响。在学校管理中，这些儿童更易被标识为"问题儿童"，从而引发一系列教育管理上的难题。留守儿童教育问题的妥善处理与否，不仅直接关系到他们的健康成长，还对农村居民整体素质的提升以及社会的长期稳定与进步产生重要影响。留守儿童的教育问题，已成为农村中小学教育管理面临的新挑战，同时也是一个值得社会各界深入思考与关注的社会议题。

### （一）留守儿童的教育现状与存在问题

#### 1. 家庭教育的缺失

当前，农村留守儿童在家庭教育和监护方面面临着一系列严峻问题，主要体现在以下几个方面：

第一，临时监护人的责任界定模糊。无论是由长辈、其他家人还是朋友担任监护人，他们往往将临时监护职责局限于确保孩子的物质需求得到满足，如提供充足的食物和保暖，以及避免意外情况的发生。在这种监护模式下，监护人过于侧重抚养而忽视教育，更关注孩子的身体健康而非心理健康，从而忽视了孩子的心理健康和全面发展。临时监护人对留守儿童物质和生活的过度满足，以及过度的宽容和放任，加之在精神和道德方面缺乏适当的约束和指导，导致留守儿童在遵守学校纪律、培养学习意志等方面明显弱于其他学生。他们中许多人缺乏远大的理想和奋斗目标，对祖国和社会也缺乏足够的责任感，生活态度消极悲观，厌学情绪普遍，逃学和辍学现象频发。

第二，临时监护人在教育方面的精力投入明显不足。大部分留守儿童由祖父母或外祖父母监护，这种监护方式过于表面化，主要集中在孩子的日常生活照料上，如吃饭、穿衣等，难以真正履行对孩子的教育职责。

第三，临时监护人在教育能力上存在不足。祖辈在教育孩子的过程中，由于观念和方法相对落后，往往形成溺爱和放任的隔代教育模式。此外，这批祖辈多为受教育程度不高的老人，大部分未接受过正规的学校教育，因此几乎无能力指导孩子的学业或为孩子提供法律、安全和卫生等方面的教育，这大大降低了留守儿童的教育水平。

第四，临时监护人的管理缺乏严格性。部分留守儿童由其父母的同代人，如叔叔、伯伯、姑妈、舅舅等亲属或其他人负责抚养和监护。由于临时监护人监护的并非自己的孩子，在教育过程中可能犹豫不决，不敢严格管教，尽管他们确实负责抚养孩子，但在教育孩子时往往不完全尽心。

留守儿童由于长时间缺乏父母的关爱和教导，加上家庭教育的不足和监护过程中的种种缺陷，导致了一系列心理健康问题。具体而言：

一是沟通障碍。由于祖辈和孙辈年龄差异大，观点和看法各异，形成明显的"代沟"，沟通困难。祖辈往往根据自己的成长经验教导孙子孙女，思维方式刻板、保守、单一，教育方法简单。而现代孩子知识丰富，追求新潮和刺激，行为方式不受传统束缚，因此老年人的观点和教育方式难以被接受，有时甚至引起反感。加之老年人精力和健康状况不佳，部分老人需照看多名留守儿童，导致他们照顾孩子时力不从心。沟通困难使得留守儿童在有心事时无法得到倾诉，情感长时间无法释放，形成心理障碍。

二是亲情缺失。父母长时间不在家，与留守儿童沟通不足，缺乏充分的关心和指导。留守儿童长时间无法获得家庭温暖和关爱，常表现出亲情意识淡化，焦虑紧张，缺乏安全感，人际交往能力不佳。在儿童成长阶段，情感和性格正在转变，所处环境会对他们的道德观和价值观产生直接影响。与父母长时间分离和缺乏爱的培育，使他们容易形成内向、自卑、悲观和孤僻的个性。

三是性格问题。部分监护人因特定原因或心理压力而不敢或不知如何管理孩子，有些孩子甚至因不愿被管理而无法管理。对留守儿童的过度溺爱和纵容使他们生活在无节制的环境中，加剧了他们自私、任性、专横和以自我为中心的极端性格。家庭功能减弱可能导致一系列心理问题，进而转化为生理问题，形成恶性循环。孩子在这样的环境中成长，缺乏父母指导和管理，学业成绩可能受影响，长此以往可能导致性格和人格问题，直接影响孩子的未来幸福。

四是父母观念影响。打工父母对孩子的"负罪感"和内心深处的"读书无用"观念使他们对孩子期望不明确，认为只要能读书就去读，读得不好就去打工，一切顺其自然。

家长赚钱后通常用金钱补偿子女，但对子女的伦理道德和法治教育却很少，导致子女养成好逸恶劳、奢侈浪费和乱花钱的不良习惯。而收入微薄的家长常抱怨命运，对孩子漠不关心，甚至使孩子失去生活依靠。出于自卑和追求面子的心态，这类留守儿童可能行为不端，忽视社会纪律，甚至触犯法律。

五是缺少父母关爱带来的心理问题。长期留守的儿童，有的一年与父母都难见一面，缺少父母关爱和家庭温暖，他们在情感体验上负面情绪深刻，有的形成心理障碍，影响正常学习和交往。留守儿童长期与老人生活，与父母难以建立亲子关系，表现出坐立不安、活动增多、注意范围减小、容易激动、与伙伴难以相处等不正常心理现象。他们在生活中好面子、自尊心强、有事闷在心里不轻易表露，有时容易冲动。

**2.学校教育面窄，层次得不到深化**

目前，在我国农村广大地区，存在着一种以单一"分数"评价学校优劣的普遍现象，这严重阻碍了素质教育的有效推进。从本质而言，多数农村学校依然秉持传统的考试导向教育模式，缺乏对人才培养的科学认知。学校过分聚焦于课堂教学过程，却忽视了课堂教育在培养学生综合素质方面的重要性；一味追求升学率的提升，却在法律常识和道德教育方面存在显著短板；过度强调"成才"教育，却忽略了为未成年人树立正确世界观和良好品德的培育。

这些学校往往局限于传授教材内容，忽视了教育的科学性、针对性和渐进性原则，也未能根据未成年人的身心特点，有组织、有计划地开展心理教育、生存教育和安全教育。在学校教育环境中，对于学习成绩不佳和行为表现不良的留守儿童，教育和管理措施显得力不从心。部分教师在教育过程中未能充分考虑未成年人的心理承受能力，甚至采取伤害学生自尊或体罚等不当行为，导致学生产生厌学情绪，甚至出现辍学现象。

此外，学校与家长之间的沟通交流机制尚不完善，家长会议组织频次较低，缺乏家庭的有力支持，学校的教育职能未能得到充分且有效的发挥。加之某些农村学校的教育水平相对落后，受当地环境因素影响，形成了"读书无益"的错误观念，认为读书不如务工，使众多孩子对学习产生抵触情绪。

外出务工的家长虽然期望孩子能在学校接受教育，但由于学校学生众多、教学任务繁重，学校虽心怀期望却力不从心。许多留守儿童未选择在学校寄宿，导致他们在校时间有限，教师难以全面关注他们的心理需求，与家长之间的沟通也变得愈发困难。因此，为留守儿童提供个性化和有针对性的教育变得举步维艰，他们在学业和日常生活中也难以获得更多的关爱与照顾，这无疑增加了管理问题留守儿童的难度。

再者，留守儿童缺乏家庭有效且及时的监督，这使得留守儿童的教育问题愈发棘手。由于学校教育与家庭教育之间缺乏及时有效的沟通和交流，家庭与学校之间的合作不够紧密，导致教育的整体效果和功能受到明显削弱。

教育是一项系统工程，需要学校教育、家庭教育和社会教育三者紧密合作、相互协调。针对留守儿童所面临的教育难题，更应强调这三者之间的协同作用。学校应加强与家庭的沟通联系，共同关注留守儿童的成长需求；家庭应积极参与孩子的教育过程，为学校提供必要的支持和配合；社会则应创造良好的教育环境，为留守儿童提供更多元化的教育资源和机会。只有三者齐心协力，才能更有效地解决留守儿童的教育问题。

**3.缺乏系统的社会教育体系**

由于多重因素的交织影响，农村地区在留守儿童的教育和管理方面呈现出明显的缺失状态。从主观层面分析，部分当地领导对留守儿童教育和管理的责任认知存在偏差，将其视为家长和学校的专属职责，这一观念导致了留守儿童教育管理工作陷入"三无"困境，即无专门人员负责、无相关设施支撑、无特定场所依托。家庭教育的缺失，对于留守儿童而言，是一个难以有效填补的空白，而社会在提供少年儿童成长支持方面的组织资源显得极为匮乏。

社区教育服务体系在农村地区几乎处于空白状态，其应有的作用未能得到充分发挥，更遑论专门针对农村留守儿童教育问题的社会组织，这一领域的空白尤为突出。客观而言，农村社会的经济和文化发展水平整体相对滞后，对社区教育服务体系的建立和完善构成了显著制约。这一现状不仅削弱了社会在留守儿童教育中应扮演的角色，还严重阻碍了家庭教育、学校教育与社会教育三者之间协同作用的发挥，使得原本旨在通过三者共同努力实现的"理想"教育目标被大幅削弱。

## （二）关注留守儿童的教育

唯物论主张，世间万物皆无永恒不变之态，亦无停滞不前之理；静态仅是相对之现象，而动态则是宇宙之永恒法则。运用辩证唯物主义的视角来审视当前的留守儿童问题，我们可以得出这样的结论：留守儿童之所以被视为"问题儿童"，并非其本质所然，而是由于他们所处的特定社会环境和家庭结构所带来的暂时性困境。因此，我们有理由相信，留守儿童也能够在各方的共同努力下，像其他正常家庭中的孩子一样，享受到幸福美好的童年时光。

**1.营造温暖、活泼的教育环境，加强留守学生的教育管理**

作为教育领域的核心机构，学校承担着不可推卸的责任，应最大限度地发挥其引领作用，并积极探索多元化的教育方法和途径。教师需要转变角色定位，不仅要以真挚的情感关怀学生，更要特别关注那些留守在校的学生群体。

为了满足留守儿童特殊的教育需求，教师在完成日常教育教学任务的同时，还应像对待自己的孩子一样，给予留守学生深切的关爱和呵护。这种关爱应渗透到思想道德、日常生活和行为习惯等各个方面，以增强他们的情感支持体系。父母长期外出务工的学生缺失家庭的关爱，教师和同学应在适当时机给予他们更多的关心和支持，用师生和同学间的深厚情感来弥补他们家庭生活的不足，填补他们情感的空缺。

教育工作者需根据留守儿童的独特性，及时与他们进行心理交流，帮助他们学会情绪调节，并在实践中锻炼意志力。为此，我们需要更新教育观念，选择与留守儿童年龄和心理特点相契合的教育策略。

首先，坚守"以人为本"的教育理念，全心全意为留守儿童的成长考虑，视他们为朋友，主动与他们建立联系，提供更多交流机会，努力构建平等和谐的师生关系。其次，教师应从辩证和发展的角度看待学生，善于发现他们的优点，及时进行赏识教育。即使需要批评，也要让学生感受到批评中的赏识和关爱。教师应认识到学生有犯错的权利，并为他们提供改正错误的机会，采取各种改进策略，激发他们的潜能。

此外，我们应充分利用班级和团队的组织力量，策划丰富多彩的课内外活动，举办各种形式的主题班会和团队会议，确保孩子们在参与活动中感受到团队的关心和温暖，从而激发他们的学习兴趣，接受教育和良好影响，进一步增强自信心。

为留守学生建立专门档案也至关重要，详细记录他们父母的工作地址、联系方式、家庭背景、学生监护人的姓名和联系方式等信息，并主动与他们建立联系，加强学生、家长和教师之间的互动和交流。教育工作者应定期进行家访，深入了解留守学生的家庭背景和日常生活情况，帮助他们克服生活难题，用真挚的师爱抚慰留守儿童的心灵，使他们从对父母的依赖转向对教师的依赖，实现"尊师重教"的教育目标。

学校功能也需进一步拓展。通过创办家长学校和举办讲座，为留守学生的监护人提供教育方法和方式的培训和指导，提升家庭教育的质量。在现代农村，留守儿童的父母或法定监护人往往更注重孩子的抚养而忽视教育。学校可利用"家长学校"这一平台，向家长提供家庭教育的专业建议和反馈，鼓励留守儿童的父母和监护人全力支持和协助学校的教学活动。

家庭教育应增加智力投入，摒弃自私的利益观念，将孩子的健康发展视为首要任务。父母应通过电话、书信等手段与孩子进行深入的情感沟通、思想交流和互动，倾听孩子的真实想法，鼓励他们不断进步，并适时送上礼物或书籍，让孩子感受到父母的关爱。在春节或农忙时节，建议父母尽量回家与孩子团聚，让他们感受家庭的温暖。

作为教育机构，学校有责任加强与社会各界的互动，积极组织留守学生参与对社会有益的实践活动，使他们在活动中得到锻炼和健康成长。同时，学校呼吁政府和社会各界给予留守学生更多关心和支持，依靠全社会力量进行有效协调和管理，解决一系列实际问题。这些问题包括整治和清理学校和社区周边的文化环境污染，依法关闭不健康的黑网吧和游戏厅，开展多样化、积极健康的文化和社区娱乐活动，优化教育环境，让留守儿童在文明健康的文化氛围中接受良好教育。

通过整合社会资源，形成强大的教育保护力量，确保留守学生能够健康成长。此外，应加大"留守儿童之家"的建设力度，完善留守儿童档案。学校应为留守儿童打造一个温馨的"家"，即"留守儿童之家"。通过志愿服务和选拔机制，让有责任感和爱心的教师担任爱心父母角色，关心留守学生的日常生活、提供学习指导和共同娱乐，为他们提供可靠的交流和倾诉平台。在"家"的环境中，学校应满足孩子们的学习和娱乐需求，并提供"亲情电话"，让他们感受到家的温暖。

为更好地管理留守儿童的教育，学校需标准化他们的档案管理，为留守儿童建立详细的成长记录。学校应为每位留守儿童创建详尽的档案资料，持续全面了解外出务工人员的工作地点、联系方式、子女监护状况及家庭经济条件等信息，并建立长期有效的监控和管理机制。同时，学校应详细记录留守儿童在习惯、性格、日常生活、思维方式、学业和家庭教育等方面的情况，形成反映其成长进步和不足的记录，并与家长及时分享反馈，共同为留守儿童提供优质教育。

最后，设立留守儿童心理咨询中心，为留守儿童提供心理支持和关怀。留守儿童作为一个既普通又特殊的群体，长期缺乏父母关爱，往往感受到亲情的匮乏，这种特殊的生活环境容易导致他们出现各种心理问题。如果学校的教育方式仍固守旧观念，不能为他们提供及时的心理辅导，可能会进入教育方法的误区，产生不利影响。许多学生行为问题的根源在于与父母分离，缺乏安全感。因此，学校有必要设立专门为留守儿童提供心理咨询的咨询室。虽然教师并非专业心理医生，但作为教育者，他们应根据学生的心理问题和异常行为，及时给予指导和帮助。无论是一次深入的交谈、一次真诚的倾听、一段感人至深的话语还是一个富有启示性的故事，都能为脆弱孤独的心灵带来巨大慰藉和灵感。

### 2. 父母关爱，优化家教环境

促进留守儿童的全面成长，仅凭学校单方面的努力是远远不够的。家长作为孩子成长过程中的重要参与者，有责任全心全意地支持学校教育，并致力于营造一个公平、和谐的家庭教育氛围。父母不仅是孩子们最初的启蒙导师，更是他们权益的直接守护者，因此，他们不能逃避对未成年子女的教育和抚养责任。

父母在孩子的成长过程中扮演着首位教育者的角色。在诸多情感中，父母对孩子的深沉关爱无疑是最为重要的。即便身处异地，家长也应采取多种方式关心和照顾孩子，履行监护职责，以帮助留守儿童摆脱心理困扰，建立健康的人生观和价值观。

有效的沟通是展现关心和关爱的最佳途径。对于身处异地的父母而言，他们可以通过以下两种方式与孩子进行交流。一是直接沟通，尤其是利用现代通信工具，如电话、智能手表等。条件允许的情况下，还可以考虑使用计算机网络进行更深入的交流，以了解子女的学习状况和思维动态。二是间接沟通，如建立校讯通等空中通道，由教师定期向家长报告留守儿童的发展情况，家长则及时向学校提供反馈。

务工父母需要树立正确的教育理念，发展出合适、合理的教育方法。他们应摒弃"读书无用"的错误观念，不应误以为外出务工或经商同样能赚到钱而忽视教育的重要性。相反，在知识经济飞速发展的当下，如果子女不能通过教育丰富知识储备，未来将很难满足社会的期望和需求。

家长在关心子女物质需求的同时，更应注重给予他们心理和思想层面的支持。家长应帮助孩子明确学习目标，从小培养良好的品质。否则，孩子可能会陷入赌博、沉迷网络等不良行为的风险中。家长有责任激励孩子多与家人、同学和教师互动交流，同时确立正确的家庭教育理念，掌握科学合理的家庭教育手段，提升教育子女的生活能力。

作为家长所托付的监护人，临时监护人承担着确保孩子在家中得到适当教育的重任。临时监护人应深入了解留守儿童的心理需求，努力为孩子创造一个和谐的学习和生活环境，并与孩子的父母和教师保持密切沟通，寻求必要的帮助和支持，以确保孩子得到妥善的教育。

作为受托的临时监护人，他们有责任承担起真实的监护角色，确保孩子的学业和日常生活得到妥善管理。我们的目标是让留守儿童在没有父母陪伴的环境中也能健康快乐地成长。为此，家长、临时监护人和学校应共同努力，形成合力，为留守儿童的全面成长提供有力支持。

### 3. 加强与社会的联系，共同营造安全、健康的社会教育环境

留守儿童的相关工作是一项复杂而全面的社会系统工程，其成功实施有赖于全社会的全力支持与共同关心。唯有如此，我们方能构建起一个健全、有效的留守儿童教育和监护体系。在留守儿童的教育问题上，学校、家庭和社会三者必须紧密协作，形成合力，共同管理，共同努力，方能取得显著成效。

一个安全、健康的社会氛围对于留守儿童的健康成长具有至关重要的影响。由于缺乏父母强有力的监督，留守儿童较易受到社会上不良行为的诱惑，加之其自制力相对较弱，因此容易养成不良习惯，甚至可能走上违法犯罪的道路。自中共中央和国务院发布《关于进一步加强和改进未成年人思想道德建设的若干意见》以来，我国党和政府对农村留守儿童的发展问题给予了高度重视，持续监控其状况，并出台了一系列政策措施，旨在确保他们能够健康、快乐地成长。

在此背景下，各级政府肩负着将留守儿童教育纳入精神文明建设核心议题的重要责任。政府应加强农村文化环境建设，营造积极健康的文化氛围和社会风尚，为留守儿童提供有益的教育环境和潜移默化的影响。家庭、学校和社会作为留守儿童教育的三大基石，各自扮演着不可或缺的角色。

教育的核心目标在于利用外部环境的各种作用，培育留守儿童成为对社会有贡献的人才。根据辩证唯物主义的观点，外部因素需通过内部因素的变化来发挥其作用。在此框架下，外部环境的各种影响构成了教育的外部因素，而留守儿童的自我教育则在其成长过程中起着至关重要的作用。

因此，家庭和学校应有针对性地培养留守儿童的自我教育意识，使他们掌握自我教育的各种方法，并着力培养他们的自我控制和自我调节能力。通过这一过程的实施，留守儿童将逐渐形成在学习和生活中进行自我教育的习惯，从而为自身未来的成长和发展奠定坚实的基础。

## 五、留守儿童教育管理

### （一）简述

随着社会主义市场经济的不断发展和城市化进程的加速推进，农村富余劳动力逐渐向城市地区转移，这一社会变迁导致留守儿童这一特殊群体的日益增多。留守儿童正处于成长的关键时期，然而，他们却难以从父母那里获得思想和价值观上的有效指导与支持。由于父母长期不在身边，留守儿童在情感上缺乏必要的关心和照顾，这极易导致他

们在认知和价值观上出现偏差，以及出现个性和心理发展方面的问题。若教育干预不及时或方法不当，部分留守儿童甚至可能走上违法犯罪的道路。

对留守儿童进行有效的教育管理，不仅关乎他们自身的健康成长和顺利发展，更关乎家庭和谐、社会稳定，以及教育公平、正义和教育事业的全面进步。因此，加大对留守儿童的教育投入，并加强对他们的教育管理显得尤为重要。

在"中国教育学会农村教育分会"成立大会上，教育部政法司孙霄兵司长曾为留守儿童教育题词，强调了加强农村教育研究和关心留守儿童成长的重要意义。教育部中国教师发展基金会秘书长杨春茂也曾指出，我们应"关注弱势群体，加强绿色教育"，这进一步凸显了留守儿童教育问题的重要性和紧迫性。

作为农村教育工作者，我们肩负着不可推卸的责任，即加强留守儿童的教育和管理。我们应在留守儿童的教育实践中不断深入研究，探索有效的教育管理方法和模式，提高教育管理的力度和效果。同时，我们还应努力使留守儿童的教育管理工作更加制度化、规范化、程序化，以确保留守儿童能够享受到公平、优质的教育资源，促进他们的全面发展。

### （二）留守儿童教育管理原则

为加强对留守儿童的教育管理，我们不仅要设定清晰明确的管理目标，还必须严格遵循留守儿童教育管理的基本原则。这些原则为我们提供了根本的指导方针和行为准则，是管理留守儿童教育实践活动必须坚守的基石。在管理留守儿童的教育过程中应遵守以下几个基本准则：

#### 1. 方向性原则

管理是一种目标导向的活动，因此必须具有明确的方向。在留守儿童的教育管理中，我们必须坚决贯彻执行党的教育政策，确保所有行动都围绕留守儿童展开，全心全意为留守儿童服务。我们要对所有留守儿童负责，确保外出务工的家长能够安心工作，无后顾之忧。

#### 2. 科学性原则

留守儿童的教育管理是一项科学任务，必须始终遵循科学的原则。我们应根据教育的固有规律和未来发展趋势，结合留守儿童的生理和心理特点以及实际情况，采取科学、合理的管理方法，确保教育管理的科学性和有效性。

### 3. 规范化原则

规范化原则强调教育管理必须有明确的指导、持久的制度和规范的操作流程。在留守儿童的教育管理中，我们要确保所有教育活动都有章可循、有据可查，通过规范化的管理帮助留守儿童培养出良好的行为模式。

### 4. 协调性原则

学校作为社会的重要组成部分，留守儿童的教育管理需要整合社会各方面的资源。我们应积极争取政府、社区和相关部门的支持，激发所有积极因素，确保学校、家庭和社会教育的协同作用，共同提升留守儿童的教育品质。

### 5. 整体性原则

整体性原则要求我们具备宏观视野，将留守儿童的教育管理纳入学校的日常管理体系中，进行全面规划、统一指导和合理资源配置。我们要确保学校的各个部门、各个层面和各种要素都能充分发挥作用，实现管理效果的最优化。

### 6. 有效性原则

有效性原则是指在留守儿童的教育管理中，要合理且高效地运用人力、物力、财力、时间和信息资源，确保这些要素能够发挥最大效用。我们要通过高效的管理手段，确保留守儿童教育管理工作的高品质和高效率。

留守儿童的教育管理原则是一个相互关联、相互制衡的整体，构成了一个完整的体系。只有综合运用这些原则，才能发挥整体作用，确保留守儿童的教育管理工作得到有效和实际的执行。因此，我们必须深入理解这些原则的核心思想，并主动遵守这些原则，为留守儿童的健康成长和全面发展提供有力保障。

## （三）留守儿童教育管理的模式

农村留守儿童教育的成败，不仅关乎广大农民的直接利益，更是社会主义新农村建设和社会和谐稳定的关键因素，对国家的未来发展具有深远影响。为确保留守儿童在学习、生活及权益保护等多方面得到妥善安排，我们必须积极汲取先进的管理知识，并实施切实有效的管理措施。通过采用标准化且实用性强的教育管理模式，我们旨在为留守儿童营造一个有利的成长环境，为他们的全面发展奠定坚实基础。以下是几种普遍存在的教育管理模式：

### 1. 寄宿制

针对农村留守儿童的居住状况，寄宿制被视为一种高效的解决方案。对于偏远地区及交通不便的留守儿童，我们实施了寄宿制度，并进行统一管理。通过国家补助，我们力求改善这些儿童的生活条件，促进他们的个性发展，提高学业成绩，并增强社交技能。

### 2. 代理家长制

在自愿原则下，我们鼓励家住在学校附近的党员教师主动担任代理家长，并倡导地方政府发动机关事业单位干部职工、村社干部、有帮扶能力的共产党员及社会各界爱心人士参与其中。代理家长需主动履行家长义务，正确引导孩子成长，定期与留守儿童父母、托管人、老师联系沟通，每周至少与留守儿童联系交流、辅导作业一次，并在每学期初制定一份帮扶计划，以履行家长义务和职责。

### 3. 留守小队

建议将本村或邻近村庄的留守儿童组织成少先队校外留守小队，并为每个留守小队聘请一名少先队辅导员或志愿辅导员。通过组织丰富多彩的活动，减轻留守儿童的孤独感，并增强他们的集体主义精神。

### 4. 留守儿童之家

这是一种将家庭与学校融为一体的管理策略。我们应充分利用校园空间，打造一个充满活力的家园。在获得上级资金支持的前提下，进一步拨款购买体育活动设备，建立亲情联系电话，推出网络视频服务，使留守儿童能在课余时间与家长见面或保持联系，从而在学校感受到家庭般的温暖。

### 5. 留守儿童家长学校

留守儿童家长学校旨在协助隔代抚养的家长和临时返回家乡的家长，使他们能够学习和掌握科学的家庭教育知识和方法，提高家庭教育意识。针对家庭教育方法过于简单和粗鲁，以及沟通交流不足的问题，我们鼓励家长身体力行，充分发挥模范和示范作用。同时，我们确立既重视"成才"教育又强调"立德"教育的理念，丰富留守儿童家长学校的课程内容，革新教学方式，探索新的教学策略和方法。

### 6. 民警护卫

民警的保护措施需要公安部门的协助，以确保留守儿童的安全感。民警的护卫工作应遵循"三查、四有、五定期"的原则。其中，"三查"包括检查网吧和游戏厅内是否存在留守儿童、调查留守儿童是否成为违法犯罪行为的受害者、检查街头人群中是否存在留守儿童；"四有"涉及留守儿童家长名单、家庭地址、学校班级信息、家长外地工作联系信息和地址，以及留守儿童教师、村组领导、在家监护人或亲友的联系信息和地址；"五定期"则要求民警定期与留守儿童父母沟通和电话联络、定期前往学校了解留守儿童表现、定期开展法律安全教育活动、定期访问留守儿童家中的监护人、亲友及村级组织干部、定期在留守儿童家中进行援助活动。

### （四）留守儿童教育管理的机制

经过实践验证，留守儿童教育管理机制是一种既有效又相对稳定的管理手段，在留守儿童的教育管理中展现出较高的效率。留守儿童的教育管理问题不仅局限于教育领域，更是一个涉及社会多方面的复杂议题。农村留守儿童的教育责任由政府、社会、学校和家长共同承担，因此，构建一个依托这四方面力量的教育管理合作机制，对于创造有利于农村留守儿童健康成长的良好环境至关重要。

政府应作为农村留守儿童教育管理的主导力量，发挥引领作用。具体而言，政府应建立相应的领导机构，构建完善的网络保障体系，并开通"留守儿童教育管理工作绿色通道"，以确保教育管理工作的顺畅进行。同时，政府应出台相关政策，为留守儿童较多的学校提供专项资金支持，加强学校的硬件设施建设，为留守儿童提供更好的学习条件。此外，政府还应鼓励农民采取"离土不离乡"的工作方式，完善当地用工信息系统，为外出务工人员提供家乡附近的工作机会，减少留守儿童的数量。

社会各界也应积极参与到关爱留守儿童的行动中来。社区应加强管理，为留守儿童提供安全、和谐的生活环境；学校应履行教育管理职责，为留守儿童提供全面的教育服务；家庭应积极参与教育管理，为留守儿童提供情感支持和关爱。同时，关工委、全国妇联、共青团、文明办、民政等多个组织应构成留守儿童教育管理的核心力量，共同为留守儿童的健康成长贡献力量。

充分利用"五老"（即老干部、老专家、老教师、老职工、老党员）的力量，大力推进"五老"与留守儿童的结对帮扶活动，让留守儿童感受到社会的关爱和温暖。全国妇联应热心推进"爱心妈妈"关爱活动，肩负起母爱教育的重任；文明办和民政部门应积极开展救助行动，筹集资金支持贫困的留守儿童；共青团应动员家教志愿者担任"代理家长"和义务辅导员，关注留守儿童在思想观念、学业表现和行为模式等方面的需求。

农村小学作为留守儿童教育的核心力量，应进一步完善教育管理策略。学校应成立专门负责留守儿童教育管理的领导小组，由校长亲自负责，各部门共同配合，确保教育管理工作扎实细致。班级应及时创建留守儿童成长档案袋，掌握留守儿童的实际情况；学校应开设自立自强教育课程，增强学生的自尊自信和自强自立能力；聘请法治校长举办法律知识讲座，加强留守儿童的法治意识和安全防范能力；加大对留守儿童心理健康的辅导力度，确保他们的心理健康；根据贫困留守儿童的实际情况，筹集资金进行帮扶和资助；策划并实施针对留守儿童的多样化和丰富的课外活动；为留守儿童打造温馨的家园氛围，让他们在学校里感受到家的温暖；建立完善的图书馆和留守儿童阅览室，丰富留守儿童的精神世界并开阔他们的视野；组织评选杰出留守儿童活动，树立典范，鼓励所有留守儿童共同进步。

在农村留守儿童的教育过程中，家长的角色至关重要。家长在选择外出务工还是在家抚养孩子时，应做出明智决策，进行合理规划和长期思考，不能轻易离开或漠不关心。对于外出的家长，应经常与孩子保持联系，关心他们的身心健康，并与班主任、监护人和代理家长保持积极沟通，共同努力为留守儿童提供良好的教育环境。

### （五）留守儿童教育管理的措施

留守儿童的教育管理是一项综合性项目，涉及多个领域，需要多方共同努力才能取得最优成果。在针对留守儿童的教育实践活动中，我们着重于构建留守儿童教育管理的综合力量体系，以实现资源共享、优势互补、协同合作和共同推动。为此，我们始终遵循"五抓"原则，具体阐述如下：

#### 1. 抓家校联系

充分利用家长和学校的优势资源。在春节和暑假等家长返乡期间，定期组织家长培训课程，旨在改变家长的教育观念，提升家长的教育质量。通过"家长学校"这一平台，进一步加强家庭与学校之间的紧密联系，形成家校共育的良好机制。

构建家庭与学校之间的沟通和联系机制。班主任和科任教师根据学生表现，不定期进行家访，邀请家长或临时监护人进行校访，及时交流留守儿童的学习生活情况，共同加强教育管理。

#### 2. 抓监护培训

通过组织培训课程、座谈会等多种形式，对留守儿童的家长和临时监护人进行专门培训。邀请在家庭教育方面有丰富经验的教师为留守儿童的临时监护人授课，帮助他们转变传统教育观念和方式，提升教育和监护能力。

#### 3. 抓部门配合

留守儿童的教育管理需要多个部门的合作与共管。学校应与乡镇、村组和社区建立积极联系，整合关心留守儿童的资源，协调各方关系，共同营造关心留守儿童成长的良好环境。同时，学校内部各部门如教导处、总务处、大队部、工会等也应协调配合，积极开展各种活动，共同管理留守儿童的教育工作。

### 4. 抓典型引路

学校应及时总结留守儿童教育管理的经验，定期组织研讨会和座谈会，交流和探索新的管理方法和措施。评选出在留守儿童教育管理方面表现出色的个人，树立模范，推广有效管理方法，分享成功经验，发挥模范示范作用，引导全体教师更好地进行留守儿童的教育管理，努力提升整体水平。

### 5. 抓源头控制

经过多年尝试和研究，我们认识到最有效的管理方法是依靠父母，避免让孩子"留守"，这是解决问题的根本策略。通过各种途径向家长传达儿童监护和教育责任主要落在父母身上的信息，积极推广"不教育子女是父母的过错"的观点，强调"不应因赚钱而误导孩子"的重要性。

鼓励家长深刻理解教育子女的价值，妥善平衡外出务工与孩子的监护和教育之间的关系。对于留守儿童而言，由于父母不在身边，教师的职责在一定程度上替代了父母的职责。因此，我们期望教师能够真正承担起责任，积极参与留守儿童的教育管理，不断学习和探索留守儿童教育的新策略，增强管理的实际效果。

## （六）留守儿童教育管理方法

### 1. 建设书香校园

知识不仅是人类进步的阶梯，也是灵魂的归宿与寄托。为丰富留守儿童的精神世界和知识储备，并加强其情感和道德修养，学校应致力于打造充满书香氛围的校园环境。具体而言，学校应增加必要的硬件设备，购置丰富多样的图书，并加强图书室、阅览室及校园文化的建设。通过这些措施，将学生引领至知识的广阔海洋中，使留守儿童深刻体验到知识的力量，从而激发他们的求知欲和探索精神。

### 2. 开展有益活动

为确保留守儿童健康成长，学校应充分利用现有条件和机遇，积极组织和实施各种富有成效的活动。在儿童节、国庆节和元旦等特殊节日，学校可组织文艺表演，展示留守儿童的天赋，增强其自信心；同时，开展体育运动会、讲故事、歌唱比赛和演讲比赛等活动，营造和谐的学习环境。这些活动不仅能让留守儿童更加关注学校、热爱学校，还能让他们感受到家庭和亲情的温暖，促进他们全面发展。

### 3. 健全信息档案

为全面了解留守儿童的情况，学校应在每学期初对留守儿童进行详细调查和了解，填写"留守儿童信息卡"，涵盖家庭、学业、日常生活及父母外出务工情况等方面。在此基础上，为留守儿童建立档案和联系卡，进行持续管理。这有助于学校及时掌握留守儿童的动态，为他们提供有针对性的关爱和帮助。

### 4. 加大人文关怀

人文关怀意味着尊重每个人的主体性和个性差异，关心人们的多样化需求，激发人们的积极性、主动性和创造性。学校应加强对学生的人文关怀，采纳人文管理方式。各班级教师应实施结对帮助留守儿童的制度，组织"一帮一"和"谈心"等活动。通过加强教师的责任感和服务精神，主动引导留守儿童发现自身优势，帮助他们克服自卑心理，建立自信，激发积极性。

### 5. 强化综合管理

为提升留守儿童的监护人和家长的教育管理能力，学校应每学期组织监护人培训课程，并设立"家长学校"。在此平台上，教师可与家长和临时监护人进行面对面交流，提供教育知识和技能培训，最大限度地发挥学校的教育功能。通过培训，增强临时监护人和家长的监护责任意识，提高他们的监护能力和教育管理能力。

### 6. 加强师资培训

为应对留守儿童教育管理的新挑战，学校应提升教师的管理意识和管理能力。结合校本培训，学校应增加关于留守儿童教育管理的知识和技能培训内容，邀请专家举办讲座，组织教师学习相关管理理论和实践知识，开展经验分享会，并进行课题研究。通过加强师资培训，真正提高教师在留守儿童教育管理方面的能力和水平。

### 7. 开展心理辅导

为及时应对留守儿童在成长过程中可能遇到的各种问题，帮助他们建立健康的心理状态，学校应建立教师与留守学生进行心灵交流的机制。具体措施包括组织心理专题讲座、建立心理健康咨询邮箱等。通过这些方式，可以引导留守儿童克服心理障碍，鼓励他们积极上进，培养健康的学习态度，树立正确的人生观和世界观。同时，增强他们辨别是非、美丑、真伪、善恶的能力，以及对抗不良社会风气的能力。

### 8. 建设寄宿学校

为改善留守儿童的生活条件并加强其教育管理，建立寄宿学校是一种有效策略。第一，学校应重视硬件建设，充分利用资源，结合学校安全工程，新建学生食堂和宿舍，提高留守儿童的生活水平，确保更多留守儿童能够住校，感受学校的温暖。第二，学校应加强精神文明建设，在留守儿童住校期间强化集中式教育，培育其组织纪律意识；组织观看电视新闻节目，了解国家重大事件，提升留守儿童政治意识；组织观看爱国主义电影，陶冶留守儿童的情操，提升个人修养。

### 9. 注重亲情培养

亲情是亲人间存在的独特情感纽带。为增强留守儿童与家人的联系和交流，学校应充分利用网络资源，如开设电脑视频聊天、QQ 聊天等，增强留守儿童与家人的亲近感。同时，提供亲情电话服务，让每个留守儿童都能与父母进行电话沟通。此外，实施日记写作活动和"鸿雁传书"活动，鼓励留守儿童通过文字和书信表达情感和对家人的思念，深化彼此的情感联系，培育深厚的亲情。

### 10. 强化互爱互助

团结、相互帮助和友爱是生活中不可或缺的道德特质。为有效进行留守儿童的教育管理并推动学校和谐发展，学校应以班级为基础建立留守儿童互助小组，并在家庭环境中成立专门的留守儿童互助小组。通过实施"牵手留守儿童"活动，学校应积极主动解决留守儿童在学习和生活方面所面临的问题，为他们提供实质性帮助，增强对学生的关爱和情感。

留守儿童构成了一个新的社会群体，有效地进行留守儿童的教育和管理是解决农民工后顾之忧、提升未来劳动力素质以及推动农村经济和社会可持续发展的关键环节。在实施留守儿童教育的过程中，我们应增强研究的深度和广度，积极探索留守儿童教育管理的相关理论和行之有效的策略，构建完整的管理体系，确保管理的规范性，并推动留守儿童教育朝着全面、持续和均衡的方向发展。

## 第二节　留守儿童教育工作模式

留守儿童教育工作模式是一种基于留守儿童教育规律，旨在提升教育效果的相对稳定的实践模型。该模型综合了教育方法、方式、策略和理念，构成了一个具有系统性和实践性的综合方案。留守儿童教育模式的形成并非凭空臆造，而是源于大量留守儿童教育实践的总结与提炼，具有实际应用价值和指导作用，有着操作简便且结构完整的特点。

随着社会和谐建设的不断深入，留守儿童问题逐渐凸显，引起了社会各界的广泛关注和高度重视。近年来，众多地区和机构针对留守儿童教育的实际情况，进行了积极且富有成效的探索与实践，逐渐形成了几种具有代表性的留守儿童教育模式。

其一，由地方党委和政府主导的留守儿童教育模式。这一模式充分发挥了政府在资源配置、政策制定和组织实施方面的优势，通过制定相关政策和措施，为留守儿童提供全方位的教育支持和服务。

其二，以教育部门和学校为主导的留守儿童教育模式。教育部门和学校作为留守儿童教育的主要承担者，通过优化教育资源配置、改进教育教学方法、加强师生关爱等措施，努力提升留守儿童的教育质量和水平。

其三，以团委、全国妇联和关工委为核心的留守儿童教育模式。这一模式充分发挥了群团组织的优势，通过组织各类活动、提供心理辅导和关爱服务等方式，为留守儿童提供全方位、多层次的帮助和支持。

其四，民间自发形成的留守儿童教育模式。这一模式体现了社会力量的积极参与和贡献，通过社会捐赠、志愿服务等方式，为留守儿童提供物质和精神上的帮助和支持。这些留守儿童教育模式之间存在着相互补充、相互促进和互补的关系。它们各自发挥自身优势，共同承担起留守儿童的教育责任，形成了多元化、全方位的教育格局。

# 一、建立专门的工作机制

## （一）成立领导机构

各级学校与地方政府应共同组建专门负责关爱留守儿童的领导机构。该机构需明确各成员的职责与任务分配，确保对留守儿童的管理工作实现集中化、高效化。通过强化领导与管理的力度，确保所有针对留守儿童的工作任务都能够得到全面、认真且有效的执行。此机制的建立，旨在为留守儿童提供一个稳定、有序的教育环境，保障他们的教育权益得到充分保障。

## （二）制订工作计划

为确保留守儿童教育管理工作的有效推进，需制订详尽的工作方案，方案应涵盖针对留守儿童的具体教育计划，包括教学内容、教学方法、心理辅导等多个方面。同时，方案执行过程中应注重经验总结与教训吸取，通过实践探索，形成一批具有示范意义的成功案例。这些案例不仅可为后续工作提供借鉴与参考，还可推动留守儿童教育管理工作的制度化、规范化和常态化进程。通过不断完善实施方案，我们将为留守儿童提供更加科学、系统、全面的教育支持与服务。

## 二、完善信息管理制度

### （一）建立留守儿童档案

各教育机构需对留守儿童进行全面摸底，详细掌握留守儿童具体数量及基本情况。在此基础上，进行系统的登记与记录工作，为每位留守儿童建立个人档案。这些档案应包含儿童的基本信息、家庭状况、教育经历等关键内容。随后，将这些信息准确录入信息管理数据库，构建完善的留守儿童信息管理系统，为后续的教育和管理工作提供坚实的数据支撑。

### （二）动态管理

为确保留守儿童信息的准确性和及时性，应充分利用基层儿童工作平台与信息平台进行动态管理。具体而言，可依托镇级儿童督导员、村级儿童主任等基层工作力量，通过定期走访、调查等方式，及时掌握留守儿童的最新情况。同时，借助全国儿童福利信息系统等信息平台，实现留守儿童信息的实时更新与共享。通过这种动态化的管理策略，确保留守儿童的管理工作能够紧跟实际情况的变化，为留守儿童提供更加精准、有效的关爱与服务。

## 三、实施全方位的教育帮扶

### （一）学习指导

学校应依据班级划分，对留守儿童进行细致的分类与分组，确保每位教学教师都能精准掌握所负责学生的情况。教育工作者需根据留守儿童的个体差异，设计具有针对性的学习辅导方案。方案应明确辅导的具体时段、主题内容及短期预期成效，以确保辅导工作的有效性和针对性。

### （二）生活照顾

学校在日常管理中，应给予留守儿童优先关注，满足他们的特殊需求。如在食堂提供营养均衡的膳食，确保儿童健康成长；在孩子生病时，及时提供医疗服务，保障他们的身体健康。同时，对于寄宿的留守儿童，学校应着重培养其独立生活能力，引导他们形成文明、健康的生活方式。

### （三）心理辅导

针对存在品德行为偏差或心理问题的留守儿童，学校应重点开设心理教育课程，并组织心理咨询与心理矫正活动。通过思想和情感方面的深入教育，让留守儿童感受到更多的关怀与爱护，从而消除他们的不良情感体验，培养乐观、积极的生活态度。

### （四）法治教育

学校应重视留守儿童的法律制度教育，帮助他们了解《中华人民共和国义务教育法》《中华人民共和国未成年人保护法》及《中华人民共和国预防未成年人犯罪法》等相关法律法规。通过法律知识的学习与引导，增强留守儿童的法律意识，教导他们学会守法、用法，为其健康成长提供法律保障。

## 四、构建多元化的关爱体系

### （一）亲情交流

学校应设立家庭联系电话或电子邮箱等沟通渠道，为留守儿童与其家长提供定期交流的平台，确保亲子间的情感联系不因距离而中断。同时，班级需主动向留守儿童的父母公开班主任及任课教师的联系方式，构建家校之间的有效沟通桥梁，促进双方对学生成长情况的全面了解与协作支持。

### （二）结对帮扶

为留守儿童提供全方位的关爱与支持，学校应推行"师生结对帮扶""生生结对帮扶"以及"爱心爸爸或妈妈"等多元化帮扶活动。这些活动旨在鼓励校内外具有爱心和责任感的人士积极参与，通过一对一或多对一的帮扶形式，为留守儿童提供学习、生活及情感上的全方位帮助。

### （三）社会参与

政府及社会各界应积极鼓励并支持各类社会组织和志愿者参与到农村留守儿童及困境儿童的关爱服务中，形成工作合力，实现资源的优化配置和协同效应。为增强社会组织和社工的服务能力，政府可考虑通过购买服务、提供资金支持或政策优惠等途径，为开展留守儿童关爱和帮扶活动提供有力保障，共同为留守儿童的健康成长营造良好的社会环境。

## 五、加强安全保障与教育研究

### （一）安全保障

各学校需建立健全的安全教育与管理体系，明确各级管理层在安全工作中的责任分工，并制定相应的应急预案。在此基础上，针对留守儿童这一特殊群体，学校应特别建立突发情况下的紧急应对机制，确保在紧急事件发生时能够迅速、有效地保障留守儿童的人身安全，为他们的健康成长提供坚实的安全屏障。

### （二）教育研究

教育机构应将留守儿童的教育管理问题作为教育研究的重点课题，投入必要的资源和精力进行深入探究。通过系统的课题研究，揭示留守儿童教育管理的内在规律，科学总结实践经验和方法，不断提升留守儿童教育管理的科学性和有效性。同时，鼓励教育工作者将研究成果应用于实践，推动留守儿童教育管理工作的持续改进和创新。

# 第三节　留守儿童心理分析及心理教育

## 一、概述

留守儿童因长期置身于特殊的生活境遇中，缺乏父母的直接关怀与庇护，此状况持续存在，易诱发一系列心理健康问题。据相关调查数据显示，65.9%的教师反映，父母外出务工的子女在心理层面可能面临更严峻的挑战。留守儿童自幼与父母分离，家庭温暖与关爱的缺失，使他们常表现出焦虑、烦躁、悲观及疑虑等多种消极情绪。在性格特征上，他们往往显得柔弱、内向，并伴有自卑与孤僻的倾向。在学习方面，由于家庭辅导的空白，他们遭遇诸多困难。同时，在行为管理上，因缺少父母的直接指导与监管，当监护人不敢或不能有效干预时，留守儿童可能对学习产生抵触甚至逃避情绪，从而过度沉迷于游戏厅、网吧等娱乐场所，导致行为偏差，严重时甚至可能误入歧途，触犯法律。

留守儿童问题已超越教育范畴，成为亟待解决的社会议题。然而，在留守儿童心理问题的研究领域，仍存在诸多不足。具体而言，关于留守儿童情绪问题（如情绪激动、悲伤、忧郁等）的深入研究尚显匮乏。同时，在解决策略上，同伴关系及留守儿童自我调控能力对他们的身心健康发展的影响也未得到充分重视。

据此，我们通过问卷调查与访谈等多种方法，力图对留守儿童的心理问题进行深入的研究，致力于探寻这一特定群体心理问题的根源，并寻求有效的教育干预策略。我们的终极目标是，为留守儿童营造一个健康的生活环境，帮助他们克服心理障碍，重塑自信，树立正确的生活观和价值观，从而促进留守儿童身心全面、健康、积极地发展，最终成为社会的健康成员。

## 二、留守儿童存在的心理问题

### （一）情绪问题（悲痛、厌恶、焦虑、忧郁等）

留守儿童因长期与父母分离，缺乏直接的亲子关怀与呵护，导致他们在情感上产生不满足感。随时间的推移，这种情感缺失逐渐转化为沉默、内敛及悲观等性格特征，具体表现为悲伤、焦虑、厌恶、怨恨和忧郁等情绪症状。这些情绪问题不仅影响留守儿童的心理健康，还可能对社交、学习及生活产生负面影响。

### （二）敌对心理问题

敌对心理是指个体在遭遇挫折后产生的强烈不满情绪，并表现出反抗的态度，这是一种消极的个性特质。部分留守儿童因长期缺乏父母的引导和支持，对他人的评价持消极态度，难以接受他人意见，甚至将称赞视为讽刺，将善意批评视为恶意攻击。这种敌对心理可能导致他们采取视而不见或报复破坏的行为，严重影响他们的人际关系和社会适应能力。

### （三）人际交往心理障碍

社交心理障碍是指妨碍人际交往正常进行的负面心理因素。部分留守儿童在社交方面存在心理障碍，表现为对集体活动缺乏兴趣，不愿与同学互动，更倾向于独自行动、孤僻和自闭。这种社交心理障碍可能源于他们长期缺乏与父母和同龄人的正常交往，导致他们在社交技能和心理准备上存在不足。

### （四）学习心理问题

最新调查数据显示，大多数留守儿童由祖辈监护，部分由亲友或老师、兄弟姐妹照料。这种特殊的家庭环境对留守儿童的学习产生了显著影响。64.9% 的留守儿童表示在学习上遇到困难，这可能与他们缺乏自觉性和纪律性、没有良好的学习习惯以及主动性不高有关。此外，由于成绩不理想，他们容易受到学校和老师的忽视，进而产生厌学、逃学等不良心理或行为。因此，关注留守儿童的学习心理难题，改善监护状况，对于促进他们全面发展具有重要意义。

## 三、留守儿童心理问题的成因分析

### （一）缺乏良好的亲情教育

早期父母与孩子的关系对个体行为习惯及未来行为模式具有塑造作用，心理学家麦肯侬曾总结童年体验对人格的影响。7 岁至 14 岁是儿童成长的关键时期，此时父母与孩子的健康关系对儿童的成长至关重要。依恋关系作为儿童身心成长的基石，不仅满足基础生理需求，还有助于建立他们对社会的安全感和信赖感。留守儿童在亲子关系上不够稳定和和谐，长期生活在此环境中易展现出胆怯、反应迟缓、刻板、社交退缩、敌意及破坏等不良性格特质，这些特质直接对留守儿童的身心成长产生负面影响，导致其情感层面出现焦虑、悲伤、反感、怨恨和忧郁等情绪，性格逐渐孤僻、自卑且缺乏自信。

### （二）监护人不能完全胜任对孩子的管教

面对非亲子关系，监护人往往采取宽容策略，只要不犯重大错误即可。在此教育背景下，留守儿童易形成不健康的生活方式，进而引发一系列心理健康问题。

### （三）学校教育因素

学校作为目标明确、计划周密的教育环境，对留守儿童身心健康成长具有重要影响。当前，由于教育评估体系尚不健全，学校和教师更多关注成绩优异的学生，相对忽视成绩不佳的学生。留守儿童作为特殊社会群体，生活和学习条件明显落后于其他同龄儿童，面临诸多学习挑战，且因性格内向、孤僻及高人际敏感性，易出现各种心理问题。然而，教育工作者往往未给予他们应有的关注和及时的心理指导，进一步加剧了他们的心理问题。

### （四）社会因素

社会因素同样对留守儿童身心成长产生显著影响。我国产业结构不合理及工业快速扩张导致农业发展被忽视，大量农村剩余劳动力外流。经济条件限制下，父母不得不将孩子留在家中，致使留守儿童数量不断增加。同时，社会教育体系尚存不足，社会中存在众多不法分子，留守儿童因缺乏父母教育和及时指导，易被吸引和拉拢走上错路。此外，政府娱乐场所管理不足，导致部分留守儿童反感学习、逃课及缺乏学习动力，从而沉迷网吧、游戏厅等娱乐场所难以自拔。

### （五）自我调控因素

留守儿童心理问题的成因虽多为外在因素，但这些外在因素主要通过内在因素发挥作用。其中，人格的自我调节机制是影响人格成长的关键内在要素。自我调控系统，作为人格内部的控制或自我控制系统，由自我认知、自我体验和自我控制三个子系统构成，负责调整人格的各个部分，以维护人格的完整性、统一性和和谐性。

#### 1. 自我认知

自我认知涉及对自身的深入洞察和全面理解，包括自我观察和自我评估。自我观察是对自身感知、思维和意图等多方面的深入洞察，而自我评估则是对自己的思维、预期、行动和性格特质的分析和评价。留守儿童往往缺乏正确的自我认知，过分关注自身缺点，自觉在多方面不如他人，这种认知偏差导致他们出现孤僻、自卑、自负、信心丧失、做事畏缩不前以及忧郁等情绪问题。

#### 2. 自我体验

自我体验是随着对自我的了解而出现的内在感受，是自我意识在情感层面的呈现。由于缺乏良好的自我认知和自信，留守儿童往往对自己持有消极看法，这种消极的自我体验进一步加剧了他们的自卑情结。

#### 3. 自我控制

自我控制是自我意识在实际行为中的呈现，是自我意识调整的最终步骤。最新调查数据显示，21.6%的留守儿童认为自己的自我控制能力相对较弱，16.2%的留守儿童认为自己的自控能力很差，54.3%的留守儿童认为自己的自控能力一般，仅有7.9%的留守儿童认为自己的自控能力非常强。相较于自控能力更强或普通的留守儿童，自控能力较差的儿童在情感、学习态度和行为上更易出现负面心理状况，这对他们的人格健康成长构成了不良影响。因此，提升留守儿童的自我控制能力，对于促进他们的心理健康发展具有重要意义。

## 四、留守儿童心理问题的对策分析

### （一）完善家庭教育体系，构建健康亲子互动关系

相较于非留守儿童，留守儿童显著缺乏父母的关爱与陪伴，长期处于父母缺席的环境中。此群体多处于小学阶段，年龄主要集中在14岁以下，这一时期是儿童成长的第

二个关键阶段，亲子关系的健康发展对儿童的成长至关重要。父母作为儿童的首要和长期教育者，他们与儿童建立的亲子关系不仅影响儿童的身心健康，还关乎儿童全面发展。为确保留守儿童能够健康成长，必须优化家庭教育环境，加强父母与儿童之间的沟通与交流，搭建亲子面对面交流的桥梁，建立并维护健康的亲子关系，培养良好的情感纽带。

### （二）甄选合适监护人，提升其专业素养

作为留守儿童的法定监护人，需具备一系列必要素质，包括敏锐察觉儿童不当行为的能力，以及提供及时教育和引导的能力，促使儿童正向发展。应深入观察与交流，打开留守儿童心扉，努力培养他们的健康心态。若祖辈监护人无力支持儿童学业，可考虑聘请家教提供个性化教育，以提升其学业成绩。

### （三）促进留守儿童建立健康同伴关系

健康的同伴关系为儿童提供了独特的信息获取渠道和参照框架，是人际关系的重要组成部分，也是儿童获取情感支持的关键途径之一，能满足其对归属感、爱和尊重的需求。健康的同伴关系对儿童的心理健康成长具有关键支撑作用，有助于培养儿童自尊、自信和开朗性格，这在儿童身心成长中具有不可替代的重要性。因此，应助力留守儿童建立健康同伴关系，促进身心全面发展。

### （四）强化学校教育体系，提升教师专业素养

学校教育对留守儿童的身心健康成长至关重要。学校应加强心理健康教育，重视心理咨询和指导，及时识别并干预儿童可能出现的心理健康问题。同时，应充分利用少先队和共青团资源，组织丰富多彩的课外活动，鼓励留守儿童参与集体活动，改善留守儿童人际交往困难的问题。此外，应加大教师培训力度，提升教师心理素质，确保教师公正、公平对待留守儿童，给予与其他儿童同等的对待。

### （五）推动农业生产发展，减少留守儿童数量

留守儿童数量持续上升的根本原因在于父母外出务工导致无法携带儿童。要解决留守儿童问题，需应对父母外出务工的实际挑战。政府应积极推动农村经济多元化发展，充分利用农村劳动力，同时大力扶持乡村企业成长，减缓农村劳动力流失趋势。

### （六）加强和优化社会制度，发挥社会教育功能

健康的社会环境是儿童心理健康发展的关键因素。社会应给予留守儿童更多关心和支持，有效填补家庭教育空白，为他们提供更多指导和援助。政府应强化和优化社会体

制，确保社会稳定，严厉打击犯罪行为；加强娱乐场所管理，严禁传播不健康的音像产品；积极组织社会公益活动，利用思想道德教育契机，呼吁社会各界关注留守儿童等弱势群体，为他们提供关爱和援助。

### （七）增强留守儿童自我管理和自我调节能力

留守儿童的自我管理和调节能力对他们的心理健康成长具有重要影响。不同的自我体验和自我控制方式会影响留守儿童身心健康。为提高留守儿童的个人品质，首先应提升其自我认知技能，包括自我观察和自我评估。正确了解自己并真实评估自己是自我调整和完善人格的关键。留守儿童应正确认识自己，认识自己的优点，进行适当的自我评估和调整。其次，应优化留守儿童的自我感受，通过自我体验进行自我评估，激发适当行为并抑制不当行为。他们应提高道德修养，以道德准则指导行为；增强法律和纪律意识，以纪律规范行为模式；学习用愉悦情感体验驱散不良情绪，掌握自我调节和安抚技巧。最后，应增强留守儿童的自我控制能力和意志力，面对挫折时采取正确态度，深入分析原因，避免情绪化行为，努力增强应对挫折的能力。

# 第四节　乡村小学教师在留守儿童教育中的角色定位

## 一、概述

留守儿童现象对家庭、教育机构及社会提出了更严苛的教育标准。教师作为传统儿童社会化进程中的引导者与促进者，其职责范畴在此背景下得到了显著拓展。除却基本的教育教学任务，教师还需承担起培养留守儿童开朗的性格、积极乐观的生活态度、勤勉学习的精神及感恩的行为习惯等多重社会责任。在留守儿童的生活中，教师往往扮演着父母权威形象的替代者角色，成为他们成长环境中的关键人物，这无疑加重了教师在儿童社会化过程中的责任，并促使教师的社会职责向更深层次延伸。

面对留守儿童这一特殊群体，教师在角色转换与扮演上面临着新的挑战与要求。为满足留守儿童的需求，教育者必须重新审视并调整角色定位，从单一的教育者转变为集教育、监护与培养于一身的复合型教师，即扮演起"教师——父母"的双重角色。教师应以如同对待自己子女的关爱与呵护，全面关注留守儿童的思想道德、生活习惯及行为习惯，承担起监护与抚养的重任。

此外，教育工作者还需为留守儿童提供情感上的慰藉。鉴于留守儿童父母长期外出务工，他们缺乏家庭的直接关爱与支持。因此，教师应适时给予留守儿童更多的关心与照顾，利用师生间的深厚情谊及同学间的真挚友谊，弥补他们在父爱母爱方面的缺失，填补他们情感上的空白。

同时，我们还应为留守儿童提供及时的心理支持，帮助他们有效应对可能产生的逆反情绪，教会他们如何调节自己的情绪，并在实践中锻炼他们的意志力。通过这些努力，确保教师与留守儿童之间建立起如同家人般的亲密关系，为留守儿童的健康成长提供坚实的情感支撑与保障。

## 二、留守儿童教育中教师的责任

### （一）爱的责任

对于留守儿童，尤其是那些父母均外出务工的孩子而言，教师的关爱成为慰藉他们心灵、矫正他们孤僻性格与情感紧张的有效途径，也是一项不可或缺的责任。班主任作为班级管理的核心，更需以充满爱心的态度深入理解每个留守儿童的独特心理需求。他们应以爱心为基石，包容并尊重犯错的学生，助力学业遇困的留守儿童，赞扬取得显著进步的每一个孩子。这种基于爱心的互动，有助于构建一种和谐、平等的师生关系，进而促进留守儿童的全面健康发展。

在实际教育过程中，关爱教育对于留守儿童而言至关重要。针对那些心理上特别需要慰藉的留守儿童，教师应给予特别的关注。这些孩子可能因生活与心理压力而变得内向、寡言少语、心理失衡。对此，教师应及时把握他们的心理状态，通过电话、网络等方式搭建起他们与父母沟通的桥梁，逐步赢得孩子的信任，努力消除他们因亲情缺失而产生的内心困惑与孤独感。

此外，教师应平等地关心、尊重并信任每一位留守儿童。尽管大多数留守儿童在不同程度上都面临着各种问题，但教师的爱应是无条件的。无论孩子学业优秀与否、性格活泼或内敛，都应同等视之。师生之间的交流应建立在平等的基础上，教师不应傲慢，学生也无需卑怯。在日常教学与行为管理中，教师应重视保护儿童的自尊心，彰显他们的优点，避免过分夸大他们的过失。

对于犯错但表现出悔意的孩子，教师应给予更多的信任与尊重，展现出足够的耐心，而非讽刺或挖苦。对于留守儿童的缺点与错误，教师既不应盲目宽容，也不应纵容放任，而是应采取恰当的方式予以引导与纠正。

### （二）教育的责任

在留守儿童所面临的诸多问题中，教育问题占据核心地位，且对于解决留守儿童的整体问题具有至关重要的作用。留守儿童的教育不仅局限于文化课程和学业表现，还应涵盖心理健康、安全意识、生存技能、道德法治教育以及励志教育和自信心的培养等多方面内容。

教育工作者在教育过程中需致力于培育留守儿童的积极学习态度，并引导他们树立远大理想。从心理层面而言，教师应细致观察学生，通过深入交谈了解他们的思想变化和需求，以实际行动提供心理慰藉，激励他们保持乐观积极，勇敢面对挑战。在安全方面，教师应不断提醒学生关于人身安全的基本知识，培养良好的个人卫生习惯，特别对于留守女孩，还需加强性安全教育和预防意识的培养。

日常生活中，教师应尽力为留守儿童提供全方位支持。在道德教育方面，应传承中华民族的传统美德。在人际交往中，应鼓励他们融入集体，以减轻孤独感，保持活泼开朗的学习和生活态度。这些教育活动应自然融入日常生活和教学过程，成为教师的责任和规范。

### （三）沟通的责任

从另一视角看，留守儿童的问题很大程度上源于沟通指导的不足。长期缺乏与父母、教师和监护人的有效沟通，导致孩子性格孤僻、冷漠自私。作为教师，有责任构建连接留守儿童、父母、监护人和学习的桥梁。

例如，可通过电话保持亲子联系，班主任根据孩子表现定期安排亲子通话，利用节假日家长返乡时机进行面对面交谈，增进家长对孩子的了解，提高短期家庭教育效果。对于留守学生的不良行为和问题，教师应迅速行动，耐心劝导教导。同时，定期进行家庭访问，组织监护人座谈会，分享教育经验，加强沟通交流，共同制定有效教育策略。

教师在与留守儿童沟通时，需确保他们得到正确指导，并协调各方意见。如对于被宠坏、乱花钱的留守儿童，教师应及时与临时监护人和父母沟通，确保教育观念一致，识别并解决问题，给予耐心正确指导，以达到事半功倍的效果。

### （四）管理的责任

留守儿童在教育体系中属于弱势群体，教师需承担适当的管理和指导责任。管理包括校内管理和校外管理两方面。

在校内日常管理中，应特别重视班级管理。由于留守儿童家长不在身边，部分孩子养成了不良行为习惯，这些非智力因素对学业和未来发展具有决定性影响。教师应在课堂和课后向学生解释生活习惯的重要性，培养良好习惯。同时，仔细观察留守儿童在校学习和生活情况，及时发现问题并进行纠正和指导。

班主任应为留守儿童建立详细个人档案，记录他们的学习进展、思想变化等全面信息，包括姓名、年龄、道德水平、日常行为、兴趣爱好、智力状况、性格特点、学习动机和态度、学习能力和策略、与代管者和谐程度及与父母交流情况等。同时，记录监护人基础信息，如全名、年龄、受教育水平、个性特点、教育方法和联系方式；以及父母基本信息，如姓名、年龄、教育背景、工作单位、职业、经济状况、对孩子的期望、与孩子沟通和联系的方式等。

在校外管理中，主要采用监控和调查方法，将收集到的数据整合入档案管理。通过全面细致的管理和指导，为留守儿童提供全方位的支持和保障。

## 三、留守儿童教育中教师的角色定位

为了确保留守儿童能够健康成长，教师作为教育工作者，需超越传统教育职责的范畴，付出更多努力与时间。

### （一）教师努力成为学生家庭、学习生活的组织者

在学校教育中，培养学生形成健康的学习和生活习惯是教师的基本职责。然而，在留守儿童群体中，"5+2<7"的教育现象较为普遍，即学生在校五天的教育效果可能因周末两天的家庭环境影响而减弱。当监护人监督能力不足时，教师需扮演更为积极的角色，以弥补家庭教育的缺失。

教师应通过频繁的家访，为留守儿童制定家庭生活和学习的计划，并督促他们执行。在此过程中，督导是关键，教师虽无法全天候照顾学生，但可以通过建立"学习互助小组"辅助管理。该小组基于留守儿童的家庭地址设立，由村级小组组成，成员包括留守儿童和部分非留守儿童，由学习习惯良好且具有领导才能的非留守儿童担任组长，共同完成作业、开展活动，并由组长负责检查和报告情况。教师作为组织者，需巧妙引导，确保留守儿童在学习和行为上有明确的榜样和规范，以提升其学业表现，建立良好的生活方式。

### （二）教师努力成为留守儿童感情的港湾

留守儿童的人际交往往往局限于少数信赖之人，导致他们情感冷淡，引发一系列心理挑战。在班级中，教师应利用自身权威地位，积极推动留守儿童建立良好人际关系。

教师应鼓励留守儿童参与班级活动，扮演特定角色，探索兴趣爱好，参与社会实践，融入集体，促进人格发展。同时，教师应成为留守儿童情感的寄托和倾诉对象，无论是校内还是校外，都应积极扮演父母角色，参与学生日常生活，提供随时可联系的渠道，成为他们心灵的避风港，缓解他们因缺乏亲情而产生的心理问题。

### （三）教师努力成为学生行为的规范者

留守儿童离校后，可能面临看护者监管不力的问题，导致不良行为的出现。教师应从"为儿童负责"的角度出发，坚决制止不良行为，引导留守儿童认识并改正错误。不良习惯的形成和改正都是一个渐进的过程，教师需要具备足够的耐心、信心和恒心，持续引导和教育。

### （四）教师努力成为留守儿童安全的"保护神"

确保留守儿童的人身安全是教育任务中最紧迫且具有挑战性的问题，也是教育教学活动有效执行的基础。教师需加强对留守儿童的安全教育，努力成为他们安全的守护者。

教师应教导留守儿童如何独立生活，传授他们基础安全知识，预防意外伤害。学校和班级可建立"留守儿童之家"，定期提供生活知识培训，帮助他们解决日常生活问题，传达留守儿童的基本权利，增强他们之间的互助关系。通过这些措施，为留守儿童营造一个安全、健康的学习和生活环境。

## 四、教师在留守儿童教育中存在的问题

涂尔干认为，教育过程本质上是一个系统性的社会化过程，其间儿童因自我认知尚浅、独立性不足、高度依赖他人、易受暗示影响及具备敏锐的观察与模仿能力，在诸多方面均需教师的全方位扶持。最新调查数据揭示，多数留守儿童普遍感受到，他们从教师那里获得的关爱与照料极为有限。相反，他们更常体验到的是教师采用的训诫式、强制性的教学方法，以及充满讽刺意味的言语。这些儿童因时常违反校规校纪，而在教师的关注中逐渐边缘化，进而被渴望关怀与温暖的班级集体所忽视。

面对学习与生活的双重挑战，他们表现出更为悲观的态度，对未来能否顺利融入社

会缺乏信心与勇气。显然，在家庭教育"缺位"的情境下，留守儿童并未能从学校教育中获得应有的"补偿性"支持，反而遭遇了学校教育的进一步"缺失"，即学校的社会化功能被削弱，这对留守儿童的社会化进程构成了显著的负面影响。

### （一）农村地区教师对留守儿童问题的认知局限

在部分社会经济相对滞后的农村地区，由于信息获取渠道受限，教师们对于留守儿童这一社会焦点问题的认知呈现出显著的不足。留守儿童作为备受社会各界瞩目的群体，他们的教育与发展状况理应得到教师的深切关注。然而，部分教师在面对这一议题时，显得茫然无措，缺乏针对性的应对策略。尽管多数教师认同留守儿童在学业成绩、行为纪律及个性发展方面存在一定的挑战，但他们却坦言未能给予这些孩子足够的关怀与扶持。这种认知上的模糊与实践中的忽视，无疑加剧了留守儿童问题的复杂性。

### （二）教师难以成为留守儿童情感依赖的对象

从教育学的视角来看，教师不仅是知识的传递者，更是学生情感成长的重要引导者。在理想的师生关系中，教师应通过期望、鼓励、情感与思想的双向交流，促进学生的健康成长与全面发展。留守儿童特殊的家庭背景导致他们亲子教育缺失与情感疏离，因此教师更应成为他们情感上的依靠，在一定程度上替代父母的角色。然而，现实情况却远非如此。

在留守儿童与教师的关系中，往往仅存在单一的知识传授，而严重缺乏必要的情感交流。这一现象的背后，存在着多重因素：首先，教学任务繁重是教师难以兼顾情感教育的重要原因。尤其是在农村地区，教师往往需要承担多重教学与管理职责，时间与精力的限制使得他们难以深入关注留守儿童的情感需求。其次，教师队伍的结构性不足以及传统教育理念的影响，导致教师过于关注学生的学业成绩，而忽视了对他们道德、审美等方面的培养。最后，资金短缺导致的活动设备缺乏，也限制了教师通过课外活动加强与留守儿童的情感沟通的可能性。在这些因素的共同作用下，教师在留守儿童情感依赖方面扮演的角色大打折扣。

### （三）教师难以成为留守儿童在生活、学习中面临困难时的求助对象

留守儿童在日常生活与学习中所面临的诸多困境，往往难以从教师处获得充分的支持与帮助。监护人监护的缺失或缺陷，使得这些儿童在学业及个人成长上的难题无法得到及时且有效的解决。留守儿童行为偏差、人生观及价值观的偏离等问题，在缺乏家庭关注的环境下，更难得到纠正。尽管教师及普通学生并未对留守儿童表现出明显的歧视，

且留守儿童在交友选择上亦无显著偏好，倾向于与学业优秀、行为良好的同学建立友谊，但教师在识别留守儿童问题后的反应却至关重要。

遗憾的是，部分教师可能因留守儿童的学业不佳、行为失范等问题，而将其标签化为"问题儿童"，采取严厉或忽视的教育策略，未能给予必要的关注与支持。这种教师角色的缺失，不仅体现在未能成为留守儿童求助的首选上，也体现在缺乏主动的情感交流与正面激励上，进而引发学生的恐惧、紧张乃至厌倦情绪。这不仅未能弥补家庭教育缺失带来的问题，反而可能加剧留守儿童的心理偏差与行为失范。

### （四）教师与留守儿童家长沟通障碍

在留守儿童的教育生态中，教师与家长之间的沟通不足是一个显著问题。一方面，留守儿童的临时监护人及外出务工父母鲜少主动与教师沟通，即便在学期仅有的几次家长会上也常缺席，部分临时监护人甚至因担心孩子学业不佳而刻意回避，即便参与也仅关注学习状况，忽视其他方面的成长。这种沟通的匮乏，导致家长对孩子在校情况知之甚少，仅在极端事件发生时才有所关注。另一方面，教师亦未能与家长就留守儿童的问题进行深入交流，家庭访问更是稀少，这无疑为留守儿童的行为偏差提供了空间。教师与家长作为留守儿童社会化过程中的两大关键角色，其关系的疏远不仅削弱了家庭教育的功能，也限制了学校教育的有效性，增加了留守儿童成为"问题儿童"的风险。这一现象揭示了留守儿童教育中家校合作机制的重要性及其亟待加强的现状。

## 五、教师在面对留守儿童教育问题时的对策

从社会学的视角审视，聚焦于教师的职责与角色定位，农村留守儿童社会化进程中所面临的核心挑战，在于如何有效地将尚未完全符合现代职业标准的农村教师整合进现代教师职业体系之中，并为其确立恰当的角色定位。这一整合与定位的过程，旨在从教师个体与学校组织两个维度，探索并构建解决留守儿童问题的根本途径。

### （一）教育工作者应明确对留守儿童肩负的责任

教育工作者在留守儿童的社会化进程中扮演着至关重要的角色，需清晰认知并承担起相应职责。首要任务是充分利用通信手段，全面搜集并深入理解留守儿童的相关信息，准确识别潜在问题及其严重性，并据此迅速制定援助策略。在资源与能力范围内，教师应实施个性化教学，确保对留守儿童的教育责任得以切实履行。

此外，教师应基于留守儿童的具体情况，协助学校制定针对性策略，如建立监护人、

留守儿童及其父母间的定期沟通机制，设立专职教师处理共性问题，以及在条件允许下提供寄宿服务与辅导，实现全天候的关怀、监管与管理。作为教师，同时也是农村社区的文化引领者，应利用多种渠道宣传留守儿童问题，促使他们成为政府、社区、学校与家庭共同关注的焦点，营造关爱氛围，增强留守儿童的生活信心与未来希望。

### （二）体验教师的规定性开放角色

优化教育教学方法，以标准化教师角色为基础，但更需强调基于有效角色定义与深入理解的角色扮演与情境化构建。这要求教师不断更新教育观念，充分利用自然资源、社会资源及思想道德课程资源，结合本土文化，开展有益留守儿童身心健康的教育活动，激发其学校生活热情，并通过活动观察与反馈，培养他们的生活信心与希望。同时，应摒弃传统以教师为中心的教学模式，强调学生主体性，建立深入的师生关系，促进留守儿童在主动参与、独立探索与自主发展中成长。教师需重视课堂教学，激发留守儿童的学习热情，培养健康学习态度，并提供额外关心与指导。此外，可组建由高尚品德学生组成的"一对一"援助团队，为留守儿童提供同伴支持与学业帮助，营造积极成长环境。

### （三）凸显教师角色的表现性内涵

角色扮演的成功与否，很大程度上取决于社会的评价。在处理留守儿童问题时，教师需增加感情投入。教育人类学家博尔诺夫指出，教育氛围与师生情感对教育成效至关重要。为避免师生关系疏远与紧张，教师应将特殊关爱给予留守儿童，用心交流，成为他们信赖之人，深入了解他们内心，进行针对性治疗，实现生命智慧与心灵健康的教育引导。由于父母缺席，留守儿童可能对教师产生更强依赖，因此，教师需真诚承担"替代父母"角色，在学业与生活上提供细致关怀。

### （四）建立教师与家庭、学校之间有效沟通的长效机制

雅斯贝斯强调，教师虽具自我牺牲精神，但缺乏整体支持将力不从心。因此，需构建教育参与者间的长效沟通体系。教师可建立留守儿童成长档案，记录家庭信息，通过电话、书信、家访等方式了解留守儿童情况，发现问题后共同协商解决方案。学校可设立家长委员会，定期召开会议，了解留守儿童家庭生活与教育状况。同时，将家长会转变为观念方法引导会，推广优秀教育方法，规范家长教育行为，实现学校、家庭与社会教育的协同，促进留守儿童从"自然人"成功转变为"社会人"。

# 第五节　留守儿童的安全问题与教育对策

## 一、概述

农村留守儿童，作为我国社会转型期的特定且持续存在的社会群体，构成了值得关注的特殊儿童类别。据统计，我国农村留守儿童数量已超过 5800 万。在成长历程中，留守儿童面临着学习、生活及安全等多重挑战，这些问题直接关乎他们的健康发展，并对新农村建设及社会和谐稳定具有深远影响。因此，强化留守儿童的安全教育显得尤为迫切。

近年来，随着社会进步、媒体网络普及及娱乐设施的增加，青少年受不良社会环境影响的现象愈发显著。农村学校周边网吧、游戏厅及娱乐城等场所，对自制力较弱的留守儿童具有极大诱惑，导致他们在课余时间甚至逃学期间沉迷网络及电子游戏，接触凶杀、淫秽及暴力等不良媒体内容。这些内容的无限制传播，易诱发留守儿童的盲目模仿行为，进而增加他们的犯罪风险。

此外，农村留守儿童常处于无人监护的状态，为不法分子提供了可乘之机。部分人员将留守儿童视为拐卖或牟利的对象，而另一些人则将其作为放纵行为的目标，对留守儿童造成了严重的心理及身体伤害。因此，留守儿童的安全问题不仅关乎其个人成长，更关系到社会的整体安全与稳定。

## 二、农村留守儿童安全问题的成因

农村留守儿童面临的安全问题背后的原因是多种多样的，除了情况复杂的社会因素外，我们可以从与儿童生活与学习紧密相关的家庭、学校这两个维度进行深入探讨。

### （一）家庭教育与监护功能的弱化与缺失

我国著名教育家蔡元培曾指出，家庭乃人生初始教育之场所，个体品质之塑造，虽变化多端，然其根本多源于家庭环境之熏陶。在孩童成长历程中，家庭作为首所教育机构，父母则扮演首位教育者之角色，于道德、个性及行为模式之形成中发挥着不可或缺之作用。父母的管理与监督，对于保障孩童身体安全至关重要。

然而，在我国广大农村留守儿童家庭中，由于父母外出务工，家庭教育与监护功能遭受严重削弱，甚至完全缺失。具体而言，父母外出期间，难以对留守儿童实施有效教育与监护。农村留守儿童父母外出务工后，受外部条件制约，对留守子女教育监护力不从心。据西部某劳务输出大省某县调研数据显示，70%的父母一年回家次数不超过3次，部分甚至数年不归；近30%的留守儿童每月与父母通话或通信频次不足一次。此现象表明，父母离家后，与子女互动交流极为有限，留守儿童难以获得情感与生活关怀，亦难以获取价值观引导，进而引发心理失衡、道德失范及行为失控等问题，部分儿童甚至处于发展边缘。

此外，临时监护人难以有效承担留守儿童教育与监护职责。父母离家后，高达84.6%的留守儿童由祖父母或其他隔代亲属抚养。此类监护人年岁已高、精力有限，防护能力较弱，难以有效保护留守儿童免受伤害。加上他们文化水平相对较低，难以承担教育重任。调研结果显示，69.8%的监护人表示"很少与孩子深入交谈"，70.8%的隔代亲属及73.1%的亲戚表示"仅关心日常生活，忽视其他事务"。此现象揭示，监护人在关注留守儿童日常生活与精神需求时，忽视其思想、行为、心理及安全等多方面需求，导致留守儿童在安全、健康、教育及娱乐等基本权利上保障不足，进而影响其人格发展与心理承受能力，增加安全风险。

## （二）学校在管理、安全及法制教育方面的缺失与改进需求

未成年人的成长是一个复杂的过程，需要家庭与学校的共同监督与引导。德国教育家福禄贝尔曾强调，学校与家庭间的紧密联系、和谐关系及生活同步性，对儿童成长教育体系的完善至关重要。然而，在我国广大农村，尤其是中西部偏远地区，众多农村学校受限于办学环境、师资队伍及教育观念，未能有效应对留守儿童教育管理的挑战。在日常教学中，这些学校缺乏系统性与计划性的生命安全教育及法制教育，导致留守儿童在面临突发事件时判断力与安全意识薄弱，易受不良社会环境与不法分子侵害。

留守儿童已成为中小学生安全问题的高风险群体。全国妇联书记处书记、农村留守儿童专题工作组组长张世平指出，留守儿童面临生活困难、心理挑战、教育难题、伦理冲突及安全隐患等五大核心问题。公安机关数据显示，在被拐卖儿童中，流动儿童居首，留守儿童次之。中国青少年研究中心主任、知名教育专家孙云晓，强调父母疏远导致留守儿童情感支持系统脆弱，可能引发情感消退、社交障碍、攻击性行为增强、心理不稳定、学业退步及性问题等一系列问题，为他们的未来成长埋下隐患，甚至影响下一代教育，形成恶性循环。

因此，加强留守儿童教育管理，提升学校安全管理及法制教育水平，是维护国家教

育安全与未来发展的关键。正如教育家张伯苓所言，强国必先强种，强种必先强身。而增强体质则需从教育抓起，教育者应站在战略高度，以法律理念为指引，确保学生安全健康发展。这要求学校不仅要优化教育资源配置，提升教师队伍素质，还需加强与家庭的沟通合作，构建全方位、多层次的安全教育与法制教育体系，为留守儿童提供坚实的保护与支持。

## 三、解决农村留守儿童安全问题的对策

为确保农村留守儿童的安全，需构建一个由家庭、学校、政府及社会各界共同参与的综合管理体系。

首先，从家庭层面出发，父母应切实履行教育与监护职责。根据我国法律规定，父母对子女负有抚养和教育的责任。对于农村留守儿童而言，父母需在思想上高度重视家庭教育，确保子女健康成长。父母不应因追求经济利益而忽视子女的成长，而应尽可能安排一方留在家中，负责子女的教育与监护。若双方均需外出务工，则应通过电话、书信等方式与子女保持密切沟通，给予他们情感上的慰藉与关心，了解他们在学习、生活及安全等方面的状况，并引导他们形成健康的行为模式，增强自我保护意识。

同时，临时监护人亦需提升教育与监护质量，明确自身角色定位，承担起对留守儿童的教育与监管责任，通过优化教育方法，与留守儿童进行深入的心灵沟通，关注其精神世界，避免过度溺爱或迁就，而应给予适当的引导与教育。此外，临时监护人还应与留守儿童父母保持紧密联系，共同商讨教育策略，确保教育的一致性与有效性。

其次，学校在保障农村留守儿童安全方面亦扮演着重要角色。学校应加强对留守儿童的安全与法制教育，通过课程设置，传授生命、安全、法制及法律知识，提升其安全意识、防护意识及法治观念。同时，学校还应教授留守儿童如何应对各种突发事件，如火灾、交通事故等，以增强其自我保护能力。为降低潜在安全风险，学校可实施全日制寄宿制度，确保留守儿童在校内集中用餐与住宿，并由学校领导与教师共同监督其安全。此外，学校还可利用节假日或家长返乡时机，组织家长培训课程，传授教育学、心理学及安全防护知识，帮助家长建立科学教育观念，掌握科学教育方法，从而更好地承担起教育与监护责任。

再次，社会各界亦需积极参与农村留守儿童安全问题的解决。社会各界应致力于环境净化，推进农村精神文明建设，加强对文化市场的管理，为留守儿童提供健康有益的书籍与音像产品，远离不良娱乐场所。同时，可推行关爱项目，由关工委主导，联合教

育、共青团、全国妇联等部门共同推进，为留守儿童提供关爱与支持。此外，还可动员社会各界力量，开展结对帮扶活动，如"老少牵手"等，为留守儿童送去温暖与关爱，引导他们健康成长。

最后，政府在解决农村留守儿童安全问题中发挥着关键作用。政府应加速相关法律制定，提升进城务工农民的经济待遇，从根本上减少因家庭监护功能不全导致的留守儿童受伤事件。此外，政府还应增加财政支持，推进农村寄宿学校建设及基础设施优化，为留守儿童提供适宜的住宿条件，确保他们接受集中教育与监督，降低安全事故风险，为解决留守儿童安全问题提供有利政策环境。

值得注意的是，农村留守儿童因情感缺失与监管疏忽，易产生孤僻、脆弱等心理问题。因此，整个社会应积极参与，确保留守儿童感受到家的温暖与关怀。外出务工父母需与子女保持密切沟通与交流，深入了解他们的学习、生活及心理状态，共同享受健康快乐的成长过程。

# 第八章 乡村振兴视域下乡村小学研究型
教师发展策略

## 第一节 研究型教师特征与能力要素构成

教育理论研究可以让专家学者和教师进一步阐释教师研究的领域以及主要内容和方法。教育工作者要坚定不移地以学科为主要发展方向，增加教育工作者的理论知识，逐步推动教育学科的专业化，提高教育工作者理论知识水平。

国内的教师应该以如何解决工作中遇到的实际问题为未来工作的导向，增强对实践问题的研究，逐步形成以培养研究型教师为目标的发展道路，最后培养出教育家而非教育者。这样的分类和区别对于理论研究和实践研究都是有用的，因为它可以帮助教师明确教育的发展方向。

### 一、研究型教师的特征

教师作为教学活动中的创造者和行动者，应该研究生动教育案例，确定个性化的教学方案。这意味着一个必要的条件——教师的身份必须是研究者，在教学过程中应该以研究实践问题为重任。研究型教师必须拥有以下的某些行为特征。

（一）研究型教师充当着教育活动的反思者角色

孔子曾说："学而不思则罔，思而不学则殆""温故而知新，可以为师矣"。专家学者和教师都非常清楚其中的道理，反思和学习是紧密相连的，两者都是创新不可或缺的重要条件。两千多年前古人就已明白这个道理，在当今现代社会中，当教育对象有所不同时，则要求教师要因材施教；当教学内容持续更新时，教学过程也要不同以往的重复和机械；当教师被要求进行个性化的学生教学时，他们也需要对自己采用的教学策略和方法进行深入的思考。

反思型教师的观点是由美国教育家唐纳德·舍恩在1983年提出的，并在后续持续发展。他采用此种方式阐述并培养教师职业中的技能。他认为，反思是指对教学活动中遇到的一些实际问题进行反思，不应该把自己封在象牙塔中思考，是一种教师与实践直接挂钩的研究行为。教师作为教育机构中最前沿的一员，研究和反思工作应该成为他们在学校的教学活动中的一部分。学校里、讲堂上、教学行为中的研究是理所应当的工作内容，因此，在一所校园中进行理论知识的研究和在实验室中的实验研究相比较，一线教师研究的相关内容会相对来说多一些，同时做起研究来也更自然，思路更加清晰明了，研究结果也就更可靠。

教师进行行动研究、定性研究和对自己教学行为的回顾和检讨，只有反思才能成长，发现教学活动中的不足和问题，寻找和解释现象后面隐藏的原因，才能做出相应的对策，修改教学方案，改善教学方法。显然，教师的反思是提升教学质量和促进其专业发展的根本。因此，教师需要进行深刻、全面、系统的反思，反思的同时必须立足于研究，没有研究的反思与实践中的教育是分离的，没有反思的研究是盲目的、不明智的、无法进步的。

教师必须时刻对自己在校园中的教育教学活动进行相应的反思，通过不断地反思才可以提高教学水平，也能满足当代社会对教育的各种需求，才能满足充满激情的学生的期望，学生反过来也会帮助教师在教学活动中进行教育实践。只有形成这样的良性循环，才可以帮助教师在理论和技能水平以及教学能力上得到应有的提高。

### （二）研究型教师既是教育理论的实践者，也是批评者

当前，我国的教育理论与实践之间仍有一定的差异，难以实现完全的整合。一方面，教育理论的内容与教育实践相分离，会导致理论内容教条化、应用性差，难以为其实践提供相关的指导；另一方面，在客观因素影响下众多传统教师还在持续地依靠以往的传统和经验教学，对教育理论知识没有深入研究甚至一无所知，无法避免地低估了教育理论，轻视了来自优秀教师的教育经验和教育成就，导致在教学过程中单纯地凭借经验摸索前进，同时思想上墨守成规，重复简单机械的教法，没有创新。

正因如此，我们需要时刻清醒地意识到，理论与实践是双向的，不是单向的。教

师在研究中，既不能固守自身发展的教育研究，也不能只是被动地实践教育理论。要以先进思想为指导依据，遵循教育规律，敢于做教育实验，不断创新，通过持续的学习来加深对教育理论知识的理解，敢于用教育实践和自己的教学来检验、修正和发展教育理论。

### （三）研究型教师是教育过程中的创新者

如果一个教师不进行科研活动，同时没有在教育中有所创新，单纯地热衷于课堂中的教学，说明他只是一个忠诚的讲师，其行为本身不符合当代社会所要求的素质教育，与我国现行的基础教育改革目标也有所违背，学校对于老师的管理不规范，最终导致学校也无法满足社会发展的需要，进而无法培养出符合综合素质标准、具有一定创新能力的优秀学生。

教师作为教学活动中的先锋、站在教学改革最前端的一员，从事最新的教育教学生活，这是教师在科研项目研究中的出发点和成长过程，是教师能够进行素质教育、科研探索和专业探究的必备的得天独厚的条件基础。但是，如果教师自己没有终身持续学习的愿望和能力，没有养成思考和探究问题的习惯，就无法实现真正的教育创新。如果一个人想要成为研究型教师，他的创新能力不仅应该直接服务于教育本身，还需要强调教师应该根据创造性的研究、教学和活动为学生建立创新思维，学生能够在研究型学习中持续不断地成长，完全沉浸在创新和研究的气氛中，可以唤醒强烈的求知欲和探究精神。

一般来说，研究型教师需要具备良好的素质，如勇于研究、勇于反思、勇于实验、勇于创新。虽然这四个是教师行为的特征，但它们代表了四个层次。从研究阶段到创新阶段，是一个持续优化和改进的旅程。研究是一个不停地尝试和犯错，同时也积极地积累经验的过程；反思是对经验的总结和改进，是对未来的重新规划；创新是新的教学理念、方法和特点的出现和发展。这四种素质在教学实践中往往是不可分割和相互关联的，因为教师固有的四种素质实际上是整合在一起的。

## 二、小学教师科研能力要素

### （一）基本技能

#### 1.独立学习的能力

在教师职业发展的语境下，自主学习作为一种策略，对于教师持续性地吸纳、内化及应用知识，并在此基础上实现创新至关重要。这一过程中，教师不仅需不断更新专业知识库，更要主动适应并引领从传统教育模式向研究型教学模式的转变。转型的成功与否，很大程度上取决于教师能否主动吸纳新知，精准把握职业实践中不可或缺的知识要素，并据此灵活调整知识架构。

教师所追求的知识范畴，和他们未来的学术探索方向及知识深度理解紧密关联。学术界普遍认同的知识分类框架涵盖了：事实性知识（关于什么的知识）、概念性知识（理解事物间关系的知识）、程序性知识（如何操作的知识）、元认知知识（知道何时何地运用何种知识的知识）以及创新性知识（推动知识边界拓展的知识）。鉴于此，提升教师的自主学习能力成为关键。首要步骤在于明确个人的学习目标与内容范畴；其次，深入分析科学文化素养、专业技能等方面的具体需求与达标标准；最终，致力于跨学科的专业整合，构建一个既广泛又深入的专业知识体系。

为紧跟教育研究的前沿动态，教师还需强化自我导向学习能力，从历史经验与既有研究成果中汲取智慧，转变为反思型与实践型研究者。这意味着，教师需在日常教学实践中进行深入反思，系统总结教学经验，不断提炼教学智慧，从而在教育创新的道路上稳步前行。

### 2. 收集科研资料的能力

进行教育和科学研究会涉及数据收集问题，收集科研数据的能力是指认识到科研数据中有价值的部分，采用正确有效的方法收集和整理科研数据的能力。事实上，它也是捕捉、组织和评估各种信息的能力。

收集科研数据对于研究非常重要。真正具有研究功底的教师，必须站得住脚、踏实，能够掌握基础理论文献，对问题有新的视角和思考，理论与实践结合能力要求较强。

### 3. 公开科研成果的能力

科学的教育研究与实践成果的有效传播，依赖于多样化的文体表达形式。教师的写作技巧在此过程中扮演着至关重要的角色，它不仅影响着学术交流的范围，还直接关系到科研成果转化为实际应用的能力与效率。因此，教师需承担起提炼实践研究中的新颖见解、创新思维及方法论等成果系统化的任务，并通过撰写教育科研报告、学术论文、专著等正式文献的方式，进行高质量的展示与分享。

### （二）发展性技能

#### 1. 选择研究课题的能力

在科学研究的早期阶段，挑选一个研究课题是至关重要的环节。在如今的教育教学实践中，仍然还有诸多不解之处等待被研究和解决。研究者们需要根据当今社会教育发展的迫切需要，精准研判课题的研究是否需要开展、是否可行，这些都决定了研究的成败。

研究课题的选择必须考虑两件事：一是选取的课题是否有研究价值，存在多大的研究价值。如果想清楚这一问题，除了需要具备充分的专业知识外，还要及时获取国内外的各种信息。二是自身条件是否充足，包括专业水平、数据等研究资源。

#### 2. 处理科研信息的能力

面对海量的科研信息，研究者应该具备相应的信息过滤、识别、分类、分析、评价等能力，利用处理过的信息做出决策并解决问题。

从某一个角度来看，我国的小学教育科研活动实际上也是一个围绕教育科研信息的收集、理解、处理和应用来解决教育难题的过程。科研信息资料的收集和分析是一种高层次的思维活动，可以锻炼人的理解、比较、分析、综合、归纳和概括能力。

在开发和利用教育信息资源以及科学研究时，我们需要特别关注两个核心层面：一是处于教育科研前沿的文章资源的开发和利用；二是挖掘科研资料背后的潜在价值。

#### 3. 科学研究和实践能力

实践能力是指教育研究者在进行教学活动时通过使用某些特定的方法和资源，适时地关注教育现象背后隐藏的实质。其中包括但不限于，使用实验仪器设备组织实施各种简单或复杂的实验活动，使用计算机对实验数据进行相应处理，以及使用绘图软件进行设计工作，这其中包括科研规划的设计。当代的教育研究不只是要求科研工作者积累大量的理论知识，还要求他们具备实际操作的能力，这种实践能力是将理论知识转化为实际工作经验的关键。

#### 4. 对科研质量进行分析和评价的能力

评价分析能力是指按照社会公认的价值标准，采用规定的程序和方法，对自己和他人的科研过程和科研成果进行客观、公正的评价和分析的能力。科学的评价和分析是推动教师教育研究科学发展的有力工具，是帮助教师促进和实施教育科研成果的必备技能，同时也是研究人员提升科研质量和工作效率的基础条件。

#### 5. 科研成果的推广应用能力

科研成果的推广应用能力包括准确识别科研成果价值、积极采纳科研成果和将科研成果应用于教学活动中的能力。这主要体现在接受新的理论研究成果和新的实践经验，从中获得实践工作思路，并将其转移到自己的教育教学实践中进行实验和研究。

### 6. 从科学研究中进行理论思考的能力

从科学研究中进行理论思考的能力是指从冗杂的教育现象中提炼出特定的教育现象的本质，准确把握问题背后的实质的能力。从基本思想中获得新的认识，善于在理论问题中思考教育的解决办法。理论思维为实践提供了基础，而教育和科研项目的合理框架是否存在，很大程度上依赖于科研人员的理论思维水平。

根据有关专家的研究，理论上的思维能力至少包括以下三个方面：一是透彻的思维，即利用现有的个体知识、理论和科学的思维方法，对研究对象进行分析和透彻理解，提出新的思路。二是综合思考的力量，即通观全局的能力，不仅对事物发展的历史进程和现状、未来发展趋势的大体和一般过程有认识，而且在一般背景下看透研究问题。在大环境中，将不同的观点有机地融合，实现从理论抽象到具体理论发展。三是思维的可迁移性，即适应发展新领域的能力强，不仅可以移植和复制，还可以从理论上思考教育问题。

### 7. 科研创新创造能力

创新本质在于勇于并智慧地突破既有思维模式与框架，探索新颖的解决方案，并从独特视角提出创新性的观点与策略以应对问题，从而在面对新挑战时具备解决难题的能力。小学教育研究作为一种复杂且富有创造性的活动，核心动力源于创新与创造，旨在引入新颖的思维、观点、知识与方法。从教育与科学研究的角度来看，推动教育科学发展的关键，在于最大限度地激活教育、科技、人才领域的创新潜能。

在小学教育与科学研究的背景下，科学教育与研究的课程设置往往缺乏既定的经验与模式，这要求研究者具备创造性分析与解决问题的能力。在教育科学研究领域，创新占据举足轻重的地位，尽管挑战重重，但其不可或缺且价值非凡。作为杰出的科研工作者，创新能力具体表现为能够高效运用现有教育学知识，创造性地提出新颖的教育理念，并将最新的科研成果融入教育实践，以此推动教育实践的持续进步与发展。科技创新能力的展现，正是创新思维与创新实践紧密结合的生动体现。

# 第二节　研究型小学教师培养方案

"凡事预则立，不预则废。"（选自《礼记·中庸》）因此，设计和实施系统的、适当的研究和改革是非常有必要的，在设计和实施相应的改革行动前必须要对行动进行详细的计划。将师范生培养成为研究型教师是一项长期而艰巨的任务，是一项需要全面设计和精心组织的系统工程。服务基础教育课程改革，培养研究型教师，课题组高度重视研究课题的设计与论证。课题组通过论证、召开报告会等环节，逐步完善课题研究方案。

## 一、建立研究政策

根据项目研究目标和学校实际情况，课题组确立了"以实践实验为重点、创新创业突出、学研结合、服务基础教育"的研究方针。为保证项目研究计划的科学性和有效性，课题组可以按照以下六项标准编制了研究计划。

### （一）有明确和适当的行动基础

明确适当的行动基础即最终打算做什么，可以根据自身的能力去实践，也可以通过不断地努力学习去实现计划。至少在理论上证明是可以实现的。

### （二）有系统、全面的行动计划

行动计划的设计要深思熟虑，尽可能多地分析和预测可能出现的情况，制订尽可能多的适当计划。对于可控的活动，必须采取有目的的、有组织的、有效的策略，就像存款准备金一样。不可预见的情况也必须得到管理和关注。

### （三）有具体的运营计划

行动计划在宏观层面指的是研究课题或项目，可以粗略制定，抓大放小，但运营计划要具体、周密、清晰，不能制定得粗略且空洞。因此，运营计划必须有横向分工和纵向时间要求，便于每个参与研究的人都有施展的机会，也能让执行者明确制订出计划的任务、职责和完成时间，积极开展各自的任务。

### （四）有合适的、有能力的团队或合作伙伴存在

对于一个课题或项目的研究过程，必须由一个强大的团队或小组来共同完成它，并且作为一个整体，团队协作是至关重要的，集体的力量或合作伙伴的帮助可以让研究过程更快地完成。因此，研究团队的形成和发展非常重要。

（五）有足够的人力资源和其他经营资源投入

教育研究和教学不仅需要研究人员的热情、奉献和大量努力，还需要充足的资金、书籍、研究设备和工具来保护它。

（六）有合适的绩效评价方法和反馈控制系统

计划的实施过程不可能一直顺利，也不可能按照既定的目标完美发展。只有拥有适合的绩效评价方法和反馈控制系统，才能顺利完成研究和改革计划。

## 二、研究的主要思想和方法

研究的主要思想和方法可以概括为"一个目标、两个领域、三个渠道、四个组合"。

### （一）一个目标

"一个目标"是转变教育传统的观念，深化高等教育改革措施，探索研究型教师的培养方式和方法。

### （二）两个领域

"两个领域"是理论与实践，既关注研究型学习、教师教育活动、终身教育、学习共同体等理论课题研究，还关注以研究的方式对教师进行培养，并通过实践的渠道对人才提出相应的要求。

### （三）三个渠道

"三个渠道"是通过研究型课程学习、科研活动和社会实践三个渠道培养研究型教师。

通过研究型课程学习、新课改讲座等系列学习，培养教师创新意识和研究意识。

开设实验室、增设研究实验、设立科研项目等措施，可以有效锻炼教师的自学能力，提高教师的科研水平。

充分利用专业实践、教育研究、教育学徒制，使教师既能完成原有的任务，又能做好基础教育的研究。为教师提供科研与教育实践相结合的服务，具有明确的定位和方向。

### （四）四个结合

"四个结合"表现如下：

#### 1.基础教育师范院校和科研院所相结合

通过三元组合模式，鼓励高等师范学校教师了解基础教育改革现状，开展小学教育改革试点研究，做到定位、适应、引领基础教育改革。

### 2. 开办研究型学习专题课程，将研究型学习方法融入其他课程

增设教育科研方法、研究型教学方法等专业课程，同时选拔数千名教师，在专业课程教学中组织学生进行研究型学习，将研究型教学应用到各门课程中。

### 3. 研究型学习与社会实践相结合

开展一系列可以由学生实施的科研项目，在学生会中成立科研部门，成立研究型学习协会，制定相应的奖励政策，鼓励在校师生广泛开展一些研究型学习活动，奖励研究型学习成果。

### 4. 教师教育职前与职后相结合

利用校外的教研基地和学校实践基地，对研究型教师进行岗位培训。

## 三、引领研究型教师培训项目的方向

### （一）以解决小学教育教学中出现的实际问题为目标

小学的教学与研究活动、教学活动与科研活动虽相互关联，但概念上存在显著差异，其中教研活动的独特性尤为突出。在小学教育体系中，教学任务主要由小学教师承担，相较于长期在实验室工作的专业研究人员，小学教师在教学与研究方面展现出快速识别现实问题并进行针对性研究的优势。他们不仅具备将科研成果迅速转化为实际应用以解决相关问题的能力，而且因教育和教学的核心任务所限，他们的教学研究并不以构建教育理论体系为主要方向。

尽管如此，部分小学教师对小规模研究课题的探索并不满足，他们更倾向于深入研究课程结构、研究方法、评估机制、研究模式及创新方法，甚至对21世纪创新人才培养标准及教育持续发展策略抱有浓厚兴趣。然而，需实事求是地指出，对于汇聚全国顶尖专业人才的研究课题，若仅由某所小学受过基础教育学训练的教师或校长探讨，其深度与广度可能受限。

小学教师教育研究的活力，在于紧密结合实际情况，运用相关教育基础知识解决教育教学中的实际问题。在此过程中，理论知识构成了小学教育和科研活动的基础支撑，为教师的实践探索提供了必要的指导与框架。因此，小学教师在进行教学研究时，应充分利用他们身处一线的优势，将理论知识与实践问题相结合，以促进教育教学的持续改进与创新。

### （二）小学教研重心要面向学与研

随着社会的日益人性化发展，教育领域正经历深刻转型，旨在提升个体的综合素质并激发其最大潜能。当前基础教育课程改革的核心，在于为每位学生的终身发展指明方向并提供具体路径。在此教育理念的引领下，教育实践需从"教学方式"向"教学内容"转变，从单纯的知识传授转向培养学生的终身学习能力，并更加重视学生的学习体验而非教师的感受。以学生需求为中心的教育模式，强调了以学习与研究为核心的教学与科研活动。

自21世纪以来，学习理论的研究重点逐渐从行为主义转向认知主体，将学生视为信息处理的中心。建构主义学习理论，作为认知学习理论的关键分支，近年来在西方国家广受关注。该理论起源于瑞士心理学家皮亚杰，他被誉为认知发展领域最具影响力的学者之一，日内瓦学派的创始人。皮亚杰深受唯物辩证法影响，从内外因素相互作用的视角探讨儿童认知发展。他认为，儿童通过与环境的互动，可以逐步构建起认知框架，促进认知能力成长。这一过程涉及同化和适应两个核心环节：同化是将外界信息与个体现有认知框架整合的过程，而适应则发生在个体认知框架无法从环境中获取所需信息时，需对框架进行重构。同化扩展认知结构数量，适应改变认知结构性质。儿童在"平衡—不平衡—新平衡"的循环中，通过同化和适应不断丰富和完善认知框架。

科尔伯格、斯腾伯格和卡茨等学者在皮亚杰理论基础上，进一步探讨了认知结构的核心特性及其发展条件，以及个体能动性在构建认知结构中的关键作用。建构主义最初基于儿童认知发展理论，但因其与个体未来自我学习的紧密联系，被广泛应用于解读人类学习中的认知模式。这不仅解释了持续学习的必要性，还阐明了学习的机制、意义、定义及理想学习环境的关键要素。

在建构主义指导下，我们可以发展出更高效的认知学习理论，构建理想学习环境。建构主义认为，知识不是由教师传授的，而是学生在特定社会文化背景下，在他人协助下，利用学习资源构建意义并获得的。其中，"意义建构"是所有学习活动的最终目标。意义的建构涉及事物特性、规律及其深层联系的理解，有助于学生深刻领悟学习材料所揭示的本质和规律，以及事物间的联系。学生掌握知识的深度基于他们根据个人经验构建知识含义的能力，而非单纯背诵技巧。

教学研究与学习研究存在显著差异：教学研究关注教师和教学活动，而学习研究则聚焦学习者和学生需求。学习研究的核心是观察学生学习行为，研究其如何有效融合已掌握的知识与技能。当前学习研究方法主要分为两类：一是基于教育学、心理学和成功实践的建议模型；二是跨学科研究方法，涵盖教育学、神经科学、认知心理学、计算机科学、人类学和社会心理学等领域。

小学教育领域的研究通常被视为初级探索，基于教育学和心理学的视角，探索学习内在规律。此类研究方法高效，成果易于传播和应用。诺贝尔奖得主利昂·莱德曼提出的以研究为基础的主动学习策略强调，结合听、看、做可显著提升学习效果，对教育和教学产生深远影响。未来教育与研究领域，学习研究将成为核心焦点。在此背景下，小学教学研究具有独特环境，需进行相应调整。

### （三）以行动研究和各种方法的广泛应用为导向

尽管科学研究往往推崇特定的实验研究方法作为教育研究方法的典范，然而，小学教育研究项目因其复杂性、研究人员的专业素养差异、研究环境的独特性以及资源条件的限制，使得这些实验研究方法在实际操作中面临诸多挑战。在此情境下，行动研究被普遍认为是小学教育研究领域的优选方法。行动研究的理念最早由美国社会心理学家库尔特·勒温于1946年提出，随后在1950年被正式纳入美国教育科研体系，并在20世纪70年代后实现了快速发展。

行动研究旨在针对实际工作中遭遇的难题，确立针对性的研究课题，并在实践操作中深入探索这些问题，同时与实践活动紧密结合，以期获得实质性研究成果。该方法的核心目的在于助力研究者深刻洞察、熟练掌握并有效应对实际挑战，最终推动社会行为的积极变革。相较于传统的实验研究方法，行动研究虽显得非正式，却极为贴合小学教师的实际需求，成为其最适宜的研究路径。这是因为行动研究不仅易于被广大教师所采纳，而且更贴近小学教育的实践场景。

行动研究展现出几个独特优势：首要的是，它聚焦于提升行动质量和解决具体问题；其次，它将研究流程与实际行动深度融合；此外，持续的反思成为其核心工具。行动研究为教师在教育和教学活动中开展研究提供了契机，研究成果能迅速转化为教育实践，有效打破了科研与实践之间的壁垒，显著增强了教育研究的实效性。同时，将研究融入教师的日常工作，以研究的视角审视教育，极大提升了教师职业的价值感。叶澜教授曾热情洋溢地指出："创造能够激发教师职业内在的尊严与快乐！"小学教师在教育研究中的参与，实质上是一场创新之旅，他们在日常工作中深入探究各类问题，这一过程不仅增强了教师的专业技能，也激发了教师的创新精神。

值得注意的是，行动研究与在自然环境下进行的研究有所不同。采用行动研究方法的教师，需秉持实事求是的科学态度，深化理论知识的学习，提升理性与客观分析能力。他们还需灵活运用定性与定量研究方法，确保数据收集过程中的准确性和可靠性。在行动研究中，除了运用观察和调查手段诊断与发现问题外，还应采用实验方法改善现状。这一过程要求教师具备严谨的科学素养，以及灵活应对复杂情境的能力。

### （四）小学教研发展目标朝着体现个性和特色的方向发展

小学教研作为一项工作量极大的研究活动，要求研究者必须具有自己的价值观和品质，而价值观和品质必须体现在个性和特点上。所谓个性和特点，是指研究者要有独特的视角、独特的理解、独特的奉献精神。事实上，教育和科学研究要想产生成果，从各种研究项目中脱颖而出，确实需要有自己的个性和特点。当然，体现个性、融入特色并不是为了求新，而是在遵循科学教育和研究规律的条件下，在综合分析的基础上，研究自己和他人，从自身出发，根据效益和实际需要考虑，进行有意义的研究，最终形成研究结果。

# 第三节　研究型小学教师行动探索

## 一、推进课堂教学改革

课堂是教育活动的场所，是老师与学生教学最直接、最集中的地方。在传统的课堂教学中，教师被视为课堂的核心，教材是教学的根基，而教学活动则是教学的主导线索。教师上课之前，会进行备课活动，设计教案，设定学生的认知发展路径，帮助学生接受和学习知识。在课堂上，教师向学生传授知识，学生根据教师的讲授来学习知识，教师按照预先设定的认知路径指引学生实现教育目标。预先设定认知路径的课堂教学方法有利于知识转移，课堂教学效率也会有所提高，也便于课后的知识评估。但是，传统课堂的教学大多是单向的，学生独立思考的空间很小，教学信息是单向传递。

课堂在教学活动中不仅是传授知识的空间，也是技能训练和展示的舞台。教师与学生之间的互动促进了学生的成长和发展。美国的教育专家林格伦曾经把课堂内的师生互动划分为四个不同的类型：一是单向交流，老师传授，学生单纯地获取；二是双向交流，当老师提出疑问时，学生有权选择回答；三是多方交流，师生在课堂上可以进行充分的交流；四是综合交流，师生共同探讨研究。在课堂上，老师不应该是唯一的演员，学生不应该只是剧院的观众，老师和学生应该一起表演。老师的角色主要是导演的角色，有时也会作为一名倾听者，但更重要的是主导者。如果老师是唯一一个在课堂上讲授知识的人，那么教学只会变成一个人的独角戏。教室应该是一个大舞台，师生可以在同一个舞台上大展拳脚，教师需要将课堂变成师生互动的场所。打个比方，互动课堂就像是"同一首歌"的舞台，演员和主持人与观众热情互动，一起表演，一起唱歌，让舞台热闹而美丽。如果世界各地的每个班级都由老师全程讲授，那这样的班级最高也就被评60分。老师在讲台之上，学生不能动也不能说话，不符合现代教学理念和现代课堂理念。现代课堂理念是师生互动。那么如何互动呢？老师提问让学生回答，学生不回答也可以问老师。课堂互动不仅表现在互相提问，还表现在每个学生都在关注其他学生的问题或答案，并可以在任意时间提出疑问或发言：别人的观点是否正确，正确或错误的地方在哪里，对于别人的观点是否有相关的补充说明。

教师应当拥有激发学生思维的能力。课堂互动主要是为了启发和鼓励学生。启发式教学的作用就表现在这里。

教学过程是设定与生成的统一。现在教师的教案大多是课前设置的，而课前设置教案在任何教学考核中都不全面。互动课程应该是课前设置课程计划和课后生成课程计划的一个组成部分。课后生成式教案应注意哪些学生在教学过程中提出了哪些问题，以及教师和同学如何回答这些问题；不论是不是同一个班级，在互动课堂上都有着不同的个性，有不同的教案。

在传统的课堂教学范式中，教师长期占据主导地位，教学活动紧密围绕教师展开，而学生则往往扮演着知识被动接受者的角色。然而，从心理学视角来看，学生的学习过程不应局限于被动吸收知识，而应是基于其既有知识与经验，主动构建新的知识体系的过程。因此，提升学生的主体地位，成为教育改革的重要方向。自选课堂模式深入探讨了教师引导与学生主动学习之间的紧密联系，强调在特定学习情境下，学生应依据个人兴趣和技能进行自主学习，灵活安排学习时间，并自主调整学习强度与深度。

教育的核心理念在于因材施教，即根据每位学生的独特性进行教学。这一理念可类比为教育领域的"超级市场"，其中教育资源如同琳琅满目的商品，学生可根据个人偏好进行选择。在教学实施过程中，不仅要确保内容的完整性，更要注重内容的条理性和逻辑性。长期以来，我国教育体系以知识为核心，高度重视教师资质、教学材料以及教学方法的完善。然而，一个不容忽视的现象是，学生在课堂上认真记录笔记，却在考试结束后便将其遗忘。这反映出许多高等教育机构的人才培养策略过于依赖知识传授，而忽视了学生能力的全面发展。

未来社会要求学生掌握的核心技能包括学习能力、实践操作能力以及创新思维能力。对于新入学的学生而言，单纯依赖技能学习是远远不够的。美国心理学家布鲁纳指出，教学活动是一个不断提出问题和解决问题的过程，而思考往往源于一个具体的问题。因此，建设性技能课程的目标之一是培养学生识别和提出问题的能力。能够敏锐地识别并提出问题的学生，往往最具发展潜力；而那些对问题漠不关心的学生，学习进展则最为缓慢。如果课堂上没有问题提出，也无法找到问题的根源，这样的课程将变得枯燥乏味，收益有限。理想的课堂应是带着疑问而来，带着解答而归。

为了激发学生的创造力、想象力和课堂构建能力，教育者应减少课堂讲授时间，增加讨论和实践环节。技能课程旨在全面培养学生的自主学习能力、思考能力、表达能力以及创新能力。在课堂教学中，师生之间的互动是双向的，建立在师生平等基础上的课堂应成为一个交流的平台。

## 二、促进研究型学习

### （一）开展讲座，宣传基础教育改革和研究的重要性

开展讲座，在全校范围内广泛传播研究学习，鼓励教师开展研究活动，努力成为研究型教师。

### （二）组织研究型学习选修课

除了已经开始实施的基础研究课程外，还将为教师开展并提供跨校的一般选修课程。在研究型学习的选修课中，我们的教学方法与传统方法完全不同。目前正在改变传统的培训模式，让教师在协作小组研究练习中学习研究，并通过研究实践加强研究学习。

### （三）引导教师养成反思的习惯

众所周知，研究型教师的特点是对自己的教学活动进行反思，反思是研究的基础，没有反思就没有研究。所以培养教师的反思能力和思维习惯非常重要，为此我们在教育学院开设了实验班，主要是培养教师的反思能力，培养教师的思维习惯，教师反思的内容主要以自己的教学为主。

# 第九章　乡村振兴视域下乡村小学创新型教师发展策略

## 第一节　创新型教师表征

### 一、创新型教师的概述

创新型教师认为每一位学生都可以通过教师的引导，在自身原有的基础上获得创造性的发展，并成为具有创新能力的高素质人才。因此，创新型教师具有面向全体学生的特点，推动全体学生的全面发展。创新型教师认为必须尊重学生之间的差异性，针对不同学生要采取不同的培养对策，创新型教师认为学生的创新能力发展只有类型和层次的不同。在学生创新能力的发展过程中，教师起到了关键的引领作用，教师需要根据实际需求，利用各种方法来发掘学生的创新潜质，并为他们提供更多的创新能力发展机会。

具有创新思维的教师能够为学生的创新思维提供强大的支持。普通的教师只会将真理直接告知学生，而优秀的创新型教师则会将发现真理的方法一并教给学生，让学生知其然，还要知其所以然。作为新时代的创新型教师，不可像传统教师一样，只传递教材中的知识，还要引导学生形成积极思考的习惯，发展学生的思维，培养学生形成独立思考、勇于探索的科学精神，让学生不断在实践中总结规律，发现真理，从而体现出"道而弗牵，强而弗抑，开而弗达"的精神，要让学生学会知识，更要让学生养成积极发现问题、探索未知、总结知识的求知精神和创新能力。[1]

总而言之，新时代的创新型教师，就是指在教育教学工作中积极摸索，不断创新，

---

[1] 李广平：《新时代创新型教师：内涵、特征与培养》，《东北师大学报》2022 年第 2 期.

致力于培养学生的创新思维和能力，旨在培养更多适应新时代的创新型人才。

## 二、创新型教师的知识结构要素

创新型教师的知识结构要具备基础文化知识、学科专业知识、教学科学与心理学科知识和哲学知识（图 9-1）。

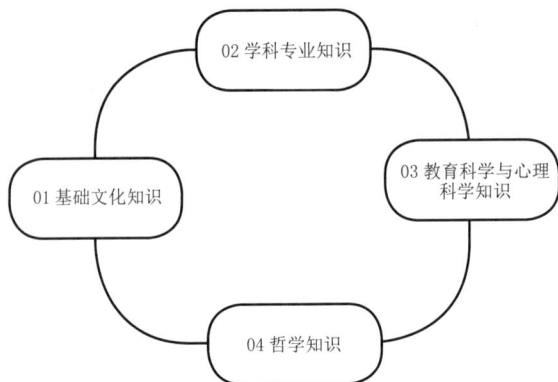

图 9-1　创新型教师的知识结构要素

### （一）基础文化知识

文化知识体系构成了培育多元能力与品质的核心要素，是教师职业成长与发展的坚实基石。因此，该知识体系的广度直接关联着思维激发与拓展的潜力。对于创新型教师而言，需掌握的基本文化知识范畴广泛，包括但不限于文化通识、学校教育实践的具体情境，以及其他基础性知识内容。具体而言，自然与社会科学的基础理论、人际交往的基本礼仪规范、基础审美能力与技巧，以及音乐、体育、文学艺术等领域的常识，共同构成了文化知识的基石。换言之，教育者应全面掌握那些能够激发学生兴趣的知识领域。

学校的办学理念则植根于党和国家的教育方针及政策导向，这不仅涉及学校教育实践的具体知识，还涵盖了教育发展的历史脉络、当前状况，以及教育改革的未来趋势等深层次内容。而所谓的一般基础知识体系，指的是从小学至高中阶段，依据新时代知识结构构建起来的全面知识体系框架。

作为新时代基础教育领域的教师，不仅需要对所教授学科的核心文化知识有深刻的理解与把握，还应具备跨学科的综合素养，熟练掌握语文、数学、外语等基础课程，以及音乐、体育、美术、历史、地理、生物等相关学科的知识，以构建全面而多元的知识结构体系。

### （二）学科专业知识

教师掌握专业知识是开展教育与教学活动的先决条件。若专业知识匮乏，教师将难以有效履行教育职责。教学活动本质上是教师向学生传授人类数百年文明智慧的过程，旨在引导学生将这些知识内化于心，从而丰富他们的精神世界，促进思维与能力的发展。对于任何学科的教师而言，具备充足的专业知识和深刻的教学理念是从事教学活动的基石，这如同建筑房屋时不可或缺的砖瓦和泥石。试想，一位语文教师若自身听说读写能力欠缺，又何以能有效地培养学生的语文基本能力呢？教师的专业发展与创新同样建立在专业知识的基础之上。

作为教育者，除了以情感和性格影响学生外，更重要的是运用专业知识引领学生的成长与进步。教师只有具备广博的学识和多元的能力，通晓古今，才能更好地履行教育职责，解答学生疑惑，赢得学生信任，并引导他们深入探索知识。通过专业知识的传授，学生不仅能够掌握自然界、社会现象和思维模式的规律性认识，还能在思想和道德层面获得新的启迪。思想教育与道德教育有助于学生从知识中洞察人生真谛，理解生活的深刻内涵，并通过文学艺术作品的形象受到思想的熏陶和心灵的净化。

此外，专业知识是教师创新成长的根基。教师的工作不仅是精神上的创造，更是一种富有创意的智慧实践。创造力是一种在已有信息基础上，通过相互联系和整合，对信息进行加工、改造乃至联想，从而得出正确结论的独特能力。缺乏专业知识作为支撑，这种创新能力的发挥将无从谈起。只有依托深厚的专业知识，才能真正促进教师创新能力的塑造与提升。因此，教师只有掌握充分的专业知识，才能在科学创新和技术更新中发挥应有作用。

教师应具备的专业知识要素包含以下几点，如图 9-2 所示。

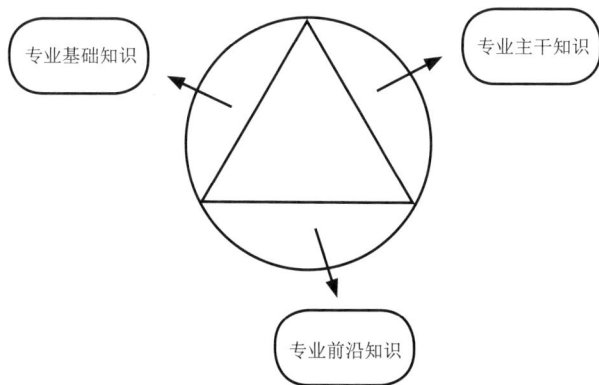

图 9-2 教师应具备的专业知识要素

### 1.专业基础知识

专业基础知识是专业主干知识的根基，只有当教师拥有充足的专业基础知识时，他们才有资格进行特定学科的教学活动。专业基础知识掌握的越扎实、范围越宽广，专业主干知识才能得到更好的发展。

### 2.专业主干知识

专业主干知识是教师胜任教学工作的基本功。专业主干知识包含的内容较多，教师所教学科体系的基本理论、基本概念、基本资料、基本规律等都属于专业主干知识。

### 3.专业前沿知识

作为一名优秀的教师，要对本专业的发展前景有所了解，并以此对本专业发展的趋势进行分析与预测，从中了解到学科发展对教师提出的更高要求，从而做好自身学习和发展的规划，不断地接受更多前沿知识，作为自身开展教学工作的基础。时代的发展对于任何学科的知识体系、概念以及结构等都会有一定的影响，所以教师应不断地对自身的知识体系进行调整，学习更多学科领域的最新成果，并将前沿知识运用到教学工作中，摸索出可以提高教学成果的新型教学方法。倘若一名教师缺少学习前沿知识的意识和能力，故步自封，夜郎自大，就会失去生机和活力，难以开展高质量的学科教学工作，影响自身与学生的发展。新时代的教育工作者必须不断用新兴的学科知识充实自己、武装自己，才能确保自身获得更加长远的发展。

### （三）教育科学和心理科学知识

教育科学，实乃对教育实践中科学原理与方法的理论化梳理与总结，它构成了一套系统的学问体系。而心理科学，则聚焦于探究人类的心理特质与行为模式，并据此指导教学活动的实施。深入研习教育学与心理学的相关知识，对于提升教师在教育及教学领域的专业能力至关重要。

当教师将教育学与心理学的专业知识与个人专业技能相融合时，便能更有效地应对教学过程中出现的各种问题，并探索出更为高效的教学策略，进而成长为更加卓越的教育工作者。教育学与心理学的知识体系蕴含深厚，唯有教师具备足够的思维力与洞察力，方能深刻领悟其精髓，并充分利用这些知识作为解决教学难题的得力工具。

### （四）哲学知识

通过对哲学知识的深入研习，个体的思维得以愈发睿智与明晰。教师作为知识的传播者与引导者，需秉持一定量的哲学知识，尤以辩证唯物主义哲学为指引，据此构筑自身的专业知识体系，进而全面提升其综合素质。哲学知识为教师的教学实践提供了宝贵的方法论支撑，助力教师树立正确的科学观念，规避知识探索中的歧途，缩短通往成功的路径，并依托专业知识进行高效的智力劳动。毋庸置疑，哲学知识犹如高楼大厦的基石，支撑着教师的专业发展。

综观全局，一名具备创新精神的教师，其知识体系应奠基于广泛性、全面性、动态性与开放性之上。具体而言，创新型教师在开展专业研究时，应将文化基础知识作为认知的底蕴，并对自己设定更为严苛的标准。唯有掌握具备学术性、前沿性与专业性的学科专业知识，教师方能更胜任职责使命。

此外，创新型教师不仅需精通教育领域的专业知识，更需通过深入理解与实际应用这些知识，有效展现专业水平。故而，教育专业知识与学科专业知识在重要性上相得益彰。哲学知识为提升教师的思维能力奠定了坚实的基础，是教师智慧成长的源泉。

简而言之，创新型教师的知识体系构建应是一个持续优化与调整的进程。教师需树立终身学习的理念，保持旺盛的求知欲，不断学习新知以增强创新能力，从而更好地适应时代发展之需，确保在教育领域实现长远发展。

## 三、创新型教师的思维品质

创新型教师与普通教师思维相比有一定的共同之处，所以创新型教师的思维具有一般规律，又具有一定的思维特性。创新型教师的思维具有深刻性、批判性、灵活性、敏捷性、独创性五个方面的特点，如图 9-3 所示。❶

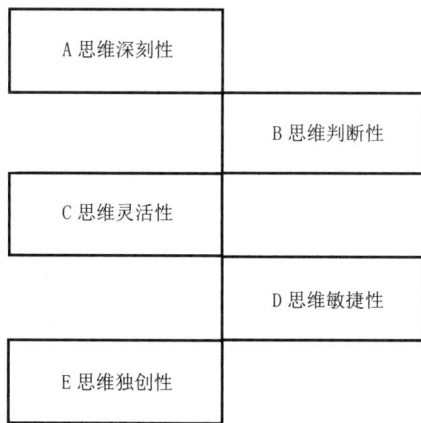

图 9-3 创新型教师的思维品质

❶ 郑岩:《"双创"教育背景下高校创新型教师的实践探索》，《中国多媒体与网络教学学报》2019年第 2 期.

## （一）思维深刻性

个体的思考过程，实质上是对抽象概念进行理性解析的过程。当我们一边思考一边理解、概括并提炼感性材料时，思维中便经历着认知转变的历程，从而更精准地把握事物的整体性、本质属性及其间的深层关联，进而提炼出事物内在的固有规律。在此过程中，每个人的思考深度各异，展现出不同的思维层次。所谓思维深刻性，体现在对问题的深度剖析、对事物规律的总结归纳、对事物本质的深入探索，以及对事物发展轨迹的准确判断上。具备创新思维的教师，拥有深邃的思考能力，能够透过事物的表面现象，洞悉它们的内在本质。由于教师传授知识的独特性，其思考方式愈发显得深入而细致。教材中的内容，皆是经过抽象概括与总结提炼后形成的规律性知识。教师需对这些知识进行深入细致的研究，领悟其中的真谛，方能为学生提供详尽的知识讲解和有效的问题解决方法。

只有教师对知识有深度的了解，才能深入浅出，引导学生逐步探寻知识的本质与内涵，推动学生的思维能力良好发展，并且教师还要引导学生掌握不被现象迷惑，不断探索事物本质的意识和能力。例如，有的学生经常迟到或者放学后迟迟不肯回家，如果教师只针对学生的错误就事论事，通常难以取得良好的教育成效。对此，教师应该深刻思考问题，帮助学生找到犯错的根本原因，让学生清楚这些问题对于自身的危害，才能让学生信服教师，并跟随教师的引导找到克服自身问题的方法，从而达到"治标又治本"的教育成效。

## （二）思维批判性

我们对思维材料需进行深入剖析，并细致评估思维过程中的一种关键智慧特质——批判性思维能力。具备批判性思维的人，往往能透过事物的表象，深入探究内在本质，他们追求的是对事物不仅知其然，更知其所以然的深刻理解。批判性思维主要体现为以下五大特征：

第一，分析性，即在思考过程中持续分析并探寻解决问题的方法，对既定的解决策略进行多次审视与确认；

第二，策略性，个体依据自身的思考能力和知识背景，制定解决问题的策略，并确保这些策略在思考实践中发挥实效；

第三，全面性，思考时需兼顾事物的两面性，并根据实际情况的变化灵活调整策略，始终坚持采用正确的方法解决问题；

第四，独立性，不盲目追随他人或权威，而是根据实际情况选择最适宜的解决策略，保持思维的自主性；

第五，正确性，思考过程中需保持逻辑的严密性、组织的条理性，并实事求是地探寻事物的最终结论。

这种思维的批判性特质，实质上是个体在思考过程中自我意识的体现。在思考的征途中，自我意识被视为个体意识的至高境界。将自我视为意识的中心，通过自我意识系统对信息的输入、处理、整合及输出进行系统性调控，有助于个体更好地驾驭意识，并对自己的思考和行为作出相应调整。

因此，要想提升思维活动的效率，首要在于确保思维具备批判性，使思维过程更加主动，避免盲目从众，从而有效提升思维结果的准确性。具有创新导向的教师，他们拥有卓越的批判思维能力，能够摆脱书本和上级的束缚，进行自我约束、调整与反馈，从而清晰辨明是非对错。

### （三）思维灵活性

思维的灵活性，是指个体在思考过程中展现出的对变化环境的适应与应对能力，即思维活动中的智力灵活度。这一特性主要体现在以下三个核心方面：

第一，适应性，它指的是个体能够随环境变化而调整思维方式，并根据实际情况制定恰当策略，以有效解决问题；

第二，突破性思维，即个体能主动调整思维方式，摆脱固有思维模式的束缚，避免其负面影响；

第三，信息重构能力，高度灵活的思维体现在个体能够修改、整合并转换信息，对信息进行新的解读。

创新型教师的思维灵活性，则具体体现在以下四个方面：

第一，思维起点的灵活性，他们能从多个角度和出发点入手，采用多样方法解决问题；

第二，思考过程的灵活性，能够对各种事物进行全面、灵活的综合分析；

第三，高度的迁移能力，教师能从一个实例中推及其他情况，主动运用事物发展规律解决问题；

第四，综合分析能力强，他们得出的结论往往是由多个既合理又具灵活性的观点综合而成。

### （四）思维敏捷性

思维过程的速度，被称为思维的敏捷性。当思维具备敏捷性时，个体便能更迅速、更有效地解决和处理问题，在应对紧迫情境时能够进行周密思考，并快速准确地得出结论。思维的流畅性，作为思维敏捷性的重要标志，直接反映了思维的速度。创新型教师的思维具有显著的敏捷性特征，他们能够在突发事件中迅速捕捉关键信息，敏锐地察觉到其中异乎寻常、值得深思的细节，从而准确发现问题所在。

这种思维敏捷性在课堂教学或其他教育活动中表现得尤为突出。面对突发状况，创新型教师能够迅速作出反应，及时处理，并根据事态的发展灵活调整解决方案，以确保教学活动能够顺利进行。不同的学生之间存在较大差异，尤其是具有不同的心理特点，在不同时间、环境下同一学生的心理状态也会发生不同变化，教师必须具备较强的思维敏捷性，才能更好地适应学生的心理变化，甚至超越其变化。在教学过程中，学生会随时提出各种不同问题，都需要教师快速反应，迅速地给予学生正面回答，因此对教师的思维敏捷性提出了较高要求。如果教师的思维缺少足够的敏捷性，就会影响教学进程，导致教学效率降低。

### （五）思维独创性

思维独创性，是指在遭遇问题时，能迅速采纳应对策略，并以创新方式解决问题的能力，它标志着人类思维发展的高级阶段。一切创新、发明与改革活动，均与思维的独创性息息相关。在人类日常生活的各个领域，思维创新性发挥着无可比拟的重要作用。

思维独创性是一种能产生具有社会价值的新颖、独特成果的活动，它在于提供前所未有的、具有社会意义的产物。换言之，思维独创性是利用已知信息，创造出新颖、独特且具有社会或个人价值的产品或解决方案的能力。要实现思维的独创性，需基于已有信息，进行深入构思与想象，提出前人未曾阐述的观点或理念，解决他们尚未触及的问题。

创新型教师的思维创新性主要体现在两大方面：

第一，在知识传授过程中，教师能根据学生具体需求，对知识进行创新性处理或重新组织，以便学生更深入理解与内化。教师的教学能力在很大程度上取决于其创造性思维水平。在相同的教学资源与条件下，具有创造性思维的教师能制定更科学、合理的教学计划，在课堂上激发学生思维活力，促使他们深入思考，从而更好地促进学生全面发展。而缺乏创新思维的教师，往往只是机械照搬教材，采用传统单调的教学方法，导致课堂教学效果欠佳。

第二，教师在传授知识的同时，也承担着积累经验与精神财富的责任。所有有价值的经验与心灵宝藏均是创意的体现，因此，在职业生涯中取得成就的教育者，皆拥有独特的创新思维。

作为具有创新思维的教师，其思维品质应涵盖深度、批判性、灵活性、敏捷性与独创性，且这些品质相互关联。思维深度是所有思维品质的基石，在此基础上，才能进一步衍生出思维的灵活性与独创性。这两者相互交织、相互依存。思维的灵活性构成了思维独创性的基础，而思维独创性则是思维灵活性的进一步拓展。同时，具备一定程度的批判性思维，教师才能进行深入、全面的思考，对各类事物及事件进展做出全方位、精确的评估。思维的其他四个特质均以思维敏捷性为基础，而敏捷性也是这四个思维特质的明确体现。

## 四、创新型教师的能力结构

创新型教师的能力结构由教学创新能力、教研能力和教育应变能力组成（图9-4）。

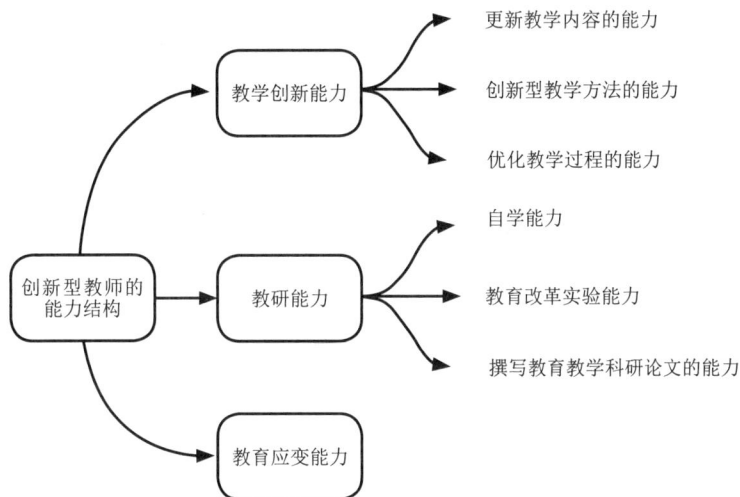

图 9-4 创新型教师的能力结构

### （一）教学创新能力

教学创新就是教师在教学过程中采取多种创造型的教学模式，如问题解决型教学、发展型教学等，培养学生的创新意识以及创新能力的教学模式。教师的教学创新能力是创新型教师所必须具备的一种能力，可以在原有的教学模式基础上不断探寻更加高效优质的新型教学方法，并充分发挥教师自身的创造精神，可以开展创造型的教学工作，这是在教师众多能力中最具根本意义的能力。创新型教师在教学创新方面的能力主要涵盖了以下三个核心领域。

### 1. 更新教学内容的能力

教学内容作为教师教育与教学活动的基础，对教学效果起着决定性作用。因此，教育工作者应高度重视教学内容的更新，对既有知识进行适时修订与补充，或对教材进行重新整合，以优化知识结构，进而提升学生的学术水平，并促进其全方位能力的发展。在教学过程中，教师应运用创新思维方式，对已有知识进行创造性阐述，帮助学生深化对教学材料的理解与领悟。

### 2. 创造新型教学方法的能力

教学方法是实现教学目标所采取的策略或工具，教学活动的成功与否在很大程度上取决于教学方法的科学性与合理性。作为具有创新精神的教师，应持续吸收现代教育科学的最新研究成果，并将其有效融入教学实践。同时，不断探索和创新更为科学的教学方法与策略。创新型教师应保持持续学习的态度，不仅汲取他人的宝贵教学经验，还应通过自我经验总结与探索，创新教学方法，形成独具特色的教学方式，开展高质量的教学活动，促进学生的全面发展，并以自身的创新精神感染学生，培养他们的创新意识。

### 3. 优化教学过程的能力

教学流程包含多个关键环节，通过有效连接与整合这些环节，可实现不同的教学效果。具有创新精神的教师应具备改进教学流程的能力。在实际教学中，他们应不断尝试新的教学方法，深入探索各教学环节之间的内在联系，寻找更科学的教学原则，并对这些环节进行细致优化与整合，确保教学结构的合理性与完整性，最终实现整体教学效果优于各部分之和的综合效应。

## （二）教研能力

教研能力是教育科学研究能力的简称，指的是教师在教育教学过程中进行的一系列与教育教学相关的课题实验、研究以及发明创造。创新型教师必须具备较强的教研能力，在教学过程中遇到问题可以以更加科学的态度进行分析，并运用更科学的策略来解决，这样才能确保教育和教学的效果达到最佳。为了进一步促进我国的教育进步，社会对于教师在教研方面的能力设定了更高的标准。具有创新精神的教师应当在以下几个关键领域拥有出色的教学研究能力。

### 1. 自学能力

教师在从事教育与教学研究时，应秉持持续学习的态度，汲取他人的前沿知识与经验，以最新的教育改革成果武装自己，与时代保持同步，不断更新教育理论知识体系。对于创新型教师而言，拥有卓越的自学能力是提升教研能力的核心要素。具备较强自学能力的教师，对信息具有高度敏感性，能够迅速理解并吸收与教育相关的知识，将其内化为提升自身教育能力的养分。同时，他们能够准确提炼与教育相关的信息，在海量信息中迅速捕捉关键点，甄选精华，弃旧纳新，从而最优化教育知识结构，提升教育教学水平，为教育事业中的个人发展奠定坚实基础。

### 2. 教育改革实验能力

教育改革实验是教师围绕研究主题，在周密规划与特定条件下，开展的教育教学改革实践活动。教师具备进行教育改革实验的能力，既是促进创新能力成长的基础条件，也是创新型教师的关键特质。创新导向的教师在教育教学过程中始终追求创新，因此常被视为教育教学领域的实践者与改革者。从某种程度上说，开展教育教学改革实验是培养创新精神教师的摇篮。如陶行知先生，作为中国教育创新的先驱，他丰富的教育教学改革实践经验，凝练成了一套具有中国教育特色的创造性教育理念。纵观全球教育历史，创新型教师往往是教育改革实验的重要参与者与实践推动者。

### 3. 撰写教育教学科研论文的能力

撰写教育科研论文，是教师将教育教学过程中积累的经验与理论成果进行整合、总结，以书面形式公开呈现，旨在促进教育行业与社会的持续发展与进步。教师撰写的科研论文，能够为人类进步贡献力量，从而最大化地体现教师的个人价值。这一能力不仅是教师学术水平的体现，也是其对教育理论与实践贡献的见证。

### （三）教育应变能力

教育应变能力是指在教育和教学活动中，面对突如其来的情况，能够迅速作出判断并妥善解决问题的能力。教师只有灵活地运用各种科学的教育方法，掌握高度的教育艺术，才能具备良好的教育应变能力。创新型教师的教育应变能力通常高于普通教师，这需要以丰富的教学经验为基础，只有大量的教学经验才能让教师对学生的心理状态有足够的了解，在面对教学过程中的突发状况时，教师才能临危不乱，当机立断，以最快捷有效的方式解决问题。

首先，创新型教师在教育教学过程中可以从学生的神态、动作等微小的变化中及时发现问题；并根据实际情况及时对教学内容进行调整，适当地改变教学程序，让课堂教学活动变得更加合理、完善，从而收获理想的教学成果；其次，良好的教学应变能力还体现在教师可以灵活地运用教育科学、心理科学等相关理论知识，解决在教学工作中遇到的各种问题；最后，结合学生的实际情况，善于发现学生表露出的积极因素，并加以引导，将学生的个性化行为转化为积极的行动，实现因势利导的效果，推动学生更好地发展。

## 五、创新型教师的人格特征

创新型教师的人格特征包括敬业精神、创新精神、进取精神和集体意识（图9-5）。

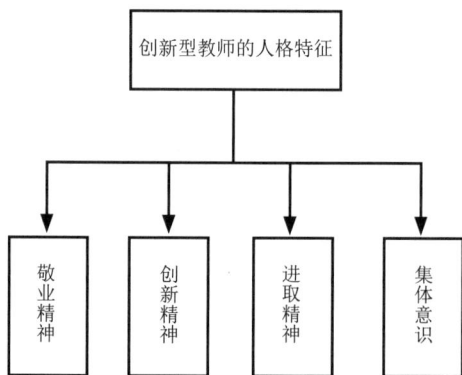

图9-5 创新型教师的人格特征

### （一）敬业精神

创新型教师对自己的职业价值有着更为明确和清晰的认识，他们会主动地将自己的工作与国家和社会的进步联系起来，推动社会和国家的长期发展，提升全民的素质是他们一生的追求。因此，创新型教师深爱祖国和人民，关心国家的命运，在工作中可以将对国家和社会的责任转化为对自身工作的要求，并在工作中严格规范自身行为，将信念转化为工作动力，不断为教育事业积极奋斗，奉献自身。

教师对学生深切的关怀与热爱，以学生全面发展为根基，是其对教育工作热忱的具象化表现。创新型教师对学生有真诚和永恒的爱，他们尊重学生、爱护学生，在工作中付出无尽的爱心、耐心、关心、细心、诚心、责任心，学生的进步就是他们的追求。对于班级内的优秀学生，他们愿意付出时间帮其获得进一步的提升；对于暂时较为落后的学生，他们愿意付出大量的时间和精力，引导学生找到自身的问题，并有针对性地找到问题的解决办法，帮助学生找到真正适合自己的学习方式，从而推动学生的发展和进步。

创新型教师立志为国家和社会培养更多高素质人才，正是这种信念，使他们即使在艰苦的工作条件下，依然能够全心全意地投入，勤勉尽责，无声无息地为教育事业付出。对教育事业的热爱，让创新型教师可以在艰苦条件下始终保持积极乐观、奋斗向上的精神面貌，从而收获普通教师难以达到的工作成绩。

## （二）创新精神

创新的本质在于深入探索未涉足的领域，并完成前所未有的尝试。唯有那些秉持真理、尊重事实、不盲目追随权威、不盲从偶像崇拜、不迷信书本知识、不唯上级是从的人，方有可能做出具有创意的贡献。敢于质疑是创新型教师必须具备的宝贵品质，他们倾向于质疑正统的权威观，善于全方位地思考权威结论，敢于提出与权威不符的想法并用实践进行验证。创新是敢想敢做、敢为人先。通过总结无数事业成败的实例可以得出结论：不是不能为，而是不敢为。

## （三）进取精神

所谓创新就是在原有基础之上进行创造性的改变，那创新的过程势必会遇到重重困难与挫折。创新者要承受异于常人的压力，饱经煎熬与磨难，并且要对自身信念坚定不移，即使遇到阻挠与质疑，也要勇往直前，积极奋斗与探索，才有可能最终实现自身预期的目标。因此，信心是创新者必须具备的优良品质。所以创新型教师具备较强的事业心、创新精神以及进取精神，并将追求真理当作自身的终身信念。

创新型教师进行教学工作的改革与创新时，除了需要自身具备良好的专业知识基础并且要努力外，也离不开外界条件的支持和配合。但在创新过程中，他们需要面对升学的压力、社会的偏见以及部分同事和领导的阻挠与质疑，这无疑给教师造成了较大的压力。只有勇于面对困难，拥有为事业终生奋斗、无所畏惧的进取精神、奉献精神和牺牲精神，才能促使教师在创新的过程中有所收获。因此，进取精神是每一位创新型教师具备的基本特征，他们始终对自己所追求的目标保持执着、坚定，正是这种大无畏的进取精神，才使得创新型教师在教育教学事业中有所建树。

## （四）集体意识

教师的日常工作包含备课、课堂教学、对学生进行课外活动指导等，这些工作都是以个体劳动的形式开展的。每一位教师开展的教育工作都有自身独特的风格，但学生的全面发展并不是靠某一位教师的个人劳动成果，而需要班主任以及各学科教师相互合作，共同影响学生才能收获良好的教学成果。因此，教师必须将自身充分融入教师团队中，善于和其他教师交流合作，互帮互助，才能充分发挥自身的教育作用，推动学生更加长远地发展。

作为新时代创新型教师，应对此形成明确的认知，在工作开展中一切以学生的发展为出发点，以大局为重，与其他教师相互帮助，互相学习，虚心学习其他教师的先进经验，努力提升自身的短板，与其他教师建立良好的同事关系，构建良好的校园人际交往环境。创新型教师要与其他教师积极进行合作与交流，共同为教育事业奋斗，构成校园内共育良才的教育合力，从而促使学校、学生以及教师个人获得更加长远的发展。

# 第二节  教育教学中的创新型小学教师

## 一、创新型小学教师在思想品德教育中的创新

采用创新方式开展教育教学活动，是创新型教师尤其是创新型小学教师的显著特征，也是他们承担的核心任务之一。在小学思想品德教育过程中，教师应将"创新"作为核心理念，对思想品德教育的观念、方法及内容进行适时调整与转变，以便更贴切地满足学生的实际学习需求，进而全面提升思想品德教育的整体成效。在思想品德教育领域，创新型教师的创新实践主要聚焦于几个关键方面。

### （一）观念的创新

学校承担着思想品德教育的重任，因为提升学生思想品德是培养高素质新一代人才的关键。深入的思想道德教育不仅能激发学生的创新活力，还是培育创新精神人才的重要途径。提升道德水平能丰富学生的思想内涵和道德修养，因此，思想品德教育在教育体系中占据核心地位。教育工作者需树立全新的思想品德教育理念，并注重开展创新性的教育活动，为取得更优异的教育成果奠定坚实基础。

观念是行动的指南，小学教师只有树立与新时代思想品德教育相契合的观念，才能更有效地开展教育活动。然而，长期以来，思想品德教育常被视为抽象概念，甚至被淡化和否定。事实上，思想品德教育是客观存在的，并受三方面客观因素制约：一是社会存在与个体存在的同步性及其功能的不可替代性，对思想品德教育提出了客观要求；二

是思想品德教育是社会道德向个体转化的重要途径; 三是思想品德教育包含明确的目标、准则、策略、内容和流程等要素，构成了一个完整且可操作的体系。

此外，将思想品德教育与其他教育环节并重，是符合教育原则的。教育的终极目标是促进人的全面发展，在这一教育过程中，我们应重视学生德、智、体、美、劳各方面的均衡发展。每方面各有独特性，均不可或缺，忽视任何一方面都可能影响学生的整体成长。

### （二）方法的创新

在教育教学活动中，教师与学生之间存在着多样化的匹配模式，包括一对一、一对多、多对一以及多对多等。在我国传统教育中，一对多或多对多的教学模式较为常见，即教师在班级中对所有学生提出统一的教学要求。然而，这种模式缺乏创新性，其过于统一和固化的教学方法难以构建深厚的师生情感联系，也不利于形成健康的师生关系。同时，部分教师秉持传统的教学观念，常以威严的形象出现，对学生进行单向灌输，忽视了学生思维能力的培养，限制了学生的自我教育，导致教学效果不佳。

思想品德教育是德育教育的重要组成部分。为实现理想的德育效果，我们需在思想品德教育过程中注重教学方法的创新，具体可从以下三方面入手：

#### 1. 提高学生主体地位

在现代教育观念中，学生自我教育的重要性日益凸显。因此，在思想品德教育中，小学教师应强调学生的主体性，提升他们在教育过程中的主导地位，并将教学方法与学生的自我教育相结合。这既要求教师尊重学生个体差异和独立人格，又需教师有效促进学生主体意识的发展，激发学生进行自我教育，帮助他们形成自我教育的意识和能力。

#### 2. 重视学生心理发展

在思想品德教育过程中，将心理教育与思想品德教育有机结合，有助于提升教学质量。任何教育影响都需要建立在一定的心理基础之上，当学生具备良好的心理承受能力时，才能更深入地理解和吸收德育内容。因此，思想品德教育应重视学生的心理健康，努力提升其心理素质。创新型小学教师在思想品德教育中应融入心理教育元素，结合心理训练，开展有效的思想品德教育活动，从而显著提升教育效果。

#### 3. 重视学生能力发展

为确保学生的全面发展，必须重视能力培养。小学教师在思想品德教育中，应在传授知识的同时，持续锻炼学生的分析、判断和总结等能力。此外，还应重视实践教学活动的实施，让学生通过实际参与实践活动来提升道德品质和能力。

### （三）内容的创新

以往，学校在思想品德教育方面并非完全缺失，而是在教学方法与内容等层面缺乏创新，导致思想品德教育难以高效、高质量地开展。当教育内容缺乏创新元素时，难以有效激发学生的学习热情，进而对教育效果产生不利影响。因此，为提升道德教育的有效性，教育者可从创新思想道德教育内容入手，实施创新性的教学方法。

#### 1. 利用典型案例

在传统思想道德教育中，小学教师在选择典型事例时，往往存在将人物过度政治化、塑造为高远榜样的倾向，这使得学生感觉这些人物与实际生活脱节，缺乏吸引力，难以达到理想的教育效果。因此，在选择典型案例时，教师应特别注重选取学生身边的实际案例，使思想品德教育更加贴近学生生活。这样不仅能更有效地激发学生的学习兴趣，还能帮助他们更深入地理解和吸收思想道德教育的内容，从而提高教学质量。

#### 2. 丰富教育内容

在教学活动中，除了传授理论知识外，还应通过思想品德教育的实践活动来丰富教学素材。例如，小学教师可以组织学生参与以道德品质为主题的实践活动，使学生在实践中加深理论知识，更好地将所学知识内化于心，并外化于高尚的行为表现中。通过这种方式，可以进一步丰富思想品德教育的内容，提升学生的道德素养和实践能力。

## 二、创新型小学教师在活动课教学中的创新

活动课作为一个独立的教学模式，不可避免地会遇到与教学相关的问题。活动教学和活动课教学是两种截然不同的教学理念。如果想要成为一名出色的活动课教师，就必须明确区分两者的差异，这样才能更加有效地进行活动课教学，并促进学生的全面发展。

严格来说，活动教学是一种教学思想，主要是针对传统的纯理论教学所提出的，强调在教学中应将静态教学与动态教学相结合，充分激发学生在教学活动中的主观能动性和主动性。这样不仅能加深学生对理论知识的理解和认知，还能使他们在实际操作中更好地将这些知识内化。活动教学没有具体的教学结构，它是通过在教学过程中小学教师与学生的教学活动形式所体现的。而活动课教学则截然不同，作为一种课程形态的教学，它具备明确的教学活动要素，拥有完整的教学结构，并且有独特的教学组织形式以及教学内容。创新型小学教师展开活动课教学的特点主要有以下几点，如图9-6所示。

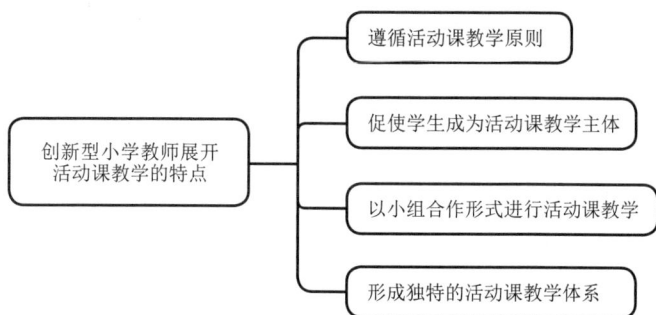

图 9-6 创新型小学教师展开活动课教学的特点

## （一）遵循活动课教学原则

目前，众多小学教师在活动课教学上存在认知偏差，致使活动课教学方法的科学性欠佳。不少教师误将活动课教学等同于学科教学，这一误区的根源在于教师对活动课教学的独特原则缺乏清晰的认识。活动课的教学原则主要涵盖以下四个方面：

### 1. 主体性原则

该原则强调，在活动课教学中，小学教师应明确学生的主体地位，以学生为中心进行教学设计。充分发挥学生的主观能动性，对于培养他们的思维模式和能力至关重要，进而促进他们全面发展。

### 2. 趣味性原则

为激发学生在活动课教学中的参与热情，教师应采用更具活力和趣味性的方式组织教学活动。这不仅能激发学生的学习积极性，还能有效提升教学质量。

### 3. 实践性原则

实践性原则要求通过组织实际的教学活动，使学生获得真实的体验和感受。在教学过程中，鼓励学生手脑并用，这有助于深化他们对课程内容的理解。

### 4. 创新性原则

在活动课教学中，应着重激发学生的探究和创新精神，进一步促进他们探究和创新能力的提升。通过实施遵循这些原则的活动课教学方法，可以更好地实现活动课的教学目标。

## （二）促使学生成为活动课教学主体

活动课教学以其强烈的实践性特征，要求学生亲自动手操作、用心体验，以此有效提升学生的能力，进而优化活动课的教学质量。若活动课脱离学生的实际经验，便会沦为空谈。因此，在活动课的教学过程中，教师应确保学生处于课堂的核心位置，充分激发他们的主观能动性。小学教师应调整自身在课堂上的角色定位，鼓励学生积极参与实践活动，为他们提供必要的支持、示范和指导。为最大限度地发挥学生的主观能动性，教师必须确保学生在教学过程中的积极参与，并激励他们主动投身各种活动。具有创新意识的小学教师在活动课教学中，应主动探索高效的教学方法，鼓励学生充分展现主观能动性，并积极参与活动课的教学实践和总结。

### （三）以小组合作形式进行活动课教学

在当今社会，人们的互动和合作能力日益受到重视，这一要求同样适用于学习过程。因此，小学教师应重视培养学生的合作精神和合作技能，帮助他们更好地适应和融入现代社会。在活动课教学中，教师可组织学生通过小组合作的方式进行学习，这将极大地促进学生合作能力的发展。具体实施策略为：根据学生的学习能力、个性差异及社会和家庭背景，将全班学生分为多个学习小组。每个小组根据自身实际情况设定个人学习目标和小组整体目标，学生需通过与小组成员的紧密合作实现个人目标，并共同努力达成小组目标。这种学习模式有助于小组成员掌握沟通与合作技巧，并推动所有学生在原有基础上取得更多成长和进步。

组织小组合作学习活动可将学生间的个体学习竞争关系转变为"组内合作、组间竞争"的关系，将传统的师生单向或双向交流模式转变为师生、生生之间的多向交流，有效培养学生的人际交往能力，促进学生的心理素质和社会技能的发展。需要强调的是，鼓励教师组织小组合作学习活动，并不意味着完全放弃学生个人学习和班级整体学习活动。在活动课教学中，教师应根据实际情况组织小组合作学习，以科学辅助学生个人学习活动和班级整体学习活动，从而有效提高教学效果。

### （四）形成独特的活动课教学体系

在进行任何课程教学时，选择教学方法必须充分考虑课程内容的特性，以确保选出更为科学合理的教学手段，并达到预期教学成果。活动课侧重于直接经验体验，强调提高学生对自然、社会和现实世界的感知能力，持续培育和激发学生的探索精神，使学生具备适应现实生活和个人发展所需的品质和技能。因此，在活动课教学中，应以培养学生解决问题的能力为教学起点。教师应特别关注如何引导学生进行实际操作，通过演示实验、活动作业等方法，鼓励学生积极参与实践活动，并在实践中培养他们的探索精神和问题解决能力。活动课的教学方法主要由演示实验、活动作业等多种方式组成，以构建与众不同的活动课教学模式。

# 第三节　创新型小学教师培养对策

## 一、在师范教育中创新

想要提高小学教师的创新能力就需要从师范生的创新素质培养方面入手，在师范教育中要不断探索全新的教学方法，推动教育改革与创新。只有在师范教育体系中融入创新元素，我们才有可能培养出更多具有创新能力的师范生。为了在师范教育中更好地培养具有创新能力的小学教师，可以从以下几个关键领域开始。

### （一）教育观念的创新

教育创新的首要之举就是做到观念的创新，可以说转变教育观念是培养创新型教师的第一步。师范院校首当其冲，要树立起创新思维和教育创新的观念，在平时师范教育的内容中必须强调：教师应当为了创新而教，学生应当为了创新而学。

师范院校必须帮助学生树立创新的价值观，这种创新的价值观深深影响每一个学生。在树立创新价值观之后，师范院校应该改变原有的、封闭的教学方式，转向培养学生的创新思维、创新个性、创新能力。总而言之，一切教育活动必须围绕着师范生的创新素质展开，必须以创新素质作为学校人才培养的最终目标，引导教师采取相应的教育创新改革措施，实现师范生创新素质的培养目标。

### （二）教育环境的创新

师范院校为学生创设一定的物质环境，确保学生在一定的物质环境中成长与学习，更为重要的是，师范院校要为师范生创设出一定的信息环境。

首先，师范院校通过加强图书馆的建设，为学生打开学习的大门，为学生准备充足的精神食粮。其次，师范院校必须关注实验室的建设情况，对于一名师范生来说，实验室是理论联系实际的场所，也是培养师范生创新素质的必要场所。最后，师范院校必须有意识地打破原有的封闭场所，师范院校培养的学生，最终是要走向社会，因此，打开学校的大门，让师范生与外界接触，可以获得一手的感性资料，为将来的教师道路打下坚实基础。

### （三）教育内容的创新

教育内容的创新是师范教育课程体系与教学内容的改革，师范院校必须培养师范生的创新素质，遵照主体性原则和开放性原则，积极改进课程的教材、内容、体系和方法。

师范院校在开展教育教学活动的时候，必须确保教育内容遵循四个原则，确保学生的学习过程是一个主动、创新、个性化的过程。

师范院校的教育内容必须遵循前瞻性原则，确保教学内容与时代相一致，培养符合时代发展要求的师范人才。师范院校的教育内容必须遵循整体性原则，师范院校的教育内容不是简单的知识模块的堆积，而是一种将各种知识有机整合的过程，整个教学内容是一个整体。师范院校的教育内容必须遵循特殊性原则，师范院校的教育不能一概而论，必须各具特色，基于中国国情的特殊性，建构出适合中国的教师教育体系。

想要建构出创新型教育内容，必须通过浓缩、架构、强化、增设课程和创新这几个步骤开展。

首先，浓缩教师教育原有的教育内容，将原有的课程内容压缩精简，去繁就简，保留课程中的核心内容，去除课程中的赘余内容。

其次，架构出教师教育的通识课程，强化师范生的教育理论修养，培养教育实践能力，为师范生的创新能力的培养提供一定的综合知识基础。

再次，强化教育课程。此举是为了让学生具备全面的理论储备、实践能力以及创新技能，是教育内容创新中的重要环节。

最后，增设道德思维科学与创新理论课程。思维的转变以及创新意识的养成，有助于提高师范生的创新水平。同时师范院校开设思维科学课程，可以帮助师范生在掌握一定理论知识的基础上，提升自身创新能力，并在正式开展教育教学工作后，实现有效指导学生的作用。

### （四）教育方法的创新

当前师范学院的培训方案过于侧重提升师范生的教育质量，而忽视了对他们的主动性和创新能力的培养。为培育具备创新能力的教师，需在合理配置专业结构的基础上，对教学体系和内容进行全面改革，调整教育路径和方法，摒弃传统教育流程，高度重视教学方法和途径的创新。

### 1. 改进课堂教学

传统的注入式和填鸭式教学方法难以培养出适应新时代需求的创新型教师。因此，我们必须从传统的注入式教学模式转向启发式教学方式。在教学活动中，应最大限度激发学生的积极性和主动性，鼓励他们积极参与，以确保教学的成功。教师应采纳启发式教学策略，将单方面授课方式转变为师生共同探索知识深意的双向互动。我们不仅要培养学生的探索、认知和发现能力，还要注重培养他们的创新思维和创新能力。教师应巧妙构建问题场景，为学生提供充足的思考空间，激励他们提出疑问和困难，激发他们的创新思维，并培养他们发现和提出问题的良好习惯。这不仅能帮助学生掌握知识，还能提升他们的创新能力，改变原有的思维模式。

同时，教师应摒弃填鸭式教学模式，积极引导学生参与课堂活动，采用讨论法进行教学，以提升学生参与教学的积极性，培养他们的口头表达技巧，使他们在交流和讨论中巩固所学知识，达到最优教学效果。教育工作者应致力于培育师范生的创新思维方式和提高他们的创新能力，既要实施启发性教学方法，也要重视培养学生的发散性思考能力。

在教学过程中，教师应指导学生从多个视角分析和解读问题，培养他们的应变能力、灵活性和求异性，激励他们形成独到见解。此外，教师应给予学生更多自由，培养他们的独立学习能力，确保学生从被动接受知识转变为主动参与学习，在自主学习过程中培育创新学习的良好习惯，使学生成为学习的中心，积极探索和寻找新知识。

### 2. 加强教育科研能力的培养

对师范生而言，参与教育和科研活动是提高科学觉悟、科学精神并培育创新才能的有效途径。师范院校应引导师范生认识到教育科研的重要性，以及作为未来教师具备创新精神和教育科研能力的重要性。为提高师范生的科研能力，师范学院可实施一系列策略和措施，鼓励他们按计划参与教育和科研培训。例如，将教育科研方法设为必修课程，教授科学研究的基本方法，为师范生开展教育科研奠定坚实基础。同时，教师在分配日常作业时，应更重视作业的探索性价值，培育学生的探索意识。师范学院还可举办多样化学术讲座，有效激发师范生对教育科研活动的热情。

### 3. 改善教育实践环节

对师范生而言，投身教育实践活动是提高和增强教学能力的核心方式。在教育实践活动中，师范生可将所掌握的教育理念和教学技巧融入实际操作中，显著提升专业素质。为提升师范生的创新能力，师范教育机构应给予教育实践活动足够重视。教师应通过实践活动引导创新，帮助学生培养教育创新技能。师范学院可设立专门的教育创新技能培训中心，旨在提高师范生在实际操作和教育技能创新方面的能力。在实践中，教师应提供示范性指导，鼓励学生多次练习，并在指导下培养出教育创新的品质。

## 二、在继续教育中创新

小学教师的继续教育，旨在为已在职的中小学教师提供进一步的培训与发展机会，实质上是师范教育的延伸与深化。为了培养出具备创新能力的教师，我们不仅要确保师范教育的高质量，还要在继续教育阶段充分激发教师的创新潜质。

在继续教育的实施过程中，我们不仅要关注教师专业知识的教授、补充与更新，更要将重点放在教师创新能力的培养与发展上。一方面，我们要推动创新教育的发展，将培育具有创新能力的教师作为继续教育的核心目标；另一方面，继续教育应涵盖多个学科领域，确保教师在各自专业领域内具备专长和能力。同时，继续教育必须加速改革进程，紧跟国际发展趋势，增强改革的深度与广度，使教师成为具有国际视野的专业人才，从而提升他们的创新能力。

继续教育的课程结构应精心设计，以培养教师的创新能力为导向。具体而言，课程可分为以下几个主要部分：

第一，专业知识拓展：深化教师在学科领域的专业知识，促进其在专业领域内的进一步成长与发展。

第二，教育理念提升：通过学习相关教育理论，提升教师的理论素养，使其能够更好地理解和应用教育原则。

第三，专业技能培训：针对教师实际需求，提供有针对性的专业技能培训，帮助教师与时俱进，掌握先进的教学方法和技巧。

第四，理论创新与实践应用：将理论知识与实际操作相结合，引导教师在实践中创新，通过专业培训增强其创新能力，确保教学内容与教育基本原则的一致性。

在教学内容的设计上，应充分考虑当前社会的发展状况和时代需求，以培育出具有创新精神的优秀教师为目标。同时，教学环境应打破传统的填鸭式教学模式，培训人员应引导参与培训的教师进行独立的问题思考、问题分析及问题解决，鼓励教师在实践中探索和创新。

## 三、在教育管理中创新

教育管理部门过度介入学校事务，会削弱学校自主决策权，进而妨碍学校创新能力和培养具有创新精神的小学教师。因此，学校需摒弃封闭的教育管理模式，转向开放、社会化的理念，以适应时代变迁，推动教师在创新意识和能力上的全面发展。

培养创新精神人才，要求教师灵活应用现代教育技术，营造宽松、民主的教学环境，激发学生学习热情，帮助他们掌握有效学习策略和方法。教育管理的核心在于提升教育教学活动质量，同时提高工作效率，为师生提供优质服务。

然而，当前教育管理制度往往强调规章制度执行，导致制度强制化与师生创新能力产生矛盾。小学教师遵循统一标准和内容，难以完全展现独特才华、兴趣和爱好，限制了教师创新发展的可能性和权利。

因此，学校管理人员应打破传统教育管理模式中对教师的过度限制和干预，树立人本主义教育管理观念。应激发教师创新激情，指导他们在宽松工作氛围中充分展现才智和能力，提升创新意识。

学校应通过多种途径激励和支持教师进修学习，设立专门资金和预算，鼓励教师参与培训活动，不断提升教育质量，使教师专业知识和技能与时代同步发展。为年轻教师提供培训课程，激励他们创新教学手段；为资深教师提供周期性培训机会，更新教育教学知识结构。

同时，学校应为教师提供适合科研创新的基础设施，优化教育教学资源配置，创造更好的物质条件。

# 第十章　乡村振兴视域下乡村小学教育家型教师发展策略

## 第一节　教育家精神的价值意蕴

教育家精神是教师职业道德的升华和最高师德标准的体现，它的内涵丰富深远，对新时代教育事业的繁荣和发展具有不可替代的价值。这一精神塑造了"大国良师"形象，为立德树人和教育现代化提供了坚实支撑。

教育家精神内涵了丰富的教育愿景和高尚的使命感，激励教育工作者将党的教育事业视为己任，全心全意培育国家未来栋梁。以陶行知为例，他毕生致力于农村教育，提出"生活即教育""社会即学校"观念，并亲自实践，体现了教育家的责任和使命。这是新时代教师应坚守的原则，指引他们在教育现代化道路上不断前行。

从乡村振兴视角看，教育家精神对乡村小学教师的职业发展尤为重要。它为乡村教师注入了活力，鼓励教育工作者探索适合乡村的教学策略，提高教育品质，为乡村儿童全面发展奠定基础。同时，教育家精神增强了乡村教师的责任心和使命感，促使他们更投入乡村教育事业，为培养有理想、有技能、有责任心的社会主义接班人做出贡献。

教育家精神的价值深远且至关重要。它不仅为新时代教师树立了模范形象，也为立德树人和教育现代化提供了坚实后盾。在乡村振兴背景下，教育家精神成为推动乡村教育振兴和实现乡村振兴战略目标的关键驱动力。因此，我们应高度重视教育家精神的培育和推广，为教育行业的持续繁荣和发展贡献力量。

# 第二节　教育家精神的时代内涵

教育家精神在当代的内涵丰富多元，体现了新时代对教育专业人士的更高期许与要求。从乡村振兴的视角审视，其核心内容主要涵盖以下几个方面：

## 一、心怀大我，至诚报国

在广袤的乡村教育天地中，教育家型的乡村小学教师以卓越的教育理念和深厚的专业素养，成为推动乡村教育振兴的核心力量。他们不仅承担着知识传授的重任，更肩负着培育新时代接班人、促进国家繁荣与民族复兴的历史使命。在此背景下，"心怀大我，至诚报国"成为教育家型乡村小学教师应秉持的核心信念与理想。

### （一）理想与信念的追求

教育家型乡村小学教师深刻认识到，教育是国家进步的基石，是民族复兴的希望所在。他们将个人梦想与追求融入国家繁荣、民族复兴的宏伟蓝图之中，始终坚守为党和国家培养人才的初心与使命，致力于培育德智体美劳全面发展的社会主义建设者和接班人。这一坚定信念与理想，不仅为他们提供了持续的精神动力，也为教育实践指明了方向。

### （二）实践路径的探索

#### 1. 深耕乡村，以情育人

教育家型乡村小学教师深知，乡村教育的持续发展离不开对乡村文化的深入挖掘与传承。他们深入研究乡村文化，将其融入教育教学活动，使学生在熟悉的文化环境中感受文化的魅力，激发学习热情与爱国情感。同时，他们注重以情感人、以情育人，通过关心、尊重和理解学生，构建和谐的师生关系，为学生的全面发展提供有力支撑。

#### 2. 创新教学，提升品质

乡村教育资源相对匮乏，教育家型乡村小学教师勇于探索与创新，不断提升教育教学水平。他们积极融入现代教育理念与技巧，如情境教学、项目式学习等，确保学生在实践中获取知识、在体验中成长。同时，他们高度重视培养学生的创新思维与实践能力，鼓励学生勇于尝试、敢于创新，为未来的学习与生活奠定坚实基础。

#### 3. 示范引领，推动变革

作为教育家型的乡村小学教师，他们不仅在本职工作中表现出色，还在推动乡村教育全面改革方面发挥示范引领作用。他们通过参与学术交流、组织公开课、分享教学心得等方式，与同行共同探讨教育教学中的热点问题，分享成功经验，推动乡村教育观念的更新与教学手段的优化。同时，他们积极参与乡村教育政策的制定与实施，为乡村教育的持续进步提供宝贵建议与支持。

## 二、以身作则，行为世范

在乡村教育这片广袤的天地中，教育家型的乡村小学教师凭借渊博的专业知识与高尚的道德情操，成为学生成长道路上的重要引路人。他们深刻理解到，教育绝非单纯的知识传授，更是道德塑造与品格锤炼的过程。因此，"以身作则，行为世范"已成为乡村小学教育者应当秉持的核心教育理念，他们通过自身的言行举止，为学生树立起道德的标杆，引领学生在道德领域不断前行。

### （一）身体力行的道德示范

教育家型乡村小学教师深知，教师的道德品质对学生产生着深远而持久的影响。他们时刻铭记，要身体力行，以自身的行为和言语诠释高尚道德的内涵。在日常教学活动中，这些教师尤为注重培养学生的诚信意识、责任感以及同情心等多重道德品质。他们并非通过空洞的说教，而是通过自己的实际行动，潜移默化地将这些品质传递给学生。

### （二）行为世范

教育家型乡村小学教师不仅要在个人行为上做到以身作则，更要在社会行为上成为学生的道德榜样。他们深知，教师的言行举止不仅影响着学生，也影响着社会。因此，他们时刻关注自己的社会形象，努力成为社会的道德标杆。

在乡村社区中，教育家型乡村小学教师积极参与公益活动，如义务支教、环保宣传等，用自己的实际行动践行社会主义核心价值观。他们的这些行为，不仅提升了乡村社区的文化氛围，也为学生树立了良好的道德榜样。学生们在教师的引领下，逐渐形成了积极向上的道德观念，学会了关爱社会、奉献爱心。

### （三）道德引领的实践路径

作为教育家型的乡村小学教师，在道德引导方面，需着重关注以下几个核心领域：

**1. 持续提升个人道德修为**

教师作为道德的引领者，必须不断提升自身的道德境界，确保言行一致，内外兼修。他们应时刻自省，以高标准的道德要求规范自己的行为，从而成为学生效仿的楷模。通过不断学习和自我提升，教师能够更好地传递道德正能量，影响学生的道德成长。

### 2. 将道德教育融入课堂教学

教师应将道德教育有机地融入日常教学活动之中，通过故事讲述、案例分析等多样化的教学方法，引导学生树立正确的道德观念。在课堂教学中，教师可以结合课程内容，引入道德议题，激发学生对道德问题的思考，培养他们的道德判断力和责任感。

### 3. 鼓励参与道德实践活动

教师应积极组织学生参与各种道德实践活动，如志愿服务、环保行动等，让学生在实践中体验道德的力量。通过亲身参与，学生能够更深刻地理解道德的内涵，将道德知识转化为实际行动，形成良好的道德习惯。

### 4. 构建家校共育的道德环境

教师应与家长建立有效的沟通机制，共同关注学生的道德发展。通过家校合作，形成教育合力，为学生营造一个家庭与学校共同参与、相互支持的道德教育环境。家长和教师应相互配合，共同引导学生树立正确的道德观念，促进他们的全面发展。

## 三、启智润心，因材施教

在乡村教育这片广阔的天地里，教育家型的乡村小学教师凭借独特的教育智慧与实践能力，已成为推动乡村教育发展的核心驱动力。他们深知，每名学生都是独一无二的个体，拥有各自的兴趣、特长和发展需求。因此，"启智润心，因材施教"成为他们教育理念的核心，旨在深入探索学生的内心世界与成长需求，并灵活运用多种教学策略与方法，促进学生的全面发展。

### （一）启迪智慧，滋养心灵

教育家型的乡村小学教师致力于培养学生的思维能力和创新精神，旨在唤醒学生的内在潜能。他们深刻认识到，教育的真谛不仅在于知识的传授，更在于智慧的启迪和心灵的滋养。因此，在日常教学中，他们高度重视激发学生的主动思考和探索欲望，鼓励学生勇于质疑、敢于创新，培养学生的批判性思维和解决问题的能力。

### （二）因材施教，个性化教学

教育家型乡村小学教师深知每名学生的独特性，他们拥有不同的学习方式和能力水平。因此，他们坚持因材施教的原则，根据学生的个性特点设计个性化的教学方案。通过观察、访谈和测评等多种手段，深入了解学生的学习习惯、兴趣爱好和成长需求，为学生推荐最适合的学习资源和教学方法，满足学生的个性化学习需求。

### （三）运用智慧，培养人才

教育家型的乡村小学教师在培养学生的过程中，展现出了卓越的教育智慧和策略。他们不仅掌握了情境教学、项目式学习、合作学习等多种教学技巧，还能根据课程内容和学生的实际需求，灵活运用这些方法。他们注重培养学生的自主学习能力和团队协作精神，鼓励学生在课堂上积极参与讨论和实践活动，通过实际操作不断锻炼和提升自己的能力，为未来的学习和生活打下坚实的基础。

## 四、勤学笃行，求是创新

在乡村教育的广阔舞台上，教育家型乡村小学教师以深厚的专业素养、不懈的敬业精神以及勇于探索实践的创新精神，成为推动乡村教育变革的重要力量。他们秉持"勤学笃行，求是创新"的教育理念，不断充实专业知识，提升教育技能，勇于探索教学改革的新路径，成为教学改革的排头兵。

### （一）勤学笃行

勤学笃行，是教育家型乡村小学教师敬业精神的核心体现。他们深知，作为教育者，必须不断学习，更新知识结构，提升教育技能，才能更好地适应教育发展的需要，满足学生多样化的学习需求。

### （二）求是创新

求是创新，是教育家型乡村小学教师敬业精神的重要内涵。他们勇于挑战传统，敢于尝试新的教学方法和手段，不断探索教学改革的新路径，以推动乡村教育的持续发展。

### （三）敬业精神与实践探索的融合

教育家型乡村小学教师的敬业精神与实践探索是相辅相成的。他们通过勤学笃行不断提升专业素养和教育技能，为教学改革提供了坚实的基础；同时，他们勇于求是创新，不断探索新的教学方法和手段，为教学改革注入了新的活力。这种敬业精神与实践探索的融合，使他们成为教学改革的排头兵。

## 五、乐教爱生，甘于奉献

在乡村教育的田野上，教育家型乡村小学教师以深厚的仁爱之心、无私的奉献精神，成为照亮学生心灵之光的重要力量。他们秉持"乐教爱生，甘于奉献"的教育理念，将热爱学生、忠诚职守、全心全意为学生服务内化于心、外化于行，成为乡村教育中的璀璨明星。

### （一）乐教爱生

乐教爱生，是教育家型乡村小学教师仁爱之心的首要体现。他们深知，教育的本质是爱的传递，是心灵的触碰。因此，他们始终以满腔的热情和深沉的爱，关注每一位学生，倾听他们的声音，理解他们的需求，尊重他们的个性，引导他们成长。

### （二）甘于奉献

甘于奉献，是教育家型乡村小学教师仁爱之心的深刻内涵。他们深知，乡村教育的条件艰苦，资源有限，但教育的使命神圣，责任重大。因此，他们愿意放弃城市的繁华和舒适，扎根乡村，默默耕耘，为乡村孩子的成长撑起一片天空。

### （三）仁爱之心与实践探索的融合

教育家型乡村小学教师的仁爱之心与实践探索是相辅相成的。他们通过乐教爱生，建立了师生之间的深厚情感纽带，为学生的健康成长提供了有力的支持；同时，他们甘于奉献，展现了教育者的责任感和使命感，为乡村教育的持续发展注入了新的活力。这种仁爱之心与实践探索的融合，使他们成为乡村教育的灵魂和旗帜。

## 六、胸怀天下，以文化人

在乡村教育的广阔天地中，教育家型乡村小学教师以其独特的视野与情怀，展现出胸怀天下、以文化人的弘道追求。他们不仅致力于传承中华文明，更以开放包容的心态，推动世界文明的交流与进步，肩负起实现民族复兴与世界大同的历史重任。

### （一）胸怀天下

胸怀天下，是教育家型乡村小学教师弘道追求的重要体现。他们不仅关注本土文化的传承与发展，更以全球视野审视教育，致力于搭建文明交流的桥梁，推动世界文明的共同进步。

### （二）以文化人

以文化人，是教育家型乡村小学教师弘道追求的内在要求。他们深知，教育是文化传承与创新的重要途径，应以中华优秀传统文化为根基，结合时代精神，培育具有文化自信、创新精神和社会责任感的新时代人才。

### （三）胸怀天下与以文化人的融合

教育家型乡村小学教师的胸怀天下与以文化人的追求是相辅相成的。他们通过拓宽国际视野，促进文明交流，为乡村教育的国际化发展提供了动力；同时，他们通过传承与创新中华优秀传统文化，培育了具有全球竞争力的人才，为乡村教育的现代化转型注入了活力。

这些内涵不仅体现了教育家型乡村小学教师的专业素养和职业操守，也彰显了新时代对教育工作者的崇高要求和期望。

# 第三节 教育家型乡村小学教师的培养路径

在乡村振兴的大背景下，培育具有教育经验的乡村小学教师成为实现乡村教育振兴和推动其高质量发展的关键。以下是一些有效的培养路径：

## 一、完善教师培训体系

为有效促进乡村小学教师队伍的专业发展，需设计并实施一套长期且系统的培训计划，该计划应全面覆盖教育理念、教学技能、课堂管理、心理辅导等多个核心领域，旨在通过综合性的培养路径，提升教师的综合素质与教育实践能力。

### （一）培训计划的全面性与系统性

培训计划需具备全面性，确保涵盖教师专业发展的各个方面。在教育理念层面，应着重引导教师深入理解现代教育理念，包括素质教育、终身学习、全人教育等，以科学的理论指导教学实践。教学技能方面，则需注重教学方法的创新与运用，如探究式学习、项目式学习等，提升教学的互动性和有效性。课堂管理上，应教授教师如何创建积极、有序的学习环境，有效管理课堂行为，促进学生自主学习。此外，心理辅导能力的培养同样重要，帮助教师掌握基本的心理咨询技巧，及时识别并干预学生的心理问题，促进他们健康成长。

### （二）利用多样化学习平台提供灵活支持

为确保培训计划的持续性和适应性，应充分利用线上学习平台与教师学习共同体等资源。线上平台提供视频教程、在线讨论、案例分析等丰富学习资源，支持教师根据个人需求和时间安排自主学习。构建教师学习共同体则能促进教师间互动合作，分享教学心得，营造互学共进氛围。线上线下结合的学习方式既提升了培训的适应性和便捷性，也加强了教师间的深度交流与合作。

### （三）鼓励参与教育科研活动，提升教育科研能力

为提高乡村小学教师职业能力，应鼓励他们积极参与教育研究。教育科研有助于教师对教学实践进行深入反思和总结，提升教学质量，同时培养科研精神和实践能力，为职业生涯奠定坚实基础。为此，可定期组织教育科研研讨活动和工作坊，邀请专家指导，帮助教师掌握文献回顾、实验设计、数据分析等基础研究技能。同时，鼓励教师结合教学经验开展小型课题研究，将研究成果融入教学实践，形成教学与研究相互促进的良性循环。

## 二、强化师德师风建设

在农村教育的广阔领域，师德师风建设被视为提升教师队伍整体素质与保障教育质量的关键环节。为有效加强师德师风建设，需从教育强化、考核机制完善及榜样树立等多方面系统推进，为乡村小学教师职业发展奠定坚实基础。

### （一）强化师德教育，树立正确观念

加强师德师风建设，首要在于师德教育。针对乡村小学教师，应开展全面深入的师德教育活动，引导其树立正确价值观与职业观。通过专题讲座、师德论坛、案例研讨等形式，深入解读教师职业道德规范，强调师德在教育实践中的核心地位，增强教师职业荣誉感与社会责任感。同时，将师德教育与教师个人发展紧密结合，鼓励教师在日常教育教学中融入师德修养，实现师德与师能同步提升。

### （二）完善考核体系，加强师德评估

为确保师德师风建设实效，需建立和完善师德考核机制，将师德表现作为教师评价的重要方面。考核机制应涵盖职业道德、职业态度、师生关系、社会影响等多个维度，通过学生评价、同事互评、家长反馈、学校考核等多种手段，全面客观反映教师师德水平。将师德考核结果与职务晋升、评优评先、绩效考核等挂钩，构建正向激励机制，激

励教师自觉遵守师德规范，持续提升师德水平。

### （三）树立师德典范，发挥示范作用

确立师德典范是加强师德师风建设的关键。通过评选和表彰师德标兵、优秀教师，深入挖掘和推广师德建设中的杰出教师模范，展示他们的事迹与情操，为全体教师树立正面榜样。组织师德榜样与教师面对面交流，分享教育教学经验，传递师德正能量，激发教师学习先进、争做先进的热情，形成崇尚师德、践行师德的良好风尚。

## 三、提升教师专业素养

在当前乡村教育背景下，提升小学教师的职业修养与教学技巧成为提高教育质量的核心。为实现此目标，需采取多维度、系统性方法，激励教师自主学习与研究，加强教师间交流合作，并强化信息技术应用技能培训，全面提升乡村小学教师专业能力与数字化教学质量。

### （一）倡导自主学习与研究，夯实专业基础

自主学习与研究是教师职业发展的关键。应鼓励乡村小学教师主动参与自主学习，通过研读专业书籍、选修在线课程、参加学术论坛等方式，拓宽知识视野，深化对教育理论与实践的理解。同时，鼓励教师进行教学研究，针对教学实际问题，采用科学方法进行深入探讨，形成研究成果，促进教学与研究相互促进。通过自主学习与研究，教师不断更新教育观念，提升专业能力，为高水平教学奠定坚实基础。

### （二）组织教学观摩与竞赛，促进交流合作

教学观摩与竞赛活动有效加强教师间交流合作。应定期组织教学观摩活动，让教师在真实教学环境中观察学习他人优秀经验与方法，激发教学灵感，提升教学技能。同时，举办教学竞赛，激励教师积极参与，展示教学成果，评估教学能力，促进教师间健康竞争与合作。教学观摩与竞赛活动不仅提升教师教学技能，还增强团队凝聚力，营造积极教学环境，促进教师整体素质提升。

### （三）加强信息技术应用培训，提升信息化教学质量

信息化时代，增强教师信息技术应用能力是提高教学质量的决定性因素。应强化乡村小学教师信息技术应用培训，包括多媒体教学软件使用、网络资源获取与整合、在线教学平台利用等，帮助教师更好地利用信息技术辅助教学，提高教学效果与质量。同时，鼓励教师深入研究信息技术与学科教学融合，创新教学方法，如翻转课堂、混合式学习

等，利用信息技术推进教育现代化，提升乡村教育整体质量。

## 四、注重教育实践与反思

在农村教育实践中，强调实践与反思对提升教师教学水平及促进学生全面发展至关重要。为促进乡村小学教师职业发展，需从以下三方面入手，形成系统化提升策略。

### （一）激励教师参与教学实践，探索适宜教育模式

教学实践是教师职业发展的基础。应激励乡村小学教师积极参与课程设计、教学方法创新及学生辅导等教学活动，探索适合乡村学生成长的教育方式。教师需保持开放心态，勇于尝试新方法，总结经验，形成乡村特色教学风格。同时，应关注学生需求，结合乡村文化环境，设计贴近学生生活的教学内容，激发学习热情，促进全面发展。

### （二）构建教学反思机制，促进自我审视与改进

教学反思是提升教学效果的关键。应建立全面教学反思体系，包括撰写教学日志、分析教学案例、同行评议等活动，激发教师对教学实践的深刻反思，识别问题并提出改进方案。鼓励教师参与教学研讨，分享经验与反思，营造互学共进氛围。通过深入反思，教师不断提升教学能力和专业修养，实现个人成长。

### （三）加强实践指导与支持，提升教学质量与成效

为提高乡村小学教学质量和成效，需加强实践指导与支持。包括邀请专家进行教学观察与评估，提供针对性建议和优化策略；开展教学技巧培训，增强教师在教学设计和课堂管理方面的能力；建立教学资源库，提供丰富教学资源和实例，促进教学创新。同时，建立教学评估体系，定期评价教师教学行为，以评促改，持续提升教学质量。

## 五、推动乡村教育特色发展

在乡村教育环境中，促进乡村教育发展独特性是提高教育质量、增进教育公正性及增强教育吸引力的核心途径。为此，需从课程设计、教育资源整合及教育模式创新三维度构建系统化策略框架。

### （一）设计特色课程，满足地方与学生需求

课程是教育活动的核心。为促进乡村教育特色化发展，应鼓励乡村小学教师挖掘本地文化、自然及社会资源，结合学生需求和学习特点，开发具有地方特色和文化内涵的课程。课程内容应涵盖乡土历史、民俗文化、生态环境及农业科技等，旨在通过深入学

习，激发学生对本土文化的情感，培养创新思维和实践技能。特色课程丰富乡村教育内容结构，增强教育多元性和适应性。

## （二）整合教育资源，打造开放共享环境

教育资源整合对乡村教育特色持续发展至关重要。应强化乡村小学与社区、家庭及社会的联系，促进教育资源共享与互补。包括与社区合作开展社会实践活动、邀请行业专家讲座、利用家庭资源进行亲子教育等，构建学校、社区、家庭三位一体教育网络。同时，运用现代信息技术工具，如远程教育和在线学习平台，扩大教育资源获取途径，实现高质量资源广泛共享。

## （三）创新教育模式，增强教育吸引力

教育模式创新是乡村教育特色发展的核心。应深入研究和利用乡村教育资源，构建具有乡村风格的教育模式。推广"田园教育""生态教育"等观念，让学生在自然接触和劳动体验中全面成长；采用"项目式学习""探究式学习"等策略，鼓励学生在解决问题中培养创新思维和实践技能；实施"家校共育""社区参与"等活动，构建以学生需求为中心的多样化教育支持体系。通过实施特色教育模式，乡村教育将展现更突出的地方和时代特色，吸引更多关注，推动持续健康发展。

此策略框架的实施将持续提升乡村小学教师职业素质和教学技能，促进乡村教育振兴和小学教育高品质进步，为乡村振兴战略提供人力和智力支持。

# 第十一章　乡村振兴视域下数字赋能乡村小学教师专业发展的路径与对策

## 第一节　数智时代乡村教师专业发展的现实困境

乡村教师专业发展困境来源于多方面，可大致分为学校外部环境、学校内部环境和教师个人原因三方面。在当今数字化智能化的时代下若想持续健康发展乡村教师专业，则需深入分析现今乡村教师专业发展困境，从而探究、找寻令人满意的乡村教师发展路径。

### 一、学校外部环境导致的乡村教师专业发展困境

#### （一）时代背景

学校外部环境是乡村教师专业发展遇到困境需要考虑的重要因素之一。留在乡村学校的教师逐渐老龄化和城乡教育、经济发展不平衡等多方面因素导致乡村教师整体水平偏低，专业发展面临困境。"城市里机会多、上升空间大""乡村里任务繁重、发展空间小"等诸如此类话语并不少见。现如今城乡差距明显，受到城市繁华的物质生活及其他行业丰富的精神文化生活等多方面的吸引，很多优秀的乡村中青年骨干教师逐渐往城市转移，乡村教师人才流失现象严重的问题不可避免。

城乡教师的待遇不同，城市教师待遇优于乡村教师，乡村教育、经济发展相对来说较为落后，因此会有很多优秀的教师不愿意来乡村进行教学。除此之外，乡村教师专业发展还受到了来自社会、家长等多方面施加的压力。数智时代要求乡村教师与时俱进，

积极参与教师培训，提高自身的专业能力素质，同时还要应对家校问题及各种竞赛考试，让乡村教师发展自身时常有心有余而力不足的感受。乡村教师的专业持续发展和乡村教育的健康成长都受到了这些因素的某种程度的影响。

### （二）国家政策

近年来，中央政府为了支持乡村教育事业、支持乡村教师专业发展、为乡村教师谋取福利颁布了一系列的政策。从政策落实的情况及乡村教师专业发展现状来看，虽然这些政策在某种程度上可以解决一些关于乡村教育和乡村教师专业发展的问题，但是仍然不够全面，还需进一步落实与完善。

教育政策的制定、执行及监督监管等步骤环节都存在着有待改进和完善的地方，具体有以下三点。

第一，教育政策对乡村教师的关注度不够，从而导致乡村教师专业发展的内部动力不够强。制定教育政策的管理者很少是乡村一线教育者，所以即使他们在制定政策前有去乡村实地考察过乡村教育，但最后制定的政策很少能满足乡村教师真正的需求，更多的是从宏观层面上期望达到教育现代化、教育公平等能够推动乡村振兴的目标。

第二，在教育政策下达和实施的环节中，真正落实到位的政策的力度情况有待考察。有些地方教育行政部门可能会存在国家教育政策的选择性执行情况，从而导致乡村教师专业发展面临困境。

第三，教育政策的监督监管还不够完善。由于未明确说明地方应当如何落实教育政策，社会监督也没有可以参照的具体依据，这就给地方实施教育政策时提供了很大的弹性空间，政策难以真正发挥实效。

### （三）社会认同

乡村教师专业发展受多重因素影响，其中社会认同为一项重要的外部挑战。若乡村教师的教育事业能获得学校、家长及学生的全面认可与支持，教师即便工作艰辛，亦能感受成就与幸福，从而积极投身教学，促进专业发展。然而，现实中，乡村教师并未在偏远地区获得应有的社会尊重。尽管近年来教师薪酬有所提升，但城乡教师薪酬差异仍显著。社会对乡村教师的认同度直接影响他们的教育热情，致使乡村教师专业发展面临重大挑战。

## 二、学校内部环境导致的乡村教师专业发展困境

### （一）文化建设

文化乃民族之命脉，教育之核心，个体之灵魂，对乡村教师专业发展至关重要。乡村文化为乡村教育及教师提供精神滋养。乡村学校作为文化建设平台，影响教师成长。当前，文化建设对乡村教师专业发展的限制主要体现在两方面：一是学校文化精神与核心模糊，缺乏足够意识或精力进行文化建设，导致教师学习积极性不足；二是乡村文化和本土知识匮乏，限制教师专业发展，削弱他们对乡村教育的热情。因此，学校应为乡村教师提供学习乡土文化的空间，丰富他们的精神世界。

### （二）评聘制度

国家高度重视乡村教师队伍建设，发布多项政策促进其发展。然而，乡村学校内部评聘机制仍是限制教师职业成长的关键因素。职称或职务提升不仅是对教师过去工作的认可，更是精神激励。公正、公平、公开的评聘过程能激发教师教学热情，促进专业发展。当前，乡村学校评聘制度存在问题，如部分教师未经历评聘、评价标准不科学、评价过程不客观、聘用流程不公正公开、职务岗位设置不合理等，亟须改革和完善。

### （三）教师培训

教师培训是乡村教师职业成长的关键路径。但受繁重教学任务和有限外出学习机会等因素制约，乡村教师专业培训面临严重问题。主要问题有三个：一是培训内容理论丰富但实用性不强，未与乡村教育实际相结合；二是培训方式单调，大规模教学模式难以实现有效互动和交流，难以满足教师个性化需求；三是乡村教师教学任务繁重，缺乏时间和精力参与培训，长期影响专业发展。

## 三、个人原因导致的乡村教师专业发展困境

### （一）发展意愿淡泊

乡村教师专业发展是其持续提升自我的必要条件，需依赖自身发展意识驱动。然而部分教师缺乏正确教育观念或明确职业规划，导致对职业发展热情不高。究其原因有三：一是职业规划不明，目标缺失，部分教师因城市教师考试难度大而抱"走一步看一步"心态，缺乏专业发展内在需求；二是自我发展积极性和主动性不足，参加培训多为获取证书或满足特定需求，专业发展意识弱；三是工作压力大，薪资待遇低，职业认同感缺

乏，导致教师职业倦怠，寻求其他发展机会或兼职，影响专业发展。

### （二）专业素养薄弱

乡村教师是乡村教育体系的关键支撑，其专业素质直接影响学生全面发展。当前，乡村教师专业素质有待提升，存在学习和发展意识缺乏、教育教学方法落后、科研能力和教学管理手段不先进等问题。具体表现如下：

一是教育观念落后。教育理念指导教育教学，对提高专业素质至关重要。乡村教师需与时代同步，培养独立学习精神，探索新教学策略，创造符合学生需求的教学方法。

二是信息技术素养低。农村地区信息技术发展缓慢，尽管乡村教师认识到现代教育技术的重要性，但主动学习和创造性应用意识不足，技术手段匮乏。

三是教学能力相对较弱。乡村教师年龄结构"两端重中间轻"，部分年长教师教育教学手段陈旧，年轻教师虽专业知识丰富但教学经验不足，导致整体专业水平相对较低。

### （三）乡土意识欠缺

乡村教师的乡土情怀是乡村教师坚守岗位和将自己奉献乡村教育事业的情感基础，是乡村教师专业发展的内在动力和精神支持。受到城镇化等多方面因素的影响，乡村教师的乡土意识趋于模糊，乡土情怀有所动摇，乡村学校存在乡村教师"留不住"和"流失快"的现象，从而导致乡村教师专业发展面临困境。仔细分析，乡村教师乡土意识欠缺的原因有以下三点。

第一，过分强调教师职业身份。经过系统化的师范培训后，乡村教师形成了一定的教学体系，教书育人都在规定的框架体系中进行。乡村教师的乡土意识和乡土文化知识欠缺，从而导致他们在教育教学过程中没有过多地向学生传递乡土文化知识。在乡村教师的教育教学活动中，国家要求的科学文化知识占极大比例，很少有地方性乡土知识的授课，老师自身乡土文化知识缺乏是一方面的原因，但乡土意识的欠缺让乡村教师在授课过程中将"城市中心"的思想传授给学生，让学生产生去城里读书才是学生最好归宿的错误认知。从某个角度来说，乡村教师还未融入乡村，认为自己是城市的文化知识分子的代表。

第二，远离乡村生活。乡村教师在接受城市文化教育和乡村教育教学环境之间形成了对立，乡村教师难以真正融入乡村生活，无法接触和了解乡村社会生活的实质，从而导致自身的乡土意识欠缺，对教育教学造成了一定的影响。乡村教师大多远离乡村生活，部分乡村教师也存在排斥乡村生活的现象。❶虽然城乡差距在逐渐缩小，但现有的差距仍然存在，部分乡村教师心里难免会有落差，从而较为抵触、排斥乡村生活。

第三，遗忘乡土文化记忆，失去乡土文化根基。对于年轻的乡村教师来说，乡村学校可能只是他们暂时的落脚点，他们的乡村文化根基尚未形成。一些出身于乡村的教师在外学成归来后，由于长时间未接触乡音乡情，过往的乡村生活经历逐渐模糊，记忆里的乡土文化知识被逐渐遗忘，乡土文化对他们来说陌生又熟悉，身上宝贵的"乡土性"渐渐褪去，乡土文化根基出现动摇。总而言之，乡村教师的乡土意识欠缺是乡村教师专业发展面临困境的原因之一，乡村教师应当提高乡土意识，建立乡土文化自信，从而更好地融入乡村生活，为教育教学活动增添光彩。

# 第二节　数智时代乡村教师专业发展的优化路径

在人工智能时代背景下，乡村教育品质面临更高标准，对乡村教师既是机遇也是挑战。乡村教师专业发展不仅是自我提升之旅，也是推动乡村教育发展的关键。他们的成长动力源自内部与外部，其中内部驱动力起关键作用。乡村教师需展现积极态度，主动提升能力，深入学习探索，明确职业发展方向，构建完善职业发展框架。基于乡村教师专业发展的迫切性与挑战，下面将从文化认同、信息技能、教学方法精准性、资源获取、教学管理、师德建设及教学研究能力七个维度，深入探讨其专业发展方向。

## 一、加强文化认同感

乡村教师的专业发展需深植于乡土文化的认同与传承之中。这种认同不仅体现在对乡村文化的认知与理解，更在于对其价值的接受与肯定，以及将文化观念融入日常行为之中。乡村教师的文化认同感不仅停留于理论层面，更在教学实践中得到生动展现。

首先，乡村教师应深入乡村生活，与乡村居民融为一体，通过亲身体验汲取乡土文化的精髓，不断丰富自身的精神世界和本土知识库。这一过程不仅有助于教师个人文化素养的提升，更为他们将乡土文化融入教学提供了丰富素材。

其次，乡村教师在乡村文化建设中发挥着举足轻重的作用。他们应将专业知识与乡

---

❶ 凌硕. 乡村教师专业发展的困境与对策研究 [D]. 桂林：广西师范大学 ,2020.

土文化相结合，运用现代教育技术为乡土文化注入新活力，推动传承与创新。这一过程中，教师不仅是文化的传播者，更是文化的创造者和守护者。

最后，乡村教师承担着向学生传授科学文化知识与乡土文化的双重使命。他们应深入挖掘乡村优秀文化的教育价值，将其有效融入日常教学活动，使学生在潜移默化中接受乡土文化的熏陶，增强对本土文化的认同感和自豪感。

总之，乡村教师的专业发展与乡土文化紧密相连。他们应将个人成长与乡村教育和文化发展相结合，以深厚的文化情感为驱动力，推动乡村教育与文化的共生与共同成长，实现个人价值与社会价值的统一。

## 二、提升信息素养

在数字智能时代背景下，信息技术的迅猛发展对乡村教师的信息素养提出了更高要求。信息素养的不足不仅制约乡村教师的专业发展，还可能影响乡村教育的整体质量。因此，提升乡村教师的信息素养，为乡村教育注入新活力显得尤为重要。

经深入研究，乡村教师在信息素养方面存在诸多问题，如信息意识薄弱、信息知识水平有限、信息伦理道德观念模糊及信息应用能力不足等。针对这些问题，可从以下三个维度着手提升乡村教师的信息处理能力：

首先，乡村教师应发挥主观能动性，主动提升信息处理能力。他们需转变思维方式，增强对信息素养的认识，激发内在驱动力，并持续提高运用现代信息技术的技能。同时，应积极参与信息技术培训课程，熟练掌握并主动应用这些技术，以提升教育教学中的信息处理能力和技术素养。此外，还应高度重视信息伦理问题，努力提高信息安全意识。

其次，乡村学校应优化信息技术环境，为乡村教师提升信息处理能力提供支持。这包括加强乡村学校的信息技术建设，完善校园网络的整体管理和建设。同时，乡村学校应为乡村教师提供信息化培训，减轻其工作压力，并制定相应的奖励机制，以更有效地提升他们的信息处理能力。

最后，政府与社会应共同努力，鼓励和支持乡村教师提升信息素养。政府应增加对乡村教师信息素养培训的财政支持，提升家长通过网络辅助孩子学习的认识和意识。同时，政府可制定高层次的乡村教师信息素养培训计划，并设立信息素养评估标准，以推动乡村教师在信息素养方面的进一步发展。

## 三、促进精准教学

精准教学依托大数据及现代信息技术，通过即时记录与分析学生学习数据，助力教育者实施个性化、差异化教学，即"因材施教"的新实践。信息技术的飞速发展为精准教学提供了前所未有的机遇，也为乡村教师专业发展开辟了新路径。乡村教师若能熟练掌握精准教学，将有效助力每位乡村学生高效学习。

精准教学在乡村教育中的实施可从三方面入手。

第一，精确设计教学目标。乡村教师需在深入理解课程标准的基础上，准确把握学生学习状况与真实能力，据此设定下一阶段的学习目标与任务。

第二，精心选择教学内容。针对学生学习需求与教材内容，教师应运用教育技术精确挑选教学内容，以弥补学生学习不足。

第三，精密设计作业。作业设计应依据学生学习水平与实际情况，实施分级练习，既巩固学生知识，又便于教师及时掌握学生知识与技能掌握情况。

乡村教师应利用信息技术手段，提升精准教学技能，通过精确规划教学目标、选择教学内容与设计作业，确保教学过程既高效又深入。

## 四、掌握资源获取能力

乡村教师掌握资源获取能力可以有效助力乡村教师专业的发展，同时也可以更好地支持乡村教师进行教学和乡村学生进行学习。当前，乡村教师的信息化教学资源获取及使用的过程中，还存在着获取途径欠缺、选择结构单一及获取的教学资源难以与课堂教学完美融合等方面的问题。

基于以上存在的问题，教师的资源获取能力可以从以下三点进行掌握和发展。

第一，乡村教师要学会自主获取最先进的教学资源，学校及政府也应当及时提供和充实教学资源库。但教学资源库的建成与完善是一个长期而又复杂的过程，在此期间，乡村教师应当学会主动了解和获取最新最先进的教学资源，学校和政府也可以通过城乡交流帮扶等方式，让城市教师带动乡村教师对教学资源进行有效学习和掌握。

第二，乡村教师应当学会使用多种教学媒体相结合的方式进行教学，从而改善教学资源选择结构单一的问题。不难发现，不少乡村老教师会选择使用同一课件进行多年教书，但时代在发展，乡村教师也应与时俱进、提升自己、修改课件。乡村教师根据课标和学生学习情况，应适当使用多种教学媒体相结合的方式进行教学，这样可以在一定程度上调动学生的学习积极性，提高教育教学质量。

第三，乡村教师要有效利用现有资源，参与相关培训，更好地融合教学资源与课堂教学。教学资源的乱用和不用都是不可取的，乡村教师可以参与相关的信息化教学培训，根据培训内容和自己的教学经验改善课堂教学，有效利用信息化教学辅助工具，助力自己的教育教学实践，从而进一步发展乡村教师专业。

## 五、优化教学管理

乡村教师的课堂教学管理能力是乡村教育质量与教师专业发展的关键。当前，乡村教师在教学管理方面存在权责不清、制度有缺陷、措施不力、方法欠科学及目标不明确等问题。为增强乡村教师教学管理能力，可从以下四个维度入手。

第一，确立教学管理观念。乡村教师应树立明确的教学管理观念，将情感融入管理，同时注重规则的严格执行，为优质教学管理奠定基础。

第二，严格执行管理规定。教学管理制度应贴合学校实际，避免教育管理部门过度干预。乡村教师应根据课堂和学生特性，制定并执行适宜的管理策略。

第三，加强管理技巧。乡村教师应通过持续培训和技术学习提升教学管理知识与技能，同时需要政府政策和学校制度的有力支持。

第四，营造良好管理环境。加强教师团队建设，营造积极工作环境，对提升乡村教师教学管理能力至关重要。优秀教师团队能与管理制度相辅相成，共同提升教学效果。

总之，乡村教师应及时识别并反思教学管理不足，努力增强教学管理能力，全面提高课堂教学效果与品质。

## 六、增强师德建设

乡村教师师德建设既关乎基础教育水平，又与教师专业发展紧密相连。强化师德建设不仅能促进教师道德成长，还能提升乡村学校教育质量。[1]当前乡村教师队伍建设多侧重专业知识技能培训，师德师风建设常被忽视。然而，乡村教师师德仍存在标准不高、学术不端、缺乏责任感及教学态度功利等问题，已成为社会普遍关注的焦点和挑战。

针对上述问题，可从以下四方面加强师德建设。

第一，政府应制定保护措施并实施监督管理。建立强有力的师德建设机制和制度，明确师德要求，涵盖多方面内容，进行有效监管和监督。

---

[1] 陈兵兵.乡村教师职业吸引力提升研究[D].重庆：西南大学,2021.

第二，社会应营造尊师重道氛围。主流媒体应发挥宣传引导作用，避免发表损害教师职业形象的言论，倡导尊重教师、重视道德，创造良好社会和人文环境。

第三，学校应实施师德培训机制并构建评估体系。师德教育和培训需结合乡村学校实际需求，核心内容应具体可行。建立科学、全方位的师德考核和评价机制，采用多样考核方法，确保考核依据精确。

第四，教育工作者应增强师德建设认识并提升个人素养。乡村教师应认识到提升道德素养的重要性，主动参与师德培训，提高道德修为，坚守信仰，关心学生，成为学生楷模，不断完善自我。

## 七、提高教研能力

在人工智能时代背景下，乡村教师的角色已超越单纯的知识传递者，转变为教育领域的研究者与实践者。提升教研能力已成为乡村教师专业发展的核心路径，对乡村教师职业发展至关重要。现阶段，乡村教师教研能力发展还存在着教育理论基础薄弱、教学研究能力不足、教学研究意识模糊、教学研究功利主义、教学研究惰性较强及教学研究氛围欠缺等问题。

基于上述问题可以从政府、学校、教师等层面去提高乡村教师教研能力。

首先，政府层面要制定乡村教师教学研究激励制度、优化乡村教师教学研究相关环境、加大乡村教师教学研究培训力度。教学研究的展开需要在人才、设备、资金等多方面提供资源保障，政府颁布的相关政策和制度就是提高乡村教师教学研究的有力保障。

其次，学校层面要建立乡村教师教学研究合作团队、开设乡村教师教学研究交流论坛、营造乡村教师教学研究活动氛围等。乡村教师教研能力的提高离不开学校的大力支持。学校要鼓励集体研讨，为乡村教师提供一个自由开放的教研环境，为教研能力强的、有丰富教研经验的教师提供分享经验的平台和机会，从而为刚开始接触教研工作的教师提供帮助，营造良好的教学研究活动氛围。

最后，教师个人应提高教学研究能力发展意识、积极参与教学研究相关活动、主动夯实教学研究基础理论及扎实掌握教学研究相关方法。教学和教研是相辅相成的，乡村教师应充分认识到提高自身教学研究能力的重要性，树立正确、积极的教研观念，充分利用教研资源，多渠道主动参与教学研究相关活动，提升自身综合素养，从而促进教研能力的发展。

# 第三节  数智时代乡村教师专业发展的对策

乡村教师的专业发展对推动乡村教育现代化及国家教育事业全面进步至关重要。其发展不仅需要个人努力，还需政府、乡村学校及外部机构的全面支持与保障。政府应发挥领导作用，社会各界应增强对乡村教师的援助，提升他们的自信心；乡村学校应提供更多人文关怀和自我提升机会，激励教师不断超越。支持策略需要经过长期实践与探索，不能一蹴而就。在数字智能时代，为更好支持乡村教师专业发展，需深入科学分析各类策略，探索解决相关问题。具体可通过增强政策支持、加强培训、推进供给侧改革、强化文化建设、改革评聘制度等多种方式实现。

## 一、政策保障

当前，城乡教育差异显著，尤以教师队伍差距为甚，故支持乡村教师专业发展及加强政策保障至关重要。改革开放以来，党和政府推出一系列政策，旨在提升乡村教师的社会地位与待遇，近年来更是加大激励力度，使乡村教师深切感受到关怀与支持，增强了他们的专业发展信心。这些政策已初显成效，保障了乡村教师基本权益，提供了更多培训与发展机会，促进了乡村教师社会地位提升。

然而，政策制定与执行过程中仍存在科学性不足、执行不力及目标群体反应消极等问题，导致乡村教师流失、城乡交流效率下降及培训效果不佳。为更好发挥政策在支持乡村教师专业发展中的作用，可从以下三方面着手。

首先，政策制定者需更加关注乡村教师，确保政策制定准确科学。政策应切实满足乡村教师实际需求，如提高社会地位和福利待遇，建立和完善专业发展平台，以激发其专业发展内在驱动力。

其次，应加大政策宣传力度，确保有效传达与执行。乡村学校应深入解读政策，确保乡村教师作为主要受益者能充分利用政策福利。加强城乡教师交流沟通，提升乡村教师专业能力与素质。

最后，政策保障不仅在于制定，更在于实施。政府需建立和完善监督机制，为地方提供政策实施方向，并为社会监督提供参考。旨在最大化政策保障效果，解决乡村教师专业发展问题，提升他们的整体素质，进一步优化乡村教育体系。

## 二、加强培训

教育作为持续进化的领域，要求教师终身学习以与新时代知识保持同步。加大乡村教师培训力度，是实现教育精准扶贫的有效途径，对乡村教师专业发展至关重要。为更好地支持乡村教师职业成长，可从教育行政部门、乡村学校、培训机构及乡村教师个体四方面加强培训。

首先，教育管理部门和乡村学校应发挥作用。政府需增加对乡村教师培训资源的支持，优化培训途径，科学设计评估方法。同时，应有序、系统、有计划地推动城乡教师培训交流，促进城乡教育整合。乡村学校则需突破传统局限，消除培训障碍，合理分配培训机会，重视教师在教育资源交流中的引领作用，实现教育资源有效互惠。这有助于乡村教师适应数字智能时代的教育技术，推动乡村学校变革发展。针对乡村教师教学压力，可采用送教下乡、线上培训等多种方式，促进其职业成长。

其次，培训机构应改进培训方式。当前培训存在需求不高、课程理论化城市化、管理机制不完善等问题，导致乡村教师难以真正掌握培训知识，反增负担。因此，培训机构需在培训前深入了解乡村教师需求，确保培训内容与乡村教育实际匹配，制定和完善基于乡村教师职业成长的培训目标和策略。培训过程中，应提供答疑解惑服务，充分交流互动，解决学生个性化问题。培训结束后，分阶段跟进，检查内容适用性，收集问题，为下一阶段培训计划提供依据。

最后，乡村教师应树立正确培训态度。培训参与应主动自发，不能仅为完成任务而被动参与。乡村教师需加强培训意识，激发发展活力和积极性，在培训中将内容与个人经验和教学实际结合，促进专业发展。

## 三、供给侧改革

当前，供给侧结构性改革已深入多领域，产生深远影响，教育体系亦需与时俱进，积极推进此改革。中共中央、国务院在《关于全面深化新时代教师队伍建设改革的意见》中，明确强调了教师培训供给侧结构性改革的重要性。随后，《教师教育振兴行动计划》进一步提出优化教师教育师资队伍，旨在改善教师资源供给，促进教育公平发展。乡村教师专业发展当前面临供需矛盾、供应效率低下及资源分配不均等问题。合理的教师教育供给结构对优化乡村教师制度架构、促进其专业发展至关重要。供给侧作为乡村教师职业成长的关键驱动力，亟须改革以解决现存问题，为乡村教师专业发展提供有力支撑、广阔发展空间及有效解决方案。

为了实现有效的供给侧改革，需要注意以下两个关键方面。

第一，以"实际需求"为导向，充分调查了解乡村教师专业现状。供给侧的改革需要需求侧的拉动，因此有效的供给侧改革应当先充分了解乡村教师现状，捕捉乡村教师的真正需求，针对其需求进行有效改革。现如今，无论是教育行政部门还是学校方面对乡村教师会进行一定的培训，乡村教师的培训应当具有自发主动性和持续再生性，现阶段地方高校或是教育培训机构给予的教师培训，对乡村教师来说具有相对被动性，培训提供的内容大多是在传授较深的适用于教育城市学校学生的理论知识，很少能够结合乡村教育的实际情况，乡村教师培训实用性和适切性不高。

因此，从乡村教师培训这一方面来说，就要注意以需求为导向，在培训前充分了解乡村教师参与培训的真正需求，注意与乡村教育实际情况相结合，及早科学地制定和优化基于乡村教师专业发展的培训目标与方法。此外，制定教育政策的管理者也要提高对乡村教师的关注度，以期达到政策的出台可以适应乡村教师真正需求的效果，从而提升乡村教师专业发展的内部动力。教育行政部门或是乡村地方学校在进行教学资源采购时也应当根据教学实际情况进行，避免有基础设施落后，教育培训不到位，教育高端设备被闲置等现象的出现。

第二，以"精准供给"为目标，实现供给侧和需求侧之间平衡发展。进行教育的供给侧改革，就是要减少无效、低端的供给，在真正了解乡村教师的需求之后，进行精准供给，提高供给侧的质量，使供给侧可以更好地适应需求结构的变化。如乡村教师在其教育教学过程中会遇到一些学生个性化问题，需要参加针对乡村教育现状的教育培训，此时的乡村教师培训就要在培训前了解乡村教师的真正需求，进而在培训中为乡村教师答疑解惑，给予充足的交流和互动，帮助解决乡村教师日常教育工作中遇到的棘手的学生个性化问题。

教育政策的制定也要精准捕捉乡村教师的需求，如落实和改善乡村教师的社会地位和福利待遇、搭建和完善乡村教师专业发展平台等。教学资源设备的采购也需要事先了解乡村教师的需求，以求采购的资源设备可以用到实处。只有提供的相应支持服务都建立在乡村教师的真正需求上，才能实现供给侧和需求侧之间的平衡发展，激发乡村教师专业发展的内在动力。

## 四、文化建设

为支持乡村教师的专业发展，强化文化建设被视为核心策略。此建设需从国家、社会、学校至教师个人层面逐步深入，以营造浓厚的文化氛围，增强乡土文化自信，促进乡村教师的专业稳定发展。

政府应承担出台相关政策的责任，为文化建设提供制度性支撑。健全的教育政策能有效保障乡村教师权益，提升职业满足感和归属感。教育部等部门联合发布的《关于加强新时代乡村教师队伍建设的意见》中，已明确提出加强乡村教育情感、推动专业发展、丰富学生精神文化生活等政策措施。然而，当前政策尚需进一步完善和执行，以便更全面地解决乡村教师专业发展和文化建设问题。政府在制定政策时，应深化对乡村教师文化发展需求的理解，并严格监督政策执行情况，同时高度重视乡土文化的传播与推广。

社会大众应重视文化宣传，组织丰富多彩的文化活动。乡村教师在教育教学生涯、乡村公共生活及个人生活中，都能体验到独特的文化感受。社会各群体应加强文化知识推广活动，提高人们对文化传承重要性的认识，营造浓厚的文化环境。此外，社会大众可自行组织文化活动，不仅丰富乡村居民精神世界，也帮助乡村教师获取更多乡土文化知识，促进其将乡土文化与课堂教学有机结合，实现寓教于乐。

乡村学校应营造充满文化氛围的环境，促进乡村教师个人成长和发展。作为文化建设的主要场所，乡村学校应充分融合当地风土文化，跨学科开发校本教育教学资源，引导教师立足乡村大地。学校需明确文化理念和社会主义核心价值观，体现在教师日常生活中，并对其进行适当引导。同时，学校应深化对乡村文化和本土知识的掌握，为乡村教师提供学习乡土文化的平台和空间，推动职业成长。

乡村教师应适应时代变迁，与乡村文化共同发展和进步。作为乡村出生和成长的教师，他们应致力于支持乡村，成为乡村复兴和教育现代化的积极推动者和实践者。在文化建设过程中，乡村教师应积极学习乡土文化知识，认识到自己不仅负责教育学生，更有责任传承和发扬乡土文化知识。

## 五、评聘制度改革

乡村教师职称评定的合理偏向能为其提供更多专业发展机遇，拓宽学习与进步的空间。当前评聘体系存在流程不合理、标准缺乏科学性等问题，因此，及时改革评聘制度对促进乡村教师专业健康成长至关重要。针对评聘制度的改进，可从以下三个方面着手。

首先，构建科学与民主的评聘制度。乡村教师评聘机制直接关乎其切身利益，完善的评聘体系能有效激发教师工作热情。在制定评聘制度时，需在科学性与民主性之间寻求平衡。乡村学校应依据上级教育部门规定及自身实际情况，制定评聘制度。改革过程中，应充分考虑乡村教师的民主需求，将定性考核与定量考核相结合。制度实施前，学校应组织各部门深入讨论，充分尊重教师意见，确保每位乡村教师都能积极参与。

其次，确保评聘制度的独立性与公正性。政府机构过度干预和控制可能给乡村学校带来额外压力，导致评聘流程不合理、评选效果低效。对此，政府相关部门应逐步放权，鼓励乡村学校自主决策，根据实际情况进行改革，激发创新活力，实施科学高效的评聘机制。

最后，注重评聘制度的公平性与规范性。评聘流程应为所有乡村教师营造公开、公平、公正的竞争环境。这既能保障教学质量，又能激发乡村教师工作热情，推动他们在专业领域不断向更高水平发展。同时，应对评聘制度进行更细致、规范的改革，使评聘流程更加标准化。一方面，可邀请师德高尚、学术水平高的专家教师加入评聘委员会；另一方面，应简化评聘流程，减少不必要步骤。乡村教师评聘制度的复杂性和冗余性不仅给教师带来职业压力，还导致教育资源浪费。因此，对评聘流程进行细致、简练的处理，能显著提升乡村教师工作效能，使其将更多精力和资源投入专业发展和乡村教育事业。

# 参考文献

[1] 袁宝菊．教师专业发展的知识基础研究 [J]．平原大学学报，2005(1)：92-94．

[2] 郑岩．"双创"教育背景下高校创新型教师的实践探索 [J]．中国多媒体与网络教学学报 ( 上旬刊 )，2019(2)：73-74．

[3] 李广平．新时代创新型教师：内涵、特征与培养 [J]．东北师大学报 ( 哲学社会科学版 )，2022(2)：135-140．

[4] 黄其洪，蒋志红．论实践概念的三个层次 [J]．现代哲学杂志，2009(2)：1-4．

[5] 凌硕．乡村教师专业发展的困境与对策研究 [D]．桂林：广西师范大学，2020．

[6] 陈兵兵．乡村教师职业吸引力提升研究 [D]．重庆：西南大学，2021．

[7] 刘炳瑛．马克思主义原理辞典 [M]．杭州：浙江人民出版社，1988．

[8] 郑也夫，代价论：一个社会学的新视角 [M]．北京：北京三联书店，1995．

[9] 任志瑜．我的教育主张 [M]．北京：北京理工大学出版社，2018．

[10] 刘雨．小学教师生存状态及其专业发展研究 [M]．长春：吉林人民出版社，2019．

[11] 王薇．智能时代中小学教师专业发展的学校支持 [M]．北京：中国轻工业出版社，2024．

[12] 肖辉．乡村中小学美育教师专业发展叙事研究 [M]．长沙：湖南师范大学出版社，2024．

[13] 张磊．中小学教师专业建构及发展路径 [M]．银川：宁夏人民教育出版社，2023．

[14] 杨瑞勋．中小学教师专业发展的师徒制研究 [M]．北京：中国书籍出版社，2023．

[15] 刘彦文．教师专业发展与小学名师发展案例研究 [M]．北京：中国轻工业出版社，2021．